POL
Náchod
Dobrošov
Hradec Králové
Pardubice
by
Litomyšl
Šumperk
Opava
Ostrava
Odra
(Oder)
Fulnek
Olomouc
Štramberk
Havličkův Brod
Přerov
Pernštejn
ihlava
Morava
Kroměříž
Zlín
Brno
č
Velehrad
Hustopeče
Hodonín
Strážnice
Dyje
Znojmo
Mikulov
Břeclav
SLOWAKEI
0
20
40
60
80
100 km

TSCHECHIEN

11 ABBILDUNGEN, 4 KARTEN

DIE DEUTSCHEN UND IHRE NACHBARN

HANS DIETER ZIMMERMANN

TSCHECHIEN

C.H.BECK

HERAUSGEGEBEN VON
Helmut Schmidt und
Richard von Weizsäcker

HELMUT SCHMIDT
RICHARD VON WEIZSÄCKER

GELEITWORT

Zum ersten Mal seit vielen Jahrhunderten herrscht heute Frieden in Europa. Aus freiem Willen und ohne Zwang von außen haben wir uns als Nationen auf einen unumkehrbaren Weg gemacht, der weltweit ohne Beispiel ist. Im Jahre 1950 begann die europäische Integration zwischen sechs Ländern. Inzwischen hat sie sich zu einer Union von 27 Ländern entwickelt. Die Hälfte der Mitgliedsstaaten hat heute eine gemeinsame Währung.

Für Europa gab es auf diesem Weg große Erfolge und in Verbindung mit ihnen neue Schwierigkeiten. Immer mehr Länder suchten die Mitgliedschaft und wurden aufgenommen. Umso deutlicher wurde der dringende Bedarf nach gemeinsamer europäischer Handlungsfähigkeit, bis hin zum Fernziel einer gemeinsamen Außenpolitik. Zuletzt haben dies die Auseinandersetzungen um eine europäische Verfassung deutlich genug gezeigt.

Für eine weitsichtige politische Führung spielt das Bewusstsein der Bürger in unseren Ländern eine prägende Rolle. In Europa leben zahlreiche Völker mit ihrer zum Teil über tausendjährigen Geschichte. Sie haben vielfältige gemeinsame kulturelle und religiöse Wurzeln und sind zugleich durch eigenständige Sprachen und Heimatgefühle gekennzeichnet. Die Bildung eigener Nationen ist dabei zu einem Charakteristikum des europäischen Kontinents geworden.

Unsere Reihe «Die Deutschen und ihre Nachbarn» soll einen Beitrag dazu leisten, das Verständnis für die jeweiligen Nachbarländer in Europa zu vertiefen. Dies gilt vor allem für uns Deutsche, die wir neun unmittelbare Nachbarnationen haben, mit denen wir heute zum ersten Mal in unserer Geschichte zusammenleben, ohne uns gegenseitig zu bedrohen. Ein besseres Verständnis unserer Nachbarn hilft uns auch, uns selbst besser einzuschätzen, indem wir uns durch die Augen unserer Nachbarn betrachten und uns vergegenwärtigen, welche historischen Erfahrungen sie mit uns gemacht haben.

Es geht uns in unserer Reihe darum, der Leserschaft auf knappe und anschauliche Weise Einblick in Politik, Gesellschaft und Kultur der jeweiligen Nachbarländer zu geben. In ihren nationalen Besonderheiten wird dadurch auch ihr Verhältnis zu Deutschland besser verständlich. Es gilt, zu erkennen, was das nachbarliche Gemeinwesen ausmacht und in seinem Inneren zusammenhält, aber auch, welchen besonderen Herausforderungen es ausgesetzt ist. Dabei spielt die Geschichte eine besonders wichtige Rolle. Sie bedarf dort, wo sie Land und Leute bis heute nachhaltig prägt, der Erinnerung auch über die Landesgrenzen hinweg.

Es ist nicht das Ziel unserer Reihe, lexikalisches Grundwissen zur politischen Bildung zu vermitteln. Uns geht es vielmehr um lebendige Anschauung der Lebensverhältnisse bei den Nachbarn, auch um unsere Kenntnisse über das hinaus zu vertiefen, was wir auf vielerlei Reisen in uns aufnehmen. Es gilt, uns auch von mancherlei Vorurteilen untereinander zu befreien.

Wir freuen uns, dass hervorragend ausgewiesene Kenner für «Die Deutschen und ihre Nachbarn» zur Feder greifen und ihr in Jahrzehnten erworbenes Wissen weitergeben. Wir sind dankbar dafür, dass hier Publizisten und Wissenschaftler zusammenwirken und uns ihre unterschiedlichen Einsichten nahebringen. Gerade ihr persönlicher Blickwinkel erscheint uns besonders reizvoll.

Die Bände dieser Reihe zeigen uns, dass Europa weit davon entfernt ist, sich in eine Monokultur zu verwandeln. Es gilt, seine reichen historisch-kulturellen Ressourcen in unserem Jahrhundert für ein geeintes Europa politisch fruchtbar zu machen. Herausgeber und

Autoren verbindet die Überzeugung, dass der Weg zu einem wirklich handlungsfähigen und starken Europa nur durch vertiefte Kenntnisse über unsere europäischen Nachbarn und über uns selbst erfolgreich zurückgelegt werden kann.

I

EIN KLEINES VOLK?

Kein Nachbarland ist den Deutschen so nah und so fern wie Tschechien. Mit Tschechien verbindet Deutschland eine doppelte Nachbarschaft. Die längste Grenze zu einem fremdsprachigen Land hat Deutschland nicht mit Polen oder Frankreich, sondern mit Tschechien, das in großem Bogen nach Sachsen und Bayern hineinreicht, vom Erzgebirge bis zum Böhmerwald. Nachbarn sind Deutschland und Tschechien aber auch in einem anderen Sinn: Jahrhundertelang lebte eine beträchtliche deutsche Minderheit in Böhmen und Mähren mit der tschechischen Mehrheit zusammen in einem Land. Und dieses Land gehörte, kaum dass es in die Geschichte eintrat, zum Heiligen Römischen Reich Deutscher Nation, was durchaus ungewöhnlich war für ein slawisches Land. Dieses alte deutsche Reich dauerte gut tausend Jahre, von Karl dem Großen, dem Gründervater Deutschlands und Frankreichs, bis 1806, als es unter den Schlägen Napoleons ein ruhmloses Ende fand.

Böhmen und Mähren gehörten auch danach zum Machtbereich der in Wien residierenden Habsburger, die hinfort nicht mehr deutsche Kaiser waren, sondern Kaiser von Österreich. Wien war denn auch die Adresse aller Beschwerden der Tschechen. Ihre Selbstbehauptung entfalteten sie in Österreich und gegen Österreich. Konflikte mit Deutschland gab es keine, schon gar keine Grenzkonflikte. Als Böhmen und Mähren 1918 nach dreihundert Jahren wieder ihre Selbständigkeit erlangten, die sie unter den Habsburgern nach und nach verloren hatten, wollten viele Deutsche im Lande nicht zu

Deutschland, sondern zu Österreich gehören, weshalb diese «Sudetendeutschen» eigentlich Sudetenösterreicher heißen müssten. Die «Deutschen» in Böhmen und Mähren sprachen deutsch, genauer: verschiedene deutsche Dialekte, waren aber bis 1918 nicht deutsche, sondern österreichische Staatsbürger, also Bürger der Habsburger Monarchie, und danach Bürger der Tschechoslowakischen Republik. Das Wort Deutschböhmen trifft ihre Stellung am besten.

Erst als ein Österreicher deutscher Reichskanzler wurde und die verhängnisvolle Selbstverstümmelung Deutschlands begann, kam es zum Konflikt zwischen Deutschland und Tschechien. Das Münchener Abkommen vom September 1938 zerstörte die demokratische Tschechoslowakische Republik, die Vertreibungen nahmen ihren Anfang: Vertreibung der Juden und Tschechen und deutschen Demokraten aus den Randgebieten, die an Deutschland angeschlossen wurden, dann Verfolgung und Ermordung der Juden und Verfolgung der tschechischen Intelligenz nach der Besetzung des Restes von Tschechien durch die deutschen Truppen im März 1939 und schließlich nach dem Zweiten Weltkrieg die Vertreibung fast aller Deutschböhmen aus Tschechien.

Diese traumatischen Ereignisse stehen zwischen Deutschen und Tschechen und verhindern nicht selten, dass sie sich ihrer gemeinsamen Geschichte ungetrübt erinnern, einer mehr als achthundert Jahre langen Geschichte, in der sie im Königreich Böhmen und im alten deutschen Reich zusammenlebten – nicht ohne Konflikte, aber doch in Gemeinschaft. Dies führt zu einer gewissen Distanz zwischen den beiden Ländern: Schmerz über das Geschehene auf beiden Seiten, auf der einen Seite Misstrauen vor dem größeren Nachbarn, auf der anderen Seite Überheblichkeit oder gar Ansprüche durch selbsternannte Sprecher der «Sudetendeutschen», die ohne demokratische Legitimation das nach 1990 sich erfreulich entwickelnde Miteinander der beiden Länder beeinträchtigen.

Nähe und Ferne vereinen sich also in dieser «Konfliktgemeinschaft», wie das der tschechische Historiker Jan Křen nannte, auch nach dem Ende dieser Konfliktgemeinschaft. Die Ferne hat jedoch einen weiteren Grund darin, dass die Deutschen sich wenig für die Tschechen interessieren und nur wenige Deutsche die schöne, aber schwierige tschechische Sprache lernen, wenige die tschechische Kultur und Geschichte zu begreifen versuchen. So blieb dieser Nachbar den Deutschen durch Jahrhunderte gemeinsamer Geschichte eng verbunden und zugleich doch in vielem fremd.

Daran ändern auch die Hunderttausende von Touristen wenig, die jährlich nach Tschechien reisen, vor allem nach Prag, eine der schönsten Städte Europas, und ebenso wenig die vielfältigen Beziehungen von Handel und Gewerbe im zusammenwachsenden Europa. Die Škoda-Fabrik etwa ist ein Teil des Volkswagen-Konzerns. Die Belegschaft selbst hat sich, vor die Wahl zwischen dem französischen Renault und dem deutschen Volkswagen gestellt, für VW entschieden.

«Die Tschechen sind ein kleines Volk im Herzen Europas», so beginnt der tschechische Philosoph Jan Patočka eine Reihe von Briefen, in denen er einer deutschen Freundin die Eigenart seines Volkes zu erklären versucht. Und dies mag auch ein Grund dafür sein, dass die Deutschen, die ein zahlenmäßig großes Volk sind, wenig Grund sehen, sich mit diesem kleinen Nachbarn eingehender zu beschäftigen.

Deutschland hat eine Bevölkerung von etwa 80 Millionen, Polen eine von etwa 40 Millionen, Tschechien hat nur etwas mehr als zehn Millionen. Es hat damit freilich doppelt so viele Einwohner wie die Slowakei, mit der es von 1918 bis 1992 vereint war, und doppelt so viele wie Irland und Finnland, zwei gewichtige europäische Länder. Es gibt also noch kleinere Staaten in Europa, von den baltischen zu schweigen, so dass Tschechien doch eher zu den mittleren zählt. Allerdings ändert das nichts an dem starken Abstand seiner Bevölkerungszahl zu den Zahlen der beiden unmittelbaren Nachbarn Deutschland und Polen.

Böhmen umfasst 52 000 Quadratkilometer, Mähren mit dem Rest des einstigen Kronlands Schlesien 27 000 Quadratkilometer. Damit ist Tschechien nicht viel größer als der Freistaat Bayern, etwas kleiner als die Republik Österreich, aber größer als andere mittlere Staaten Europas wie die Niederlande und Dänemark. Im Unterschied zu diesen, die das sichere Meer hinter sich wissen, liegt Tschechien mitten in Europa und trotz des Mittelgebirges, das Böhmen ringsum begrenzt, ist es offen nach allen Seiten, so dass es immer gezwungen war, sich gegen Einflüsse von allen Seiten zu wehren.

Die Nähe zu den slawischen Brüdern, denen die Tschechen durch Sprache und Herkunft verwandt sind, wurde von einem romantischen Panslawismus zu Beginn des 19. Jahrhunderts betont. Sie hat sich jedoch als wenig hilfreich erwiesen, jedenfalls nicht hilfreicher als die zu den germanischen Nachbarn. Wenn die Situation günstig war, nahmen sich die slawischen Brüder, was sie erhaschen konnten. Zwei Beispiele aus jüngster Vergangenheit: Polen nutzte das Münchener Abkommen 1938, sich das Teschener Kohlenrevier einzuverleiben. Und Russland nahm der Tschechoslowakei 1945 die Karpato-Ukraine ab.

Die wichtigeren Nachbarn Tschechiens waren und sind die nicht mit ihm verwandten Länder Deutschland und Österreich: die wirtschaftlichen und kulturellen Beziehungen bilden seit Jahrhunderten ein fruchtbringendes Hin und Her, und das bis heute, da die trennenden Grenzen gefallen sind. Das Für und Wider zwischen dem Tschechischen und dem Deutschen oder Österreichischen bestimmt die böhmische Geschichte. So bestand einige Zeit die Gefahr, dass die Tschechen ihre Eigenheiten unter der deutschen, der deutschsprachigen Überfremdung verlieren könnten. Es drohte ihnen das Schicksal der Slawen, die auf dem heutigen Territorium Deutschlands lebten: in der deutschen Bevölkerung zu verschwinden. Nur eine kleine Minderheit der slawischen Bevölkerung ist im heutigen Deutschland erhalten geblieben: die Sorben in der Lausitz, die mehrere Jahrhunderte zum Königreich Böhmen gehörten.

Als zu Beginn des 19. Jahrhunderts der Prager Abbé Dobrovský seine Grammatik der tschechischen Sprache verfasste, in deutscher

Sprache übrigens, so tat er dies, um diese Sprache ein für allemal festzuhalten, denn er nahm an, dass sie bereits in ein bis zwei Generationen nicht mehr gesprochen werden würde. Zwei Generationen später hatten die Tschechen aber ein ausgearbeitetes Schul- und Hochschulwesen und eine Literatur auf europäischem Niveau in ihrer eigenen Sprache. Als Sinnbild ihrer eigenständigen Kultur errichteten sie in Prag das Nationaltheater, Národní divadlo, zu dem die gesamte Bevölkerung mit Spenden beitrug. Dort wurden die Opern Smetanas, Dvořáks und Janáčeks aufgeführt, Meisterwerke, die heute zum Repertoire der europäischen Opernhäuser gehören.

NAMEN UND ORTE

Die heutige Tschechische Republik umfasst die alten Kronländer, die Länder der böhmischen Krone, wie es früher hieß: Böhmen und Mähren und einen Zipfel von Schlesien (der Rest ist heute polnisch). Deshalb werden auch immer diese drei Namen erwähnt, wenn es um die böhmischen Länder geht: Böhmen, Mähren, Schlesien. Eine Schwierigkeit wird dabei schon deutlich: Böhmen ist einerseits ein Teil, der größte und wichtigste Teil der Republik, zum andern ist Böhmen aber auch eine Bezeichnung für die gesamte Republik. Und Böhmen heißen im Deutschen auch noch die Bewohner des Landes.

Die Schwierigkeit wiederholt sich im Tschechischen: Böhmen heißt Čechy, der lateinische Name Bohemia hat sich im Tschechischen nicht durchgesetzt wie im Deutschen. Čechy ist aber zugleich die Bezeichnung für das gesamte Land, für Tschechien, wie wir im Deutschen sagen. (Tschechei ist ein ungutes, heute gemiedenes Wort, weil es von den Nationalsozialisten abwertend gebraucht wurde.) František Palacký, der große Historiker des 19. Jahrhunderts, nannte sein Geschichtswerk «Geschichte des tschechischen [böhmischen] Volkes in Tschechien [Böhmen] und in Mähren» («Dějiny národa českého v Čechách a na Moravě»).

Čech heißt dementsprechend der Tscheche oder auch Böhme (Mehrzahl Češi – die Tschechen) und český heißt tschechisch oder auch böhmisch. Für Tschechien sagt man auch Česko, doch auf diesem Wort lastet die Verbindung Československo nach der Trennung der beiden Länder Tschechien und Slowakei. Um allen Missverständnissen aus dem Wege zu gehen, heißt heute der Staat Česká republika, Tschechische Republik.

Böhmen wird von Gebirgszügen begrenzt: vom Böhmerwald und dem Fichtelgebirge nach Bayern hin, vom Erzgebirge nach Sachsen hin, von den Sudeten hin zu Polen und von der Böhmisch-Mährischen Höhe, die Böhmen von dem südöstlich gelegenen Mähren trennt. Manchmal spricht man deshalb von der böhmischen Festung. Die großen Schlachten fanden jedoch immer in den Ebenen des Landesinnern statt.

Mähren, tschechisch Morava genannt, hat seinen Namen vom gleichnamigen Fluss Morava, deutsch March, der durch Mähren fließt. Auch Mähren ist von Gebirgen begrenzt, im Westen von der Böhmisch-Mährischen Höhe, und schließlich von den Beskiden und den Karpathen im Nordosten. Allerdings hat Mähren auch eine breite Öffnung nach Südosten: das Marchfeld. Im Nordosten schließt sich an Mähren das kleine Stück Schlesien an, das den Habsburgern übrig blieb, nachdem Friedrich II. von Preußen ihnen den Rest in langen blutigen Kriegen entrissen hatte.

Mähren kam schon Ende des 11. Jahrhunderts zum Königreich Böhmen, ab 1182 war es Markgrafschaft. Wenn es auch meistens von Prag dominiert wurde, so führte es doch ein eigenständiges Leben. Alle großen Kämpfe haben sich in Böhmen abgespielt, Mähren wurde von ihnen in Mitleidenschaft gezogen, war aber selten die Ursache davon.

Die Sudeten, tschechisch Sudety, sind ein etwa 300 km langer Gebirgszug, der sich vom nordöstlichen Rand Böhmens bis zum nordöstlichen Rand Mährens zieht, von der Lausitzer Neiße bis zur Mährischen Pforte. Das bekannte Riesengebirge ist Teil der Westsudeten, ebenso das Isergebirge, das Glatzer Becken gehört zu den Mittelsudeten und das Altvatergebirge zu den Ostsudeten. Da hier vor allem Deutschböhmen wohnten, setzte sich etwa ab 1900 die mittlerweile belastete Bezeichnung «Sudetendeutsche» für alle deutschsprachigen Bewohner Böhmens und Mährens durch, und diese orientierten sich zunehmend nicht mehr nur nach Wien, sondern auch nach Deutschland.

Die Ortsnamen werden hier durchweg in der tschechischen Form angeführt, unter der man sie heute auf der Landkarte findet; Ausnahmen sind bekannte Städtenamen wie Prag (Praha), Brünn (Brno) oder Karlsbad (Karlovy Vary).

ZUR AUSSPRACHE DES TSCHECHISCHEN

Alle Worte werden auf der ersten Silbe betont; ein Akzent auf einem Vokal bedeutet, dass er lang gesprochen wird, ein Häkchen auf einem Konsonanten, dass er weich gesprochen wird. Alle Vokale und Konsonanten werden deutlich ausgesprochen:

s ist ein stimmloses s
z ist ein stimmhaftes s
c wird wie das deutsche z gesprochen
Haken auf s = stimmloses sch
Haken auf z = stimmhaftes sch wie in Journal
Haken auf c = tsch, Haken auf r = rsch (r und sch gleichzeitig)
Ou wird als o und u gesprochen, nicht als u
Ch immer wie ch im deutschen Wort «ach»

2

DIE ERFINDUNG EINER NATION

Es waren nur wenige Seiten in dem vierbändigen Werk eines deutschen Gelehrten, der die Tschechen gegen Ende des 18. Jahrhunderts zur Selbstbehauptung ermunterte: «Ideen zur Philosophie der Geschichte der Menschheit» hieß das Werk des Weimarer Superintendenten und Goethe-Freundes Johann Gottfried Herder, das er 1791 abschloss. Herder richtete auf diesen Seiten den Blick auf die östlichen Nachbarn Deutschlands, die zugunsten der westlichen und südlichen oft vernachlässigt werden. Er charakterisierte die Slawen folgendermaßen: «Sie waren mildtätig, bis zur Verschwendung gastfrei, Liebhaber der ländlichen Freiheit, aber unterwürfig und gehorsam, des Raubens und Plünderns Feinde. Alles das half ihnen nicht gegen die Unterdrückung, ja, es trug zu derselben bei. Denn da sie sich nie um die Oberherrschaft der Welt bewarben, keine kriegssüchtigen, erblichen Fürsten unter sich hatten und lieber steuerpflichtig wurden, wenn sie nur ihr Land in Ruhe bewohnen konnten: so haben sich mehrere Nationen, am meisten aber die vom deutschen Stamme, an ihnen hart versündigt. Schon unter Karl dem Großen gingen jene Unterdrückungskriege an, die offenbar Handelsvorteile zur Ursache hatten, obgleich sie die christliche Religion zum Vorwande gebrauchten.»

Herder idealisierte die Slawen, die er als eine große, in Stämmen gegliederte Gemeinschaft sah, und er kannte die Geschichte des Königreichs Böhmen nicht so genau. Böhmen wurde durchaus von erblichen und kriegstüchtigen Königen regiert, von denen einige auch versuchten, ihre Herrschaft über Böhmen hinaus auszudehnen. Aber dass diese Herrschaft von den östlichen und westlichen Nachbarn immer wieder bedroht wurde, darin hat Herder wohl recht. So ermuntert er die Slawen, endlich aus ihrem langen Schlaf zu erwachen: «Das Rad der ändernden Zeit dreht sich indes unaufhaltsam; und da diese Nationen den schönsten Erdstrich Europas bewohnen, wenn er ganz bebaut und der Handel daraus eröffnet wurde, da es wohl auch nicht anders zu denken ist, als dass in Europa die Gesetzgebung und Politik statt des kriegerischen Geistes immer mehr den stillen Fleiß und den ruhigen Verkehr der Völker untereinander befördern müssen und befördern werden: so werdet auch ihr so tief versunkene, einst fleißige und glückliche Völker endlich einmal von eurem trägen Schlaf ermuntert, von euren Sklavenketten befreit, eure schönen Gegenden vom Adriatischen Meer bis zum karpathischen Gebirge, vom Don bis zur Moldau als Eigentum nutzen und eure alten Feste des ruhigen Fleißes und Handels auf ihnen feiern dürfen.»

Das klingt schon wie eine Utopie, die von der «Europäischen Union» unserer Tage erfüllt werden soll, las sich aber an der Wende vom 18. zum 19. Jahrhundert wie ein Aufruf, sich endlich von der Bevormundung frei zu machen und sich der eigenen Sprache und Kultur zu versichern. So wurde es jedenfalls von den gebildeten Tschechen gelesen. Die erstaunliche Wirkung der wenigen Seiten aus Herders Schrift ist nur zu verstehen aus der Situation der Zeit: die Völker Europas formten sich zu Nationen, die großen wie die kleinen.

Nation war im mittelalterlichen Europa eine Bezeichnung der Herkunft. An einer deutschen Universität studierten damals verschiedene Nationen, etwa Sachsen und Bayern. Die Herkunft meinte also das Territorium, aus dem man kam. Und dieses wiederum war mehr durch den dynastischen Herrscher bestimmt als durch die Lebensweise seiner Bewohner. Dem Fürsten war es gleich, welche Sprache seine Untertanen sprachen, Hauptsache, sie zahlten ihre Abgaben und muckten nicht auf.

Für Herder war Europa mit seinen kleinen und großen Völkern ein Garten mit vielen verschiedenen Blumen, die alle ihr Recht und alle ihre Schönheit und Nützlichkeit haben. Er stellte nicht eine Nation über die andere, wenn er auch in einem Akt der Gerechtigkeit versuchte, die bisher vernachlässigten Slawen ins rechte Licht zu rücken und aufzuwerten. Der romantische Impuls Herders fiel in Böhmen auf fruchtbaren Boden und dies nicht zuletzt wegen seiner Sprachauffassung. Denn die Tschechen hatten kein eigenes Land, ihr Land teilten sie mit einer kleinen, aber dominierenden deutschen Minderheit, die ebenso Anspruch auf die Tradition des Landes wie auf dessen künftige Gestaltung erhob. Was den Tschechen als ihr Ureigenes blieb, war ihre Sprache. Und gerade diese sollte ihnen verloren gehen. Damit würden sie selbst verloren gehen wie Minderheiten in anderen Staaten, besonders in den alten Nationalstaaten Spanien, Frankreich und Großbritannien, in denen eine zentrale Regierung die Minderheiten an den Rand gedrückt hatte: die Basken und Katalanen in Spanien, die Bretonen und Occitanier in Frankreich, die Schotten und Waliser in Großbritannien, vom elenden Schicksal der Iren zu schweigen, die jahrhundertelang von den Briten unterdrückt und ausgebeutet wurden. Gerade deren Schicksal stand den mitfühlenden Tschechen das ganze 19. Jahrhundert hindurch vor Augen.

Der tschechische Sprachforscher mit dem deutschen Namen Josef Jungmann schrieb 1806: «Doch ob die Tschechen glücklich sein können, solange sie weiterhin zu Deutschen werden, ist in der Tat eine andere Frage. Bedenkt es selbst und urteilt! Ein bloßer Tscheche, von allen Ämtern ausgeschlossen, kann nicht einmal ein jämmerlicher, tagelöhnernder Schreiber sein, er bleibt vielmehr wie in Ägypten verflucht zu Pflug und Ahle seiner Väter, während der aufgeblasene Ausländer die Verwaltung des Landes an sich zieht und seine Vorteile sichert; oder aber er muß sich unter großem Aufwand und großer Anstrengung den deutschen Schlüssel zu den Ämtern in den Schulen verschaffen, denen man das Deutsche zwar aufpfropfte, die aber dennoch am ehesten geeignet sind, den letzten Funken tschechischen Geistes zu ersticken [...] Und das Studium? [...] Vom Studium wird sich ein tschechischer Student wegen der Schwierigkeit zweier unbekannter Sprachen, von denen keine in erforderlicher Weise unterrichtet wird, entweder bald abwenden und zurückkehren in die Werkstatt oder auf die Weide, wofern er nicht, studentischer geworden, ein wüstes Gammelleben führt – oder aber er setzt tapfer über alle Hürden weg, wird schließlich einen ausgezeichneten Deutschen abgeben, wird kein Tscheche mehr sein und für die Ämter in Böhmen nicht viel besser taugen als ein Deutscher.»

In der Tat war das die Situation in Böhmen zu dieser Zeit. Deutsch war als offizielle Amtssprache von Kaiser Josef II. festgesetzt worden und hatte das alte Latein abgelöst. In den weiterführenden Schulen und auf der Universität wurde nur in deutscher Sprache gelehrt, auf den Ämtern, in Gerichtsbarkeit und Verwaltung wurde nur deutsch gesprochen. Das Schicksal des Landes wurde in Wien bestimmt von deutsch sprechenden Beamten. Wenn ein Tscheche in die Elite des Landes aufstiegen wollte, musste er die deutschen Schulen absolvieren, also letztlich ein Deutscher werden, wie Jungmann sagt.

Eine Ausnahme machten wohl die katholischen Pfarrer, die zwar ebenfalls ihre Theologie in lateinischer und in deutscher Sprache studierten, aber mit den Landeskindern doch in deren Sprache, also in der tschechischen zu reden gezwungen waren. So waren es auch vor allem die katholischen Pfarrer und Ordensleute, die das Tschechische nicht nur im mündlichen Gebrauch, sondern auch als Schriftsprache am Leben erhielten, vor allem in Liedern und Traktaten. Ansonsten aber war Tschechisch die Sprache des gemeinen Volkes, der Bauern und Handwerker, der Arbeiter und Dienstleute, der Knechte und Mägde.

Hier versprach der Herdersche «Sprachnationalismus» Hilfe, denn Herder definierte die Nation durch die Sprache. Nicht das Land, nicht die Geschichte, nicht der Staat bestimmen letztendlich eine Nation, sondern die Sprache. Es ist die Sprache, die eine besondere Auffassung der Welt, eine besondere Tiefe des Gedankens und des Gefühls vermittelt, alle Sprachteilhaber über Standesgrenzen hinweg verbindet und zugleich von den anderen, die andere Sprachen sprechen, separiert.

Herder unterschied Volk und Staat. Das Volk lebt auch weiter, wenn der Staat untergeht; vielsprachige Staatsgebilde wie die Habsburger Monarchie schienen ihm etwas Äußerliches, Vorübergehendes. Bestand dagegen hatte seiner Meinung nach nur die Nation, die durch die Sprache zusammengehalten wird. Diese Bestimmung der Nation entsprach den Erfahrungen und Bedürfnissen der gesellschaftlich unterdrückten Tschechen zu Beginn des 19. Jahrhunderts. Josef Jungmann, der wichtigste Fürsprecher einer tschechischen Nation, griff sie auf und führte die Tschechen zu ihrer «Wiedergeburt», wie es immer wieder heißt. Jan Patočka freilich ist der Meinung, es habe sich weniger um eine «Wiedergeburt» als vielmehr um eine «Erschaffung» gehandelt, also um die Erfindung einer Nation.

In der Tat waren es Einzelne, die Herders Anregungen aufgriffen und weiterführten, zunächst mit philologischen und literarischen Interessen. Man spricht gewöhnlich von einem Drei-Phasen-Modell dieser Entwicklung, die ja nicht nur eine tschechische war, auch eine deutsche kann man derart beschreiben. Durch die Eroberungsfeldzüge Napoleons wurden die alten deutschen Staaten gestört oder gar zerstört, zugleich entstand in der Abwehr Napoleons eine Gemeinsamkeit, die alle Deutschen vereinte. Auch hier wirkte der romantische Impuls, die eigene Sprache und Tradition zu erkennen und zu erfassen, auch hier wirkte die Ablehnung einer fremden Herrschaft. In Frontstellung zu den Franzosen blieben die Deutschen das 19. Jahrhundert hindurch, bis Bismarck dies nutzte, um durch einen Krieg gegen Frankreich die deutsche Einheit herbeizuführen – eine andere, als die von den bürgerlichen Demokraten erhoffte.

So hatte und hat dieser Nationalismus durchweg eine aggressive Schärfe, die er in Herders unschuldigen Überlegungen keineswegs hatte, weil er sich gegen eine fremde Herrschaft wehrt oder doch gegen eine Herrschaft, die als fremd und unangemessen empfunden wird: die Iren gegen die Briten, die Finnen gegen die Schweden und gegen die Russen, die Norweger gegen die Dänen und gegen die Schweden, die Polen gegen die Russen, die Preußen und die Österreicher, um einige Beispiele zu nennen.

Die erste Phase der Erschaffung der Nation in Böhmen und Mähren war die einer wissenschaftlichen und künstlerischen Beschäftigung einiger weniger mit der tschechischen Sprache und Kultur. Josef Jungmann mag dafür stehen, und Josef Dobrovský, der Begründer der Slawistik.

In der zweiten Phase entwickelte sich ein politischer Nationalismus der Intellektuellen und Eliten – mehr dazu im nächsten Kapitel. In der dritten Phase schließlich kam die Mobilisierung der Massen, der Nationalgedanke ergriff die breite Bevölkerung. Somit hatten sich die Tschechen von einer zaghaften Hinwendung zu ihrer eigenen Tradition und Sprache zu Beginn des 19. Jahrhunderts zu einer selbstbewussten Nation gegen Ende des Jahrhunderts entwickelt, die sich scharf von den Deutschen in Böhmen und Mähren absonderte und von der Regierung in Wien, die durchweg die österreichischen und die ungarischen Interessen vertrat, aber nicht die der slawischen Völker, die ebenfalls der Habsburger Monarchie angehörten.

Der alte Landespatriotismus war verschwunden, den Bernard Bolzano noch zu Beginn des Jahrhunderts vertrat. Er wollte alle Menschen in Böhmen und Mähren als Landeskinder ansehen, die gemeinsam ein Land bewohnten und bearbeiteten, gleichgültig, ob sie nun deutsch oder tschechisch sprachen: Alle waren Böhmen oder Mährer, Böhmen deutscher oder tschechischer Zunge oder auch beiderlei Zungen. Dieser alte Landespatriotismus war hinfällig geworden. Denn auch die Deutschen im Lande, jedenfalls die in den Randgebieten, antworteten mit einer Frontstellung, eben gegen das

Tschechische. So lagen die beiden Gruppen auf der Lauer in beständigem Kampf um die Erringung von Vorteilen und die Zurückweisung von Nachteilen, vor allem im Sprachenstreit. Die nationale Auseinandersetzung, aus dem «Sprachnationalismus» Herders geboren, wurde auf dem Feld der Sprachen geführt. Das lag natürlich auch daran, dass die anderen Unterschiede zwischen den beiden Gruppen relativ geringfügig waren.

Jan Patočka stellt die beiden historischen Gestalten Jungmann und Bolzano als Antipoden einander gegenüber. Er erinnert überhaupt wieder an Bolzano, der in Tschechien weitgehend vergessen war, und hebt seine Bedeutung als Denker eines Landespatriotismus hervor, der eine Alternative zum Nationalismus gewesen sei. Man spürt Patočkas Bedauern, dass sich Jungmann durchgesetzt hat und nicht Bolzano.

Bolzano hatte eine andere Sprachauffassung als Jungmann. Für ihn waren – und darin näherte er sich der neueren Linguistik – die Wörter und ihre Bedeutungen gewissermaßen «willkürlich», also keineswegs naturwüchsig. Die Unterschiede zwischen den Sprachen, meinte er, seien «die allerunwesentlichsten» und widersprächen dem Prinzip der Gleichheit aller Menschen. Diesem Prinzip zu misstrauen, sei ein Verrat an der Menschheit. Notwendig sei ein Gemeinschaftsgeist, der über den Nationalitäten, die er keineswegs leugnete, stehen sollte, sie zu gemeinsamem Tun zu verbinden. Für Bolzano war die Bindung an das gemeinsame Land stärker als die Trennung durch die unterschiedlichen Sprachen. Für ihn gab es Böhmen deutscher Zunge und Böhmen tschechischer Zunge, beide Nationen einte das Land, beide waren Böhmen nach gleichem Recht.

Der Landespatriotismus Bolzanos darf nicht mit dem des böhmischen Adels verwechselt werden. Die böhmischen Stände achteten gern auf ihre angestammten Rechte, die sie gegen die Zentralgewalt in Wien zu behaupten suchten. Nicht zuletzt dies führte zum Dreißigjährigen Krieg: die Rebellion der Stände im Königreich Böhmen gegen die Zentralgewalt des Kaisers in Wien. Dass der Kaiser die

Schlacht am Weißen Berg gegen die protestantischen Stände gewann, führte zu deren Entmachtung, zum Teil sogar Vernichtung und schließlich zum Verlust der Eigenständigkeit des Königreichs Böhmen.

Anstatt dieses böhmischen Landespatriotismus übernahm Bolzano den demokratischen Begriff der Nation und des Vaterlandes, wie ihn die Aufklärungszeit herausgebildet hatte: Jeder war demnach ein gleichberechtigter Bürger des Staates unabhängig von seinem Stand, seiner Sprache, seiner Volkszugehörigkeit. Bolzano konstruierte eine Gesellschaft, in der verschiedene Nationen ihren Platz haben, weil kein Unterschied, welcher es auch sein mag, die große Gemeinsamkeit aller Menschen zu durchbrechen vermag.

Dabei übersah Bolzano die sozialen Probleme keineswegs, im Gegenteil, er stellte sie heraus und fand, dass der nationale Diskurs den Blick auf die eigentlichen Probleme des Landes zu verstellen drohte. Bolzano beschrieb in aller Deutlichkeit die Situation der tschechischen Bewohner Böhmens und Mährens, die gegenüber den deutschsprachigen Vorgesetzten und Verwaltern Menschen zweiter Klasse in diesem Staate waren. Er benannte damit auch eine Ursache der nationalen Bewegung, die aus diesem sozialen Impuls sich speiste: Die Böhmischsprechenden wollten als gleichberechtigte Bürger anerkannt werden, sie wollten in ihrer Sprache ihre Anliegen vortragen können, sie wollten in ihrer Sprache, eine andere kannten die einfachen Leute nicht, Gehör finden.

Dieselbe gesellschaftliche Wirklichkeit interpretiert Jungmann sprachlich und landet damit im Nationalismus, während Bolzano die Gegensätze seiner Zeit als soziale begreift und nach entsprechenden Lösungen sucht. So hat das Sprachliche bei Bolzano instrumentalen Charakter, während Jungmann es verselbständigt und verabsolutiert. Ihre Ziele waren nicht so weit voneinander entfernt, wie es nach Patočka erscheint: Jungmann wollte die Tschechen zu ihrer Sprache und Tradition führen und er hat es getan. Er wollte keineswegs, dass sie allein den Staat regierten. Und Bolzano wollte einen

Landespatriotismus, der den Tschechen dieselben Rechte geben sollte wie den Deutschen. Der Erfolg von Jungmanns Nationalideologie war in den sozialen und politischen Verhältnissen im Königreich Böhmen begründet, das nur noch als Provinz von Wien verwaltet wurde. Und er lag an den wechselnden Regierungen in Wien, die nicht fähig waren, die Situation in Böhmen zu begreifen, geschweige denn sie zu bessern. Wäre die Eigenständigkeit des Königreichs Böhmen wiederhergestellt worden, wären die Tschechen neben den Deutschen gleichberechtigt gewesen und beide Sprachen als Landessprachen anerkannt worden, hätte die Geschichte einen anderen Verlauf genommen.

JOSEF JUNGMANN

Josef Jungmann wurde 1773 in Hudlice bei Beroun geboren als Kind armer Handwerker. Die Armut, in der er aufwuchs, ist nichts Ungewöhnliches. František Palacký, Karel Havlíček, Božena Němcová, drei große Tschechen des 19. Jahrhunderts, lebten zumindest die erste Zeit ihres Lebens in heute kaum noch vorstellbarer Armut. Jungmann besuchte zunächst die Schule in Beroun und dann das Gymnasium der Piaristen in Prag. An der Karl-Ferdinands-Universität – wie die Karls-Universität damals hieß – studierte er Philosophie bei Stanislav Vydra, einem nicht nur von ihm verehrten Lehrer, auf den er nach dessen Tod eine Elegie schrieb. Von 1795 bis 1799 studierte er auch die Rechte. Danach wurde er Lehrer am Gymnasium in Litoměřice. Er bot außerhalb des Lehrplans Tschechischunterricht an und wurde so zum ersten Tschechischlehrer der neueren Geschichte. Er schrieb auch das erste romantische tschechische Liebesgedicht «Oldřich a Božena». 1800 heiratete er Johanna Světecká aus wohlhabender Familie und 1815 ging er nach Prag, wo er zuerst am Gymnasium unterrichtete und danach an der Universität. 1827 und 1839 war er Dekan der philosophischen Fakultät und 1840 Rektor der Universität. Stand er zu Beginn seiner Laufbahn ziemlich allein mit seiner Liebe zur tschechischen Sprache, so erweiterte sich der Kreis der Liebhaber des Tschechischen, die er um sich scharte, immer mehr, bis eine nationale Bewegung ihn zu ihrem Anführer erhob. Als Jungmann 1847 starb, empfanden das viele als nationales Unglück. Seine Beerdigung wurde zu einer Manifestation der Tschechen. Noch nie hatten sich so viele Menschen zur Beerdigung eines Gelehrten zusammengefunden.

In der Tat legte Jungmann die Grundlagen zum Tschechischen als Sprache der Literatur und der Wissenschaft, und dies mit einer kaum begreiflichen Leistung, die sich am ehesten noch mit der Arbeit der Brüder Grimm in Deutschland vergleichen ließe. Er übersetzte Milton, Shakespeare und Goethe ins Tschechische, dabei dessen Schönheit demonstrierend, und von 1834 bis 1839 erstellte er ein tschechisch-deutsches Wörterbuch in fünf Bänden.

BERNARD BOLZANO

Bernard Bolzano wurde 1781 in Prag geboren, sein Vater war ein italienischer Kunsthändler, der von Como nach Prag gekommen war, seine Mutter eine deutschsprachige Pragerin. Auch Bolzano besuchte das Gymnasium der Piaristen in der Panská und danach die Universität. Von 1796 bis 1799 studierte er wie Jungmann Philosophie bei Stanislav Vydra, aber auch Mathematik bei Franz Josef Gerstner, dem Gründer der Prager Technischen Hochschule, die, 1806 gegründet, die erste im mitteleuropäischen Raum war, so wie einst die Karls-Universität die erste Universität in diesem Raum war. Von 1800 bis 1805 studierte Bolzano Theologie, 1805 wurde er zum Priester geweiht und zum Doktor der Philosophie promoviert. 1807 wurde er Professor für katholische Religionslehre an der Karl-Ferdinands-Universität. Seine fruchtbare Zeit als Dozent und Redner dauerte bis 1820, als er relegiert wurde. Für die Schwärmerei der Romantik hatte er nicht viel übrig, er stand in der Tradition der katholischen Aufklärung. In Jesus sah er einen Lehrer des rechten Lebens und er hoffte, durch die Lehre die Menschen zur Sittlichkeit und zum Fortschritt anleiten zu können.

1820 verlor Bolzano seinen Lehrstuhl. Seine Absetzung durch den Kaiser erfolgte nach jahrelangen Intrigen der Konkurrenten, die ihm Geheimbündelei und Irrlehren vorwarfen. Von seinen liberalen Ansichten rückte er nicht ab, bekannte sich aber gleichwohl zur katholischen Kirche. Er erhielt eine Pension, von der er nicht leben konnte. Er zog zu seinen Eltern und später zur Familie Hoffmann, die in der Nähe von Prag ein Gut hatte. Anna Hoffmann, die er nach dem Tod ihres Kindes tröstete, wurde für ihn Stütze und Lebenshilfe, vor allem zwischen 1825 und 1834, als er seine große «Wissenschaftslehre», den «Versuch einer ausführlichen und größtenteils neuen Darstellung der Logik» schrieb, ein Werk, das zu den wichtigsten auf diesem Gebiet zählt. 1827 hatte er die Untersuchung «Athanasia» publiziert, mit der er die Unsterblichkeit der Seele zu beweisen suchte.

Bolzano wurde zum Wegbereiter der Phänomenologie, die über Franz Brentano zu Edmund Husserl führt, und zum Wegbereiter der Mengenlehre mit seinen mathematischen Untersuchungen. Seine Leistungen in Logik und Mathematik wurden erst spät erkannt, seine Überlegungen zum Landespatriotismus in Böhmen wurden zwar von den Zeitgenossen wahrgenommen, aber von der nationalen Entwicklung überrollt.

3

DER VATER DES VOLKES: FRANTIŠEK PALACKÝ

František Palacký hat sein Leben lang versucht, mit maßvoller Vernunft auf eine gleichberechtigte Entwicklung der Tschechen einzuwirken. In seinen letzten Lebensjahren und nach seinem Tode wurde er als «Vater des Volkes» von den Tschechen gefeiert, gab er ihnen doch ihre Geschichte zurück – so wie Jungmann ihnen ihre Sprache zurückgab. Palackýs Bemühungen blieben ohne Erfolg. Die Verzweiflung am Ende seines Lebens kam aus der Einsicht, dass er und die mit ihm Vereinten nichts bewirken konnten gegen eine blinde Regierung in Wien und den daraufhin wachsenden Nationalismus in Böhmen. Wer wissen will, woran die Habsburger Monarchie zugrunde ging, muss Leben und Werk dieses Mannes studieren.

František Palacký wurde 1798 in dem Dorf Hodslavice in den Westbeskiden geboren, wo Mähren und Slowakei an Schlesien stoßen. In diesem Winkel hielten sich die Böhmischen Brüder, Anhänger des großen Reformators Jan Hus, über die Jahre der Gegenreformation bis ins späte 18. Jahrhundert, als sie sich nicht mehr verstecken mussten. Hier trafen sie sich lange heimlich im Wald oder in Bauernstuben, deren Fenster verhängt wurden. Und von hier kamen die Gründer des frommen Herrnhut in Sachsen. Palacký wuchs in einer streng protestantischen Familie auf als eines von 12 Kindern, von denen sieben früh starben. Die Kindersterblichkeit war hoch, die Armut war groß. Der Vater, Lehrer, Schneider und Händler zugleich, konnte nie seine Familie zureichend ernähren. Die Begabung des jungen František erkannte er jedoch und schickte ihn auf die Schule, zunächst ins nahe Kunvald, dann ins ferne Trenčín in der Slowakei. Dort war Latein noch die Verkehrsprache, in Brocken sprachen es auch die Bauern auf dem Marktplatz.

Hatte František zu Hause Tschechisch gesprochen, so lernte er jetzt Slowakisch und Ungarisch neben dem üblichen Latein, denn die Slowakei wurde Jahrhunderte lang von Ungarn hart regiert. Als er 1812 ins evangelische Gymnasium in Pressburg (später Bratislava) aufgenommen wurde, musste er neben guten Kenntnissen in Latein und Deutsch noch Kenntnisse in Ungarisch nachweisen. Slowakisch oder Tschechisch waren nicht gefragt.

Und doch hing Palacký an seiner Muttersprache. In Tschechisch las er die Werke des Johann Amos Comenius und Josef Jungmanns Apologie der tschechischen Sprache. Ein Studienfreund war Jan Kollár, der später zum Studium nach Jena ging, wo er sich für die deutsche Romantik und den deutschen Nationalismus begeisterte. Kollár nahm am Wartburgfest 1817 teil, bei dem die Studenten Deutschland als eine Nation aus verschiedenen Stämmen priesen. Das inspirierte seinen Panslawismus: alle Slawen sind demnach ein Volk aus verschiedenen Stämmen. Palacký allerdings war immer skeptisch gegen diesen Panslawismus, der letztlich die Dominanz der Russen über die anderen slawischen Völker bedeutete.

Palacký lernte früh, indem er anderen assistierte, so seinem Lehrer Palkovič, der ein Böhmisch-Deutsch-Lateinisches Wörterbuch herausbringen wollte. Ansonsten verdiente er seinen Lebensunterhalt als Privatlehrer, vornehmlich in adligen Häusern. Je mehr ungarische Adlige, die dem ungarischen Nationalgedanken huldigten, er kennenlernte, umso mehr wurde er in seiner nationalen Haltung als Tscheche bestärkt.

An seinen Freund Kollár schrieb er 1822: «Ich liege jetzt voll in den Historien; es gibt kein Leben für mich, wenn ich mich nicht über die vaterländische Geschichtsschreibung machen könnte. Wenigstens das Hussitentum, falls ich es erleben werde, lege ich sicher dar. Es ist ärgerlich, wie wenig man über diese berühmte Zeit daheim

**František Palacky,
Ölgemälde von František Tkadlík,
1820**

und draußen weiß.» Er hatte seinen Lebenszweck gefunden. Er wurde Historiker und rekonstruierte die Geschichte nach den Quellen, so gut es ging. Lange Wochen verbrachte er später in Třeboň in den Archiven der Schwarzenbergs und in anderen Archiven. Die vorgefassten Meinungen über Jan Hus und den Aufstand der böhmischen Stände gegen Habsburg wollte er nicht stehen lassen. Sein großes fünfbändiges Werk «Geschichte von Böhmen und Mähren», zwischen 1836 und 1867 erschienen, ist die Frucht vieler Jahre harter Arbeit, ein Meisterwerk, das weithin Anerkennung fand. Anhand der Quellen geschrieben, in elegantem Stil gehalten, bringt es viele bisher unbekannte Fakten, die es in größeren Zusammenhang einordnet.

Im April 1823 kam Palacký endlich nach Prag und blieb hinfort, abgesehen von kürzeren oder längeren Reisen, in der Hauptstadt. Er schloss sich sogleich Josef Dobrovský an und half ihm bei den historischen und philologischen Arbeiten. Durch diesen kam er ins Palais der Grafen Sternberg: Franz Graf Sternberg wurde sein Förderer, ebenso dessen Cousin Kaspar Graf Sternberg, der die «Gesellschaft des vaterländischen Museums in Böhmen» begründete. Palacký wurde offizieller Archivar des Grafen Franz und konnte sich fortan dem Studium der böhmischen Geschichte widmen. 1827 heiratete er Terezie Měchurová, die Tochter eines wohlhabenden Advokaten. Finanzielle Sorgen hatte er damit keine mehr. Er zog ins Haus des Schwiegervaters, in das Prager Palais Mac Neven.

Als Palacký den beiden Grafen Sternberg vorschlug, zur Förderung des «vaterländischen Museums» eine deutsche und eine tschechische «Museumszeitschrift» herauszubringen, rieten diese ihm ab und auch Dobrovský meinte, dass es für eine Wiederbelebung des Tschechischen zu spät sei. Doch Palacký setzte sich durch. In einem Memorandum schrieb er 1825: «Da aber der literarische Betrieb und Verkehr in Böhmen durch zweierlei Sprachen, die böhmische und die deutsche, zweifach geteilt ist, wovon die eine die eigentlich historische Nationalsprache, so wie die Sprache der größeren Volksmasse, die andere aber die gewöhnliche Umgangssprache der Gebildeten ist; da sich ein Wetteifer, ja eine gewisse Eifersucht der Anhänger beider Sprachen und Literaturen im Vaterland nicht verkennen lässt; da das Museum das wechselseitige Anknüpfen ebenso wenig ignorieren als darin einseitig Partei für den einen oder den andern ergreifen darf, weil es seiner Bestimmung nach über beide Parteien gleich erhaben sein und auf beide einen gleichen Einfluss ausüben soll: so scheint es in dieser Rücksicht unumgänglich notwendig zu sein, dass es zur Herausgabe von zweierlei Zeitschriften, einer böhmischen und einer deutschen zugleich schreitet [...] Doch darf keine dieser Zeitschriften eine bloße Übersetzung der anderen sein, und es muss eine jede nach der Verschiedenheit des Lesepublikums und seiner Bedürfnisse nach einem verschiedenen Plane angelegt werden.»

Diese noble Haltung, die beiden Sprachen und beiden Nationen in Böhmen gerecht zu werden versucht, ist genau die Haltung, die den Habsburger Verwaltern in Prag und der kaiserlichen Regierung in Wien meist fehlte. Natürlich bedeutete sie in diesem Fall nicht die Neutralität, die Palacký für sich in Anspruch nahm, sondern sie bedeutete eine Parteinahme für die Tschechen, weil diese eben bisher gar nicht berücksichtigt worden waren. Es galt also, Gerechtigkeit für beide Seiten überhaupt erst herzustellen. Palacký sah auch deutlich die unterschiedlichen Bedürfnisse: Die deutsche «Zeitschrift des Böhmischen Museums» konnte an den wissenschaftlichen Diskurs im deutschsprachigen Raum anknüpfen, der tschechische «Časopis Českého Muzea» musste diesen Diskurs überhaupt erst schaffen; deshalb konnte nicht die eine Zeitschrift eine Übersetzung der anderen sein.

Das Böhmische Museum war im übrigen eines, das vor allem die Geologie, die Paläontologie, die Tier- und Pflanzenwelt Böhmens und Mährens zu erarbeiten suchte, wie noch heute jeder feststellen kann, der den prächtigen Bau des Národní Muzeum auf der Höhe des Wenzelsplatzes in Prag aufsucht. Kein Wunder, dass die deutsche Zeitschrift des Museums dem Naturkundler Goethe so gut gefiel. Dieses Museum war also keineswegs eine nationale oder gar nationalistische Veranstaltung.

Palackýs Erfolg war erstaunlich. Während die deutsche Museumszeitschrift nach vier Jahren wegen mangelnden Interesses ihr Erscheinen einstellen musste, konnte die tschechische Zeitschrift sich sehr gut behaupten. Sie florierte mit stabilem Leserkreis das ganze 19. Jahrhundert hindurch bis ins 20. Jahrhundert. Und Palacký hatte einen weiteren Erfolg. 1831 gründete er Matice česká, eine tschechische Stiftung, für die er Geld sammelte, um damit die Veröffentlichung wichtiger Werke in tschechischer Sprache zu subventionieren. Im ersten Jahr hatte sie 35 Mitglieder, 16 Jahre später schon 2329. Mit der Zahl der Spender wuchs das Vermögen und damit die Zahl der Publikationen. Eine eigenständige tschechische Literatur entstand. 1845 wurde Měšťanská Beseda gegründet, ein Bürgerklub, der auch den tschechischen Bürgern Prags einen Treffpunkt zu Konversation, Tanz und Konzerten bot.

Freilich mussten alle diese Unternehmungen sich gegen die Schikanen der Habsburger Verwaltung durchsetzen. Die Härte der Zensur war enorm. Sicherlich war dies auch ein Grund für das Ende der deutschen Museumszeitschrift. Viele Beiträge wurden verboten, so dass die deutsche Zeitschrift ein steriles Periodikum wurde, das wenig Interesse bei den Lesern fand, die lieber lebendigere sächsische Zeitungen und Zeitschriften lasen, soweit sie ins Land kamen. Die tschechischen Leser hatten weniger Alternativen, aber ihre Museumszeitschrift hatte auch weniger unter der Zensur zu leiden, vielleicht wegen ihres breiten und bunten Programms, das kritischen Themen aus dem Wege ging. Größere Schwierigkeiten hatte die Stiftung Matice česká, weil viele von ihr geförderte Bücher nicht erscheinen konnten: Die Zensur verweigerte die Erlaubnis. Palacký an den Förderer Graf Czernin: «Ich weiß in der Tat nicht, wohin es führt, wenn wir mit Ausnahme von Koch- und Gebetbüchern, Märchen und Silbenrätseln nichts anderes schreiben dürfen.»

Man könnte annehmen, es seien diese jahrelangen, nervenaufreibenden Erfahrungen mit einer sturen österreichischen Bürokratie, die ihm den Leitgedanken eingaben, den er dem ersten Band seiner «Geschichte von Böhmen und Mähren» zugrundelegte, doch diesen Gedanken hatte er bereits aus Pressburg mitgebracht: «Der Hauptinhalt der böhmisch-mährischen Geschichte fußt auf der Auseinandersetzung mit dem Deutschtum, das heißt auf der Annahme und Ablehnung der deutschen Bräuche und Ordnungen durch die Tschechen.» Dieser Satz ist einer von zwei Sätzen Palackýs, die gerne zitiert werden und die beide falsch verstanden werden, weil nur diese Sätze, aber nicht die ihnen folgenden beachtet werden. Palacký betrachtete nämlich den Streit zwischen dem slawischen und dem germanischen Prinzip, wie er es verstand, nicht als schädlich, sondern als notwendig, ja, als nützlich. Erst im Ringen dieser beiden

Prinzipien entstehe ein höheres gemeinsames Prinzip: das der nationalen Versöhnung und Toleranz. So bedeutet der Satz keineswegs, wie oft angenommen, Palacký sehe die Tschechen im Kampf gegen die Deutschen, den sie gewinnen müssten. Er sieht vielmehr die «Konfliktgemeinschaft», in der beide zu ihrem Vorteil vom anderen lernen könnten, diesen als gleichberechtigt akzeptierten sollten, um eines höheren Zieles willen.

Auch bei Palacký schimmerte Herders Auffassung von der Nation, die zur Humanität führen soll, durch, ebenso wie in seiner Idealisierung der frühen Zeit der Tschechen. Wie Herder sieht er die Slawen als friedliche Bauern, die erst durch die wilden germanischen Krieger zur Waffe gezwungen wurden. Sie hätten ein freies, ja demokratisches Gemeinwesen gegen das raue Feudalwesen der Germanen verteidigt. In diesem Kampf hätten sie vieles von ihrer Ursprünglichkeit verloren, aber so viel gelernt, dass sie sich hinfort zu behaupten wussten. Erst zur Zeit der Hussiten hätten die Tschechen ihre alten Auffassungen wieder durchsetzen können, aber nur für ein knappes Jahrhundert, bis sie von den Habsburgern erneut ins Feudalsystem gezwungen wurden. Die Idealisierung der Frühe der Völker, ein romantisches Element, wird bei ihm kombiniert mit der Idealisierung der Zeit des Jan Hus und seiner Nachfolger, einem tschechischen Element. Die Erinnerung an den großen Jan Hus und seine Mitstreiter, an das 15. Jahrhundert, als die Tschechen tatsächlich an der Spitze der geistigen und sozialen Entwicklung Europas standen, wird zu einem konstituierenden Bestandteil des tschechischen Nationalgedankens: Wir sind die Nation des Jan Hus.

4

1848: DAS JAHR DER ENTSCHEIDUNG

Wer die «Wiedergeburt» der tschechischen Nation allein auf die Kraft der nationalen Idee und die Biographie einiger großer Gestalten zurückführt, der ignoriert jedoch gesamtgesellschaftliche Entwicklungen. Da ist zunächst das Wachstum der Bevölkerung, vor allem der tschechischen. Von Mitte des 18. bis Mitte des 19. Jahrhunderts hatte sich die Bevölkerung Böhmens mehr als verdoppelt. Die Ursachen waren vielfältige: etwa die Aufhebung der Leibeigenschaft und der Ehebeschränkungen durch Kaiser Joseph II., die bessere Ernährung nach Einfuhr der Kartoffel, die offensichtlich aus Brandenburg nach Böhmen kam, denn Kartoffeln heißen tschechisch brambory (von Braniboři: Brandenburger). Auch die medizinische Versorgung – etwa die Pockenschutzimpfung – hat sich in dieser Zeit deutlich verbessert.

Die beginnende Industrialisierung führte zudem zu einer Wanderbewegung von den Dörfern in die Städte und Industriegebiete. So kam es, dass eine Stadt wie Prag, die Mitte des 19. Jahrhunderts noch 60 Prozent deutschsprachiger Einwohner zählte, um 1900 nur noch etwa 6 Prozent hatte. Dermaßen war die Zahl der tschechischen Zuwanderer angewachsen. Das zu Beginn des 19. Jahrhunderts verträumte Prag war gegen Ende des Jahrhunderts zu einer rauchenden Industriemetropole geworden.

Zunächst noch mit Wasserkraft, dann mit Dampfkraft kam die Industrie in Schwung durch Planung und Arbeitsteilung: Leinen und Tuche, Glas und Porzellan, Tabak und Papier wurden eher in den

Randgebieten Böhmens und Mährens hergestellt. Die Montanunternehmungen waren noch weitgehend in der Hand des Adels, aber auch nichtadlige Großgrundbesitzer beteiligten sich daran und avancierten. Ab 1830 entwickelte sich im Landesinnern die industrielle Produktion von Zucker aus Zuckerrüben, worin Böhmen führend wurde. Bahnlinien wurden angelegt, Maschinen gebaut. All dies hatte natürlich eine erstarkende Bürgerschicht zur Folge. Und die tschechischen Bürger suchten Anerkennung und organisierten sich in Gesellschaften und Vereinen, die denn auch beim Ausbruch der Unruhen des Jahrs 1848 eine Rolle spielten.

Erstaunlich, wie 1848 Aufstände in Paris, Berlin, Mailand, Prag, Wien, Budapest ausbrachen, kurz nacheinander oder gar gleichzeitig, als hätte jemand an eine Lunte Feuer gelegt, die dann an mehreren Pulverfässern zur Explosion führte. Die Pulverfässer waren da, es schien nur ein Funke zu fehlen. In allen Fällen ging es um das Aufbegehren bürgerlich-demokratischer Bewegungen gegen verkrustete feudal-aristokratische Regierungen. So war auch in Prag die Lage angespannt. Bereits 1844 hatte sich ein geheimer Klub gebildet, «Repeal» nach irischem Vorbild genannt. Seine Mitglieder waren deutsche und tschechische Radikaldemokraten. Er hatte auf seine Stunde gewartet, die nun im Februar 1848 gekommen schien: Revolution in Paris und Sturz der Regierung, Unruhen in den deutschen Staaten und in Budapest forderte Lajos Kossuth vom Kaiser eine demokratische Repräsentativ-Verfassung. So drängte auch «Repeal» in Prag zur Tat. Kossuth verlangte eine unabhängige Regierung, die Prager beriefen eine Versammlung ein, die eine höchst maßvolle Petition an den Kaiser richtete.

František Palacký, der durch seine Kontakte mit den Grafen Sternberg und durch seine Heirat in adligen und großbürgerlichen Kreisen verkehrte, was ihm manche Gesinnungsfreunde auch vorwarfen, wunderte sich in einem Brief an seine Frau, dass ausgerechnet «die seit Jahren in Schwung gekommenen Versammlungen der mittleren Bürgerklasse, Zünfte und Handwerker, welche im Wenzelsbade stattfanden», sich am 11. März 1848 zu einer politischen Manifestation wandelten. Ihre Petition an den Kaiser bat um politische, nicht um soziale Reformen: Sie bat um Gleichstellung der böhmischen Nationalität mit der deutschen in Schulen und Ämtern, Vereinigung der alten Kronländer und Konstituierung eines böhmischen Gesamtlandtags. Diese Vorschläge wurden von Palacký und liberalen Adligen unterstützt, in Wien gleichwohl abschlägig beschieden. Das wiederholte sich Jahre lang: Immer wieder dieselben Forderungen aus Böhmen und immer wieder die Zurückweisungen aus Wien. Die Hoffnung auf eine «böhmische Charta», im April 1848 angekündigt, erfüllte sich nicht.

Am 20. und 21. März hatten Prager Schriftsteller beider Sprachen eine Resolution verfasst, in der sie sich verpflichteten, auf der Basis der Gleichberechtigung beider Nationen sich zu verständigen. In den deutschsprachigen Randgebieten war die Situation freilich anders als in Prag. Am 31. März wies der Ausschuss im Prager St. Wenzelsbad in «tiefer Trauer» das in den deutschsprachigen Randgebieten umlaufende Gerücht zurück, die Tschechen seien dabei, die Deutschen zu überflügeln. Jede Eigenständigkeit der böhmischen Länder, jede Art von Gleichberechtigung der Tschechen schien diese Deutschen um ihre privilegierte Stellung im Habsburger Reich zu bringen – jedenfalls fürchteten viele von ihnen, dann den Kürzeren zu ziehen. Aus den Randgebieten kam denn auch der Zwiespalt nach Prag. Die Studenten, in Slavia und Teutonia nach Nation und Sprache getrennt, formierten sich, die Künstlervereinigung Concordia brach in zwei Lager auseinander. Am 5. April kam zum ersten Mal «Národní noviny» heraus, die vom Grafen Deym finanzierte «Nationalzeitung», in der Karel Havlíček zwar die Gleichberechtigung von Deutschen und Tschechen festhielt, aber den Tschechen als der Mehrheit der Bevölkerung die Regierung im Lande zusprach. Das schien die Befürchtungen der Deutschen zu bestätigen.

Dagegen opponierte ein «Verein der Deutschen aus Böhmen, Mähren und Schlesien», der sich als Interessenvertretung in Wien gebildet hatte und dort Einfluss gewann. Dieser Verein hielt die Tschechen für eine Partei, aber nicht für ein Volk. Deshalb erübrigte sich eine Gleichberechtigung. Der Verein, der sich als Sprachrohr der Deutschböhmen ausgab, wollte unter Umständen sogar die deutschen Randgebiete aus dem Staatsverbund lösen und Sachsen zuführen. Die tschechischen Patrioten empörte dieses Vorhaben, das ihren Zielen diametral entgegenstand. Sie wollten den Bestand der Kronländer sichern und ihre – wenn auch begrenzte – Unabhängigkeit von Wien wiederherstellen.

Vom 28. bis 31. August 1848 fand in Teplice ein Kongress der Deutschböhmen statt, auf dem die 112 Delegierten aus 47 Städten jegliche Zusammenarbeit mit den Tschechen in Landesvertretung und -verwaltung entschieden ablehnten und die Abtrennung der deutschen von den tschechischen Landesteilen forderten. Hier waren sie schon fast so weit wie die Henlein-Partei vor dem Abkommen von München 1938, als sie Hitler in die Hände arbeitete und Böhmen, das alte Böhmen, zerstörte.

Während der Kongress in Teplice die Tschechen von den Deutschen zu trennen versuchte, wurden sie von den Parlamentariern der Frankfurter Paulskirche als gleichberechtigte Mitglieder eingeladen. So wurde auch Palacký gebeten, einen Sitz im Parlament einzunehmen. Die Tschechen aber fürchteten ein großdeutsches Reich, in dem sie vollends unterzugehen drohten – viel mehr als die ihnen wohlbekannte Administration in Wien. So kam es zu Palackýs berühmtem Brief, in dem er eine Idee vom Habsburger Reich formulierte, die von diesem leider nicht verwirklicht wurde. Paradox genug: Ausgerechnet ein Tscheche, dessen Nation im Habsburger Reich nicht als gleichberechtigt neben anderen anerkannt wurde, verteidigte Österreich gegen die Österreicher, die nach Großdeutschland strebten. Aus diesem Brief Palackýs wird immer nur ein Satz zitiert, der seine Position verfälscht. Man muss diesen Brief schon etwas ausführlicher zur Kenntnis nehmen.

FRANTIŠEK PALACKÝ AN DAS PAULSKIRCHEN-PARLAMENT 1848

«Ich bin ein Böhme slawischen Stammes, und habe mit all dem Wenigen, was ich besitze und was ich kann, mich dem Dienste meines Volkes ganz und für immer gewidmet. Dieses Volk ist nun zwar ein kleines, aber von jeher ein eigentümliches und für sich bestehendes; seine Herrscher haben seit Jahrhunderten am deutschen Fürstenbund teilgenommen, es selbst hat sich aber niemals zu diesem Volke gezählt, und ist auch von andern im Laufe der Jahrhunderte niemals dazu gezählt worden. Die ganze Verbindung Böhmens, zuerst mit dem heiligen römischen Reiche, dann mit dem deutschen Bunde, war von jeher ein reines Regale, von welchem das böhmische Volk, die böhmischen Stände, kaum jemals Kenntnis zu nehmen pflegten. Diese Tatsache ist allen deutschen Geschichtsforschern wohl eben so gut wie mir selbst bekannt [...] Alle Welt weiß, dass die deutschen Kaiser als solche mit dem böhmischen Volke von jeher nicht das Mindeste zu tun und zu schaffen gehabt haben; dass ihnen in und über Böhmen weder die gesetzgebende, noch die richterliche oder vollziehende Gewalt zukam; dass sie weder Truppen noch irgend Regalien aus dem Lande jemals zu beziehen hatten; dass Böhmen mit seinen Kronländern zu keinem der ehemaligen zehn deutschen Kreise gezählt wurde, die Kompetenz des Reichskammergerichts sich niemals über dasselbe erstreckte usw.; dass somit die ganze bisherige Verbindung Böhmens mit Deutschland als ein Verhältnis nicht von Volk zu Volk, sondern nur von Herrscher zu Herrscher aufgefasst werden kann.»

Palacký weist mit Recht darauf hin, dass Böhmen, dass die Kronländer immer ihre Eigenständigkeit behaupteten, sowohl im Heiligen Römischen Reich, als auch nach 1806 im deutschen Bund. Und nun der viel zitierte Satz:

«Wahrlich, existierte der österreichische Kaiserstaat nicht schon längst, man müsste im Interesse Europas, im Interesse der Humanität selbst sich beeilen, ihn zu schaffen.»

Das klingt wie eine Rechtfertigung der bestehenden Habsburger Monarchie. Und so wird es auch gerne verstanden. Es ist jedoch nichts weniger als das Postulat einer österreichischen Monarchie, die es nicht gab, denn Palacký fährt fort:

«Warum sahen wir aber diesen Staat, der von der Natur und Geschichte berufen ist, Europas Schild und Hort gegen asiatische Elemente aller Art zu bilden – warum sahen wir ihn im kritischen Momente, jedem stürmischen Anlauf preisgegeben, haltungslos und beinahe ratlos? Weil er, in unseliger Verblendung, so lange her die eigentliche rechtliche und sittliche Grundlage seiner Existenz verkannt und verleugnet hat: den Grundsatz der vollständigen Gleichberechtigung und Gleichbeachtung aller unter seinem Scepter vereinigten Nationalitäten und Konfessionen. Das Völkerrecht ist ein wahres Naturrecht: kein Volk auf Erden ist berechtigt, zu seinen Gunsten von seinem Nachbar die Aufopferung seiner selbst zu fordern, keines ist verpflichtet, sich zum Besten des Nachbarn zu verleugnen oder aufzuopfern. Die Natur kennt keine herrschenden so wie keine dienstbaren Völker. […] Ich bin überzeugt, dass es für Österreich auch jetzt noch nicht zu spät ist, diesen Grundsatz der Gerechtigkeit, die sacra ancora [den heiligen Anker] beim drohenden Schiffbruch laut und rückhaltlos zu proklamieren und ihm praktisch allen Nachdruck zu geben: doch die Augenblicke sind kostbar, möchte man doch um Gotteswillen nicht eine Stunde länger zögern! Metternich ist nicht bloß darum gefallen, weil er der ärgste Feind der Freiheit, sondern auch darum, weil er der unversöhnlichste Feind aller slawischen Nationalitäten in Österreich gewesen.»

Hier wird offensichtlich, dass der Brief František Palackýs nicht an das Parlament in der Frankfurter Paulskirche gerichtet war. Dem Parlament galt nur die Absage, weil es für Böhmen eben nicht zuständig war. Der Brief war an Österreich gerichtet, an die Zentralgewalt des Habsburger Reichs. Er war eine Aufforderung, endlich, endlich das zu werden, was es zu sein behauptete. «Es ist noch nicht zu spät», heißt es und: «die Augenblicke sind kostbar». Das sind flehentliche Bitten eines, der eine Aufgabe für das Haus Habsburg sieht, die es in Europa zu erfüllen hätte, und zwar hier und jetzt. Und die zu erfüllen es bisher versäumte.

Es ging Palacký um den Schutz der kleinen Nationalitäten, nicht zuletzt der slawischen, die ihre Eigenart behaupten wollen und die den Einfluss Russlands fürchten, denn dies ist die asiatische Macht, gegen die Österreich das Interesse Europas zu verteidigen habe – nach Palackýs Ansicht. Was er von Österreich forderte, ließe sich heute als eine Charta der «Europäischen Union» lesen: einen Zusammenhalt zu bieten, in dem auch kleine Nationen sich entwickeln können, ohne die Überwältigung durch Mächtigere fürchten zu müssen.

Doch Österreich ist weder damals noch später dieser Aufgabe gerecht geworden, die Palacký ihm stellte und die diesem Vielvölkerstaat seinen Sinn gegeben hätte, so dass er möglicherweise nicht untergegangen wäre. Sicher, es gab immer wieder einzelne Staatsmänner in Prag und in Wien, die diese Aufgabe sahen und die sie übernehmen wollten, doch durchsetzen konnten sie sich nicht. Wer sich immer wieder durchsetzte, zeigen die weiteren Ereignisse des Jahres 1848.

Zunächst fand in Prag ein «Slawenkongress» statt. Er sollte ein Gegengewicht bieten gegen die deutsche und ungarische Dominanz, ein Gegengewicht gegen die großdeutschen Bestrebungen des Frankfurter Paulskirchen-Parlaments und ein Gegengewicht gegen die Fakten schaffenden Ungarn, die am 11. April 1848 das Ungarische als Amtsprache in ihrem Königreich eingesetzt hatten. Damit hatten sie zwar an Eigenständigkeit gewonnen, nutzten diese aber zum Schaden der ihrem Königreich angehörigen Slawen, der Slowaken und Kroaten, die dem Ungarischen unterworfen wurden.

Es nahmen vor allem Tschechen und Slowaken am Kongress teil, etliche Russen und Kroaten, aber auch Polen, die keinen eigenen

Staat mehr hatten, seitdem Österreich, Preußen und Russland 1799 in der dritten polnischen Teilung den polnischen Staat untereinander aufgeteilt hatten; erst 1918 wurde Polen wieder unabhängig. Palacký nahm Einfluss auf den am 31. Mai eröffneten Kongress, so dass eine panslawistische Proklamation vermieden wurde und eine andere angenommen wurde, in der wie üblich die Ergebenheit an das Haus Habsburg mit der Hoffnung auf gleiche Rechte für alle Nationalitäten im Kaiserreich gekoppelt wurde. Das Manifest, das am 12. Juni angenommen wurde, war zu großen Teilen von Palacký formuliert worden.

Palackýs gemäßigte Haltung, die immer noch und immer wieder Zugeständnisse von Wien auf dem Verhandlungsweg erhoffte, geriet durch den Prager Pfingstaufstand in Bedrängnis. Zuvor, am 15. Mai, war es in Wien erneut zu einem Aufstand gekommen. Die Demonstranten forderten allgemeines und gleiches Wahlrecht, der kaiserliche Hof floh nach Innsbruck, man fürchtete den Übergriff der Unruhen auf Prag. Graf Thun, ein den Tschechen wohlgesinnter Mann, war dort gerade Gubernialpräsident. Er schlug die Abhaltung von Landeswahlen in den Kronländern vor, eine Verfassung sollte dann möglichst schnell verabschiedet und eine weitgehend autonome Landesregierung eingesetzt werden. Hätte Graf Thun dies verwirklichen können, wäre die gesamte Entwicklung wohl anders verlaufen. Die Frage ist natürlich, ob Graf Thun in Wien sich hätte durchsetzen können. Doch dies zu erproben, hatte er nicht Gelegenheit, denn die Radikalen in Prag, die hinter den Wiener Bürgern nicht zurückstehen wollten, riefen zum Aufstand und spielten damit, ohne es zu wollen, den Reaktionären in die Hände.

Am 12. Juni begann der Pfingstaufstand in Prag und auch in Kutná Hora, Litomyšl und Kolín kam es zu Ausschreitungen. Den Prager Aufstand schlug Windischgrätz mit seinen Truppen in wenigen Tagen blutig nieder. Am 19. Juni wurde Graf Thun abgesetzt. 276 Personen wurden verhaftet, alle Organisationen und Vereine, die Zellen der tschechischen Bewegung, wurden verboten. Palacký hielt den Pfingstaufstand für das Werk «fremder Aufwiegler» und «einheimischer Dummköpfe». Jedenfalls war er ein Unglück, so fand er, weil er die Einberufung des Landtags verhindert hatte, so dass die Böhmischen Länder im Gegensatz zu den Ungarn keine standesgemäße Vertretung hatten. Während die Prager Nationalliberalen es für möglich hielten, dass die Ungarn den Aufstand geschürt hätten, damit der Slawenkongress auseinander getrieben werde, mutmaßten die deutschsprachigen Zeitungen das Gegenteil: Der Aufstand sei das Ziel des Slawenkongresses gewesen.

In Mähren lief wieder einmal alles ganz anders. Dort gab es keine scharfen nationalen Gegensätze, freilich fehlte dort auch ein slawisches Bürgertum, die deutschsprachigen Adligen und Bürger dominierten, doch schon Mitte Mai 1848 kam es zu einem Landtag, der allerdings keine nationalen, sondern soziale Reformen durchführte; eine Eigenständigkeit des Königreichs Böhmen war den Mährern nicht so wichtig. Am 9. Juni beschloss der mährische Landtag, die Robota, also den kostenlosen Frondienst, den die Bauern für die Grundbesitzer leisten mussten, endgültig abzuschaffen und die Naturalabgaben ebenfalls. Es kam auch zu einer Verfassung, die den Städten und Bauern mehr Rechte zugestand: Den Großgrundbesitzern, den Städten und den Bauern wurden jeweils 16 Mandate zugeteilt.

Eine Entlastung der Bauern beschloss auch der Reichstag, den Erzherzog Johann am 22. Juli 1848 in Wien eröffnete – ein Rumpfparlament, denn die Ungarn und die Italiener fehlten. Palacký nahm teil. Am 7. September bestätigte ein durch kaiserliches Patent verkündetes Gesetz, dass alle Reste der Erbuntertänigkeit und der persönlichen Abhängigkeit der Bauern von den Grundbesitzern hinfällig seien. Der Staat sollte dazu Gelder zur Entlastung der Grundbesitzer bereit stellen. Am 30. Oktober 1852 wurde dieser Prozess in Mähren, genau ein Jahr später in Böhmen abgeschlossen.

Es ist bemerkenswert, dass die bürgerliche Bewegung der Prager Tschechen um Palacký sich für diese die Bauern bedrängenden Fragen kaum interessierte, dafür aber für eine neue Verfassung, die den Nationalitäten ihre Rechte verschaffen sollte. Palacký nahm am Ausschuss des Reichstages teil, der die Verfassung ausarbeiten sollte. Er schlug eine vernünftige föderale Konstitution vor. Das Kaiserreich sollte in vier Landesteile gegliedert werden: einen polnischen, einen böhmischen, einen deutsch-österreichischen und einen illyrischen, der die Südslawen umfasste, die zum Kaiserreich gehörten. In diesen Landesteilen sollten zehn Landesregierungen errichtet werden entsprechend den traditionellen Ländern und Gebieten mit Hauptstädten in Wien, Lemberg, Brünn, Prag, Linz, Innsbruck, Gorizia, Laibach, Triest und Zara. Die Zentralgewalt in Wien sollte von einem Ministerpräsidenten geführt werden mit Ministerien des Äußeren, des Kriegs, der Finanzen und des Handels und der öffentlichen Arbeiten. An der Spitze der Landesregierungen sollten Landesminister stehen, die Ministerialräte zur Seiten hätte für Verwaltung, Justiz, Unterricht und Kultus, Landeskasse und -kredit und für Industrie. Der Kaiser repräsentierte die Zentralgewalt, unter deren Obhut alle Nationalitäten gleichberechtigt leben könnten. Ein durchaus tragbares Konzept, das er später noch einmal wiederholte, als der Reichstag ins kleine mährische Kroměříž (Kremsier) ausweichen musste.

Am 6. Oktober brach wieder ein Aufstand in Wien los, diesmal floh der kaiserliche Hof nach Olomouc (Olmütz); der Reichstag wurde nach Kroměříž verlegt. Der Optimismus der tschechischen Abgeordneten, auch Karel Havlíček, der berühmte Publizist, war unter ihnen, wurde bald enttäuscht. Es war wieder Fürst Windischgrätz, der den Aufstand in Wien brutal niederschlug. Er ließ Wien erstürmen und zurückerobern und die Anführer oder die, die er dafür hielt, am 31. Oktober hinrichten. Erfolge hatten die kaiserlichen Truppen auch in Italien, so dass sie sich auf die Niederwerfung der Ungarn konzentrieren konnten, die sie freilich nur mit russischer Hilfe zustande brachten. Kurzum: Die Nachgiebigkeit war mit den militärischen Erfolgen der Härte gewichen.

«Zur Mittagsstunde wurde der Reichstag in Kremsier einberufen, weil das Ministerium wichtige Dinge zu verkünden habe», schrieb

Karel Havlíček in «Národní noviny»: «Man wartete lange, die seltsamsten Vermutungen zirkulierten. Viele Mitglieder der Linken befürchteten, dass sie heute der letzten Wiener Revolution wegen von der Justiz als Opfer ausersehen werden. Auf einmal erschien das Ministerium in schwarzen Fräcken und Schwarzenberg begann mit seinem Vortrag. Kaiser Ferdinand I. legte die Krone nieder und trat sie an den Sohn seines Bruders Franz Joseph I. ab.» Dies geschah am 2. Dezember 1848.

Mit dem jungen und unerfahrenen Franz Joseph, der die Monarchie bis in ihren Untergang führen sollte, von 1848 bis 1916, hatten nicht junge liberale, sondern alte konservative Kräfte gewonnen. Als dann noch die Ungarn besiegt waren, brauchten diese Kräfte den demokratischen Anschein nicht mehr. Der Reichstag, der zuvor lang und breit eine neue Verfassung diskutiert hatte, wurde aufgelöst.

Am 4. März 1849 verkündete der Innenminister Graf Stadion eine vom Kaiser sanktionierte Verfassung, die vieles beim alten ließ: das strenge zentralistische System, das Vetorecht des Kaisers mitsamt einem Notverordnungsparagraphen, mit dem der Kaiser auch ohne irgendeine Institution regieren konnte. Der Absolutismus, den die Aufstände ins Wanken gebracht hatten, war im neuen Gewande wiedergekehrt. Er tat nicht so, als sei nichts geschehen, er zog die Konsequenzen aus dem, was geschehen war: Eine noch schärfere Unterdrückung folgte.

Am 7. März 1849 demonstrierte diesmal die Regierung, sie zeigte, was sie vom gerade eingerichteten Parlament in Kroměříž hielt. Am frühen Morgen besetzten Soldaten das Schloss, den Sitz des Reichstages. Alle Schriften wurden versiegelt und an die Türen wurde das kaiserliche Patent angeschlagen, das den Reichstag auflöste. Parlamentarier, die Eintritt verlangten, wurden beschimpft und mit Bajonetten vertrieben. Es war nicht nur das Ende des Parlaments, es war auch das Ende des Habsburger Reiches, wenn sich auch dessen Agonie noch 70 Jahre hinzog.

Ein kurzer Blick auf die anderen europäischen Monarchien mag dies belegen. Nur die Monarchen, die sich mit der bürgerlich demokratischen Bewegung 1848 oder später arrangierten und konstitutionelle Verfassungen, also Parlamente akzeptierten, retteten damit ihren Thron auf längere Sicht. Die Monarchien in den Niederlanden, in Großbritannien und den skandinavischen Ländern bestehen im 21. Jahrhundert noch.

Nach der Auflösung des Reichstags in Kroměříž resignierten die tschechischen Nationalliberalen um Palacký, der sich wieder seinen Geschichtsstudien zuwandte. Nur der junge Karel Havlíček stritt weiter mit der Feder, soweit ihm das möglich war. Lange ging es nicht mehr, denn jede Zeitung wurde ihm von der Zensur verboten, bis er schließlich im Morgengrauen abgeholt und in die Verbannung nach Brixen deportiert wurde.

KAREL HAVLÍČEK

Karel Havlíček, der sich mit den deutschen Schriftstellern Ludwig Börne und Heinrich Heine messen kann, war ein maßvoller Demokrat der bürgerlichen Revolution von 1848, ein kluger und gewitzter Schreiber, ein selbständiger Kopf. Er wurde 1821 in Borová (heute Havlíčkova Borová) als Sohn eines Dorfkaufmanns geboren. In Jihlava lernte er deutsch, weil er das Gymnasium besuchen sollte, denn es gab keine tschechischen Gymnasien; er studierte bei den Prämonstratensern in Německý Brod (heute Havlíčkův Brod) und ab 1838 in Prag. Er wollte Priester werden, um in der Seelsorge sich um die tschechischen Gläubigen zu kümmern. Wegen panslawistischer Äußerungen wurde er jedoch aus dem Priesterseminar ausgeschlossen. Josef Šafařík, ein Freund Palackýs, vermittelte ihm eine Stelle als Hauslehrer in Moskau. Dort wurde er von seinem Panslawismus geheilt: Er war wohl einer der wenigen Tschechen seiner Zeit, die Russland aus eigener Anschauung kennenlernten. Er sah, wie verwahrlost die Dörfer waren und dass die Bauern wie Vieh behandelt wurden. Nach seiner Rückkehr 1846 übergab ihm Palacký die Redaktion der «Pražské noviny» («Prager Zeitung»), in deren literarischer Beilage «Česká včela» («Tschechische Biene») er viele Artikel veröffentlichte. Er distanzierte sich von dem rührseligen Patriotismus des Josef Kajetán Tyl und vom Panslawismus, der im Gefolge Jan Kollárs immer noch stark war.

Durch Havlíček wurden die kulturellen Bestrebungen der Tschechen in eine politische Bahn gelenkt, insofern spielte er eine wichtige Rolle bei der Politisierung der Nationalbewegung. «Ich bin überhaupt ein großer Gegner von bewaffneten Revolutionen und setze vor allem auf die Revolution in den Köpfen und Herzen» schrieb er im Jahre 1848, das ihm eine bisher ungekannte Freiheit von der Zensur brachte. In «Národní noviny» trat er dann – im Sinne Palackýs – für den Erhalt der Monarchie ein und für die Gleichberechtigung aller Nationalitäten in der Monarchie. Nach der Niederschlagung des Pfingstaufstandes wurde Havlíček verhaftet. Windischgrätz musste ihn jedoch wieder freilassen, da er Abgeordneter des Reichstags geworden war. Dort stritt er an der Seite von Palacký. Nach der Auflösung des Reichstags im März 1849 verstummte Havlíček nicht: «Es gibt auch solche Zeiten, da das Gewissen jeden redlichen Menschen verpflichtet, die ganze Wahrheit auszusprechen und seine Meinung nicht zu verschweigen, auch wenn schon das Schwert des Henkers gezückt ist.»

Nach der Niederwerfung der ungarischen Rebellion wurde Havlíček wieder für kurze Zeit verhaftet. Ende 1849 veröffentlichte er Palackýs Artikel über den Zentralismus und die nationale Gleichberechtigung: «Solange die Völker Grund haben, um ihre Nationalität zu bangen, wird es in Österreich weder Zufriedenheit noch Frieden geben.» Und Havlíček meinte, dass es die 28 Millionen Slawen, Italiener, Ungarn und Rumänen nicht hinnehmen würden, von einer Minderheit von 7 Millionen Österreichern beherrscht zu werden. Er war überzeugt, dass der Reichstag diesen Völker zu ihrem Recht verhelfen würde. Der Reichstag aber trat nicht mehr zusammen und Anfang 1850 wurden die «Národní noviny» eingestellt.

Havlíček übersiedelte mit seiner Frau Julie und seiner kleinen Tochter Zdenka nach Kutná Hora, wo er die Zeitschrift «Slovan» («Der Slawe») herausgab. Die erste Nummer wurde sofort konfisziert, weitere Schikanen folgten. Havlíček schrieb fleißig weiter, die «Epištoly kutnohorské» (Kuttenberger Episteln) wurden viel gelesen. Immer wieder musste er vor Gericht erscheinen, Reisen nach Prag waren ihm untersagt. Nachdem Innenminister Bach alle unabhängigen Zeitungen Österreichs verboten hatte, blieb nur noch Havlíčeks Blatt, für das eine Presseverordnung im Juli 1851 erlassen wurde. Im August stellte Havlíček die Zeitschrift «Slovan» ein. Er wurde nachträglich wegen Artikeln in diesem Blatt angeklagt, aber vom Gericht freigesprochen. Da griffen die Behörden zu einem alten Mittel: der Verbannung, die von der Regierung verfügt werden konnte, wenn der Beschuldigte «politisch schädlich» war. Vom 22. Dezember 1851 bis zum 6. Mai 1855 musste Havlíček in Brixen in Tirol bleiben, wo es ihm so schlecht nicht ging, wenn er auch von der böhmischen Heimat getrennt war und von jeder publizistischen Wirkung abgeschnitten. Frau und Kind konnten einige Zeit bei ihm wohnen. Er schrieb die satirischen «Tyrolské elegie» (Tiroler Elegien), die er natürlich nicht zu Lebzeiten veröffentlichen konnte. Später gehörten sie und heute gehören sie zum Bildungsschatz jedes tschechischen Schulkindes.

Seine Frau Julie, an Tuberkulose erkrankt, kehrte mit der Tochter Zdenka im September 1854 nach Prag zurück, wo sie im April 1855 starb. Auch Havlíček war an Tuberkulose erkrankt. Am 29. Juli 1856 starb er in Prag, arm und einsam, gerade 35 Jahre alt. Die letzte Zeit seines kurzen Lebens hatte er isoliert gelebt, weil keiner sich traute, mit ihm Umgang zu pflegen. Die österreichischen Spitzel waren überall. Erst sein Begräbnis demonstrierte seine Bedeutung: Tausende folgten seinem Sarg.

5

NATIONALE MYTHEN

Josef Jungmann gab den Tschechen ihre Sprache zurück, František Palacký ihre Geschichte, könnte man sagen. Andere Völker Europas erlebten im Laufe des 19. Jahrhunderts ähnliches, wenn auch auf andere Weise. Was den Tschechen bis 1918 nicht gelang, schafften die Finnen immerhin schon 1863: dass in ihrem Lande ihre Sprache neben dem Schwedischen als gleichberechtigt anerkannt wurde. Die Iren hinwiederum, die ihre Unabhängigkeit blutig erkämpfen mussten, verloren ihre gälische Sprache weitgehend, im Gegensatz zu den Tschechen.

Wenn der gemeinsame Besitz einer reichen Vergangenheit grundlegend für die Herausbildung einer Nation ist, wie der französische Gelehrte Ernest Renan 1882 behauptete, dann hat František Palacký diesen gemeinsamen Besitz für die Tschechen in seinen umfangreichen Untersuchungen zur böhmischen Geschichte geschaffen. Populär wurden daraus freilich nur Buchstücke. Aus der unübersichtlichen Vergangenheit ragen einzelne Ereignisse, einzelne Gestalten hervor, die sich dem Gedächtnis einprägen. An ihnen lässt sich das Schicksal des Volkes erkennen, sie bieten Anhaltspunkte und Verpflichtung. So entstehen nationale Symbole, die einen fast mythischen Charakter haben.

Die großen Augenblicke werden in Bildern und Denkmälern, in Gedichten und Romanen, in Opern und Musikstücken festgehalten und verherrlicht. Sie werden in den Lesebüchern für die Schulen erläutert und an Gedenktagen gefeiert. So werden diese nationalen

Mythen nicht nur Teil des kollektiven Gedächtnisses der Nation, sondern dessen Grundlage: Sie konstituieren es, sie erhalten es, sie legitimieren es.

Das ist nichts, was die Tschechen von den anderen europäischen Nationen trennt, sondern etwas, das sie mit diesen gemeinsam haben. Vercingetorix und Jeanne d'Arc für die Franzosen, Wilhelm Tell und Winkelried für die Schweizer, die Magna Charta und die glorreiche Revolution für die Briten, Hermann der Cherusker und Martin Luther für die Deutschen sind solche Figuren und Ereignisse der kollektiven Erinnerung. Sind es auch Personen, die tatsächlich in der Geschichte gewirkt haben, sind es auch Ereignisse, die tatsächlich in der Geschichte sich vollzogen, so werden sie doch zum Mythos überhöht.

Ausgerechnet die Geschichtswissenschaft, die sich im 19. Jahrhundert als rationale, auf Quellenbasis arbeitende Zunft etablierte, bot die Vorlagen für die nationalen Mythologien. Palackýs Abhandlungen zur böhmischen Geschichte waren ja sorgfältige, durch mühsame Entzifferung der alten Handschriften in den Archiven rekonstruierte Darstellungen, die von den angesehenen deutschen Historikern mit Recht höchstes Lob erfuhren. Und doch lieferte er den Stoff, aus dem die nationalen Träume sind, und das war durchaus seine Intention.

Bis dahin kannten die Tschechen – und nicht nur sie – ihre Geschichte kaum. Schließlich war die Historie überhaupt erst gegen Ende des 18. Jahrhunderts in den Blick der Gelehrten geraten. Nun lernten die Tschechen ihre Geschichte kennen, und sie lernten sie aus der Perspektive eines Tschechen. Aus dem Ketzer Jan Hus wurde der Held Jan Hus. Hus, für den sich bis dahin wenige Tschechen interessiert hatten, die Böhmischen Brüder waren eine kleine versprengte Minderheit, rückte in den Mittelpunkt der Aufmerksamkeit. Und er wurde schließlich nicht aus seiner Zeit, sondern aus dem aktuellen Anlass verstanden: Nicht der tief gläubige Christ, dessen fromme Schriften kaum jemand zur Kenntnis nahm, wurde aufs

Podest gestellt, sondern der Kämpfer für Freiheit und Unabhängigkeit. Die bildlichen Darstellungen prägten sich ein, sie boten Situationen, in denen alles zusammengefasst schien: Jan Hus vor dem Konstanzer Konzil als unbeugsamer Verfechter der Wahrheit gegen finstere Mächte.

Tschechische Historiker haben fünf Mythen ausgemacht, die das tschechische Verständnis der nationalen Geschichte im 19. Jahrhundert prägten: Die Hussiten des 15. Jahrhunderts zeigte František Palacký im dritten Band seiner «Geschichte von Böhmen und Mähren», der 1848 erschien, als eine nationale und freiheitliche Bewegung. In ihnen habe die ruhmreiche tschechische Geschichte ihren Höhepunkt erreicht. Da die Hussiten am Kaiser und der katholischen Kirche letztlich scheiterten, wurde das Misstrauen gegen diese wach gehalten. Das Ereignis, das diesen feindlichen Kräften endgültig die Macht verlieh, war die Schlacht am Weißen Berg 1620, in der die Katholische Liga des Habsburger Kaisers über die protestantischen Stände Böhmens siegte. Von da an begann für die Tschechen das Zeitalter der Finsternis («Temno» heißt der Roman von Alois Jirásek über diese Zeit), also das der Fremdherrschaft durch Habsburg und die katholische Kirche. Erst durch die «Wiedergeburt» im 19. Jahrhundert fand diese Finsternis ihr Ende. Soweit zwei der Mythen: die Hussiten und die Schlacht am Weißen Berg.

Auch der dritte tschechische Mythos, der sich herausbildete, beschreibt eine verhängnisvolle Niederlage. Es ist doch erstaunlich, dass so oft Niederlagen zu nationalen Mythen umgebildet werden, und dies nicht nur bei den Tschechen. Die Franzosen erinnern sich an die Unterwerfung der Gallier durch Cäsar, die Griechen an die Eroberung von Konstantinopel durch die Türken, die Dänen an die Niederlage gegen die Preußen 1864. Traumatische Ereignisse scheinen sich ebenso sehr im kollektiven Gedächtnis zu erhalten, wie ruhmreiche Siege, vielleicht mehr noch als diese.

Nun, der dritte tschechische Mythos ist die Schlacht auf dem Marchfeld 1278, die Přemysl II. Otakar gegen Rudolf von Habsburg verlor. Přemysl regierte ein weit über Böhmen und Mähren hinaus reichendes Gebiet, geriet aber mit dem deutschen König Rudolf von Habsburg in Konflikt. Nach der ersten Niederlage gegen Rudolf verlor Přemysl II. Otakar seine österreichischen Besitzungen. Die böhmischen Länder musste er als Lehen aus der Hand des Habsburgers entgegennehmen, eine Erniedrigung, die ihn zur zweiten Schlacht trieb, in der er sein Reich und sein Leben verlor. Der Habsburger siegte. Palacký schilderte in seiner Geschichtsdarstellung voll Anteilnahme das Schicksal des Königs, dessen Abschied von der Familie und von Prag und seinen heldenmütigen Kampf, womit er natürlich das Herz seiner Leser rührte.

Der vierte Mythos endlich bildete sich um die Gestalt Kaiser Karls IV. Der Sohn einer Přemyslidin, der letzten des ruhmreichen Hauses, und eines Luxemburgers regierte von 1346 bis 1378 und war einer der bedeutendsten böhmischen Könige und deutschen Kaiser. Er war tatsächlich ein Vater des Vaterlandes, der Prag zu der europäischen Metropole ausbaute, die es bis heute geblieben ist: Universität, Veitsdom, Karlsbrücke, Prager Neustadt und die nahe Prag gelegene Burg Karlstein legte er an, seine Muttersprache Tschechisch liebte er, Böhmen machte er groß. Hier also endlich einmal keine Niederlage in der böhmischen Geschichte, sondern Sieg, Glanz und Ruhm.

Der fünfte Mythos hat erstmals keine historische Person, kein historisches Ereignis zum Gegenstand, sondern eine sagenhafte Figur, die Urmutter der Tschechen aus vorgeschichtlicher Zeit: Libuše. Sie war der Sage nach eine weise Frau und Seherin, die den Bauern Přemysl vom Pflug weg heiratete, womit das böhmische Königsgeschlecht der Přemysliden seinen Anfang nahm. Und sie gründete Prag und kündigte seine glanzvolle Zukunft an, die bis heute andauert. Das ganze 19. Jahrhundert hindurch beschäftigte sie die Phantasie der Poeten, der deutsch und der tschechisch schreibenden gleichermaßen.

Ein weiterer Mythos, also der sechste, muss wohl noch genannt werden: der Heilige Wenzel (Václav). Nach dem Tod seines Vaters wurde Wenzel I. 921 Herzog von Böhmen. Seine Mutter Drahomíra regierte anfangs noch für ihn, dann übernahm er die Herrschaft. Doch er wurde 935 von seinem Bruder Boleslav getötet, der daraufhin Herzog wurde. Dieser Brudermord hat verschiedene Erklärungen gefunden, die sich mal auf die Spannungen zwischen Heidentum und Christentum, zwischen lateinischer Westkirche und griechischer Ostkirche, oder zwischen deutschen und tschechischen Einflüssen bezogen, oder einfach auf brüderliche Konkurrenz. Jedenfalls wurde Wenzel, ein frommer, asketischer und gerechter Herrscher, ein Märtyrer der Krone, schon sehr früh als Heiliger verehrt, nämlich vom 10. Jahrhundert an, also seit seinem schmählichen Tod, und verehrt wird er bis in die Gegenwart hinein. Die böhmische Krone

Demonstranten vor dem Denkmal des Heiligen Wenzel auf dem Prager Wenzelsplatz, 1999

heißt die «Krone des Heiligen Wenzel». Und sein prächtiges Denkmal auf dem Wenzelsplatz (Václavské náměstí) ist der Ort, an dem die Tschechen sich bei allen wichtigen Ereignissen versammeln: zu Füßen ihres Patrons.

Und so kommen denn noch wichtige Geschehnisse des 20. Jahrhunderts zu der Sammlung der tschechischen Mythen hinzu, Geschehnisse, die alle in Massenversammlungen am Denkmal des Heiligen Wenzel begannen oder endeten und merkwürdigerweise immer in einem Jahr mit einer Acht am Schluss: 1918 die Gründung der Tschechoslowakischen Republik, als nach dreihundert Jahren, also seit der Schlacht am Weißen Berg (Bílá hora), die böhmischen Länder wieder selbständig wurden. Dann 1938, als die junge Tschechoslowakei von ihren Verbündeten Frankreich und Großbritannien an Hitler verraten wurde und die kurze Unabhängigkeit in schrecklicher Verfolgung endete. Schließlich 1948, als die kaum errungene Freiheit von den Kommunisten wieder beseitigt wurde. Und 1968, als die Tschechen und Slowaken einen menschlichen Sozialismus im sowjetischen Zwangssystem erreichen wollten und mit Panzern wieder ins System zurück gezwungen wurden. Es sind also wieder drei schmerzliche Niederlagen unter den vier Daten: 1938, 1948, 1968.

Der Sieg wurde diesmal nicht 1988, sondern mit einem Jahr Verspätung 1989 errungen: Nach der «Samtenen Revolution» kehrten Demokratie und Unabhängigkeit wieder. Die «Sanftheit» dieser Revolution wäre ganz im Sinne der maßvollen Demokraten von 1848 Karel Havlíček und František Palacký gewesen. Auch diesmal waren Intellektuelle wichtige Wortführer, so der Dramatiker Václav Havel, um nur den bekanntesten zu nennen.

6

DIE DUNKLEN ANFÄNGE: LIBUŠE

Die Anfänge liegen im Dunkeln, diejenigen Böhmens ebenso gut wie die anderer Länder und Völker Europas, welches sich erst nach dem Ende des Römischen Reiches in den verschiedenen Völkerwanderungen herausbildete, bis es vom Christentum zu einem gemeinsamen Kulturraum geformt wurde. Über die Vorgeschichte, zu der wir keinen Zugang über schriftliche Dokumente haben, geben die Archäologen anhand ihrer Ausgrabungen Auskunft. Sie nehmen an, dass schon seit der mittleren Steinzeit, also etwa 50 000 bis 40 000 v. Chr., eine kontinuierliche Besiedlung der böhmischen Länder stattgefunden hat.

Etwa 400 v. Chr. begannen die Kelten den böhmischen Raum zu besiedeln. Hier beginnt das Dunkel der Geschichte sich ein wenig zu lichten, denn über die Kelten wissen wir einiges aus römischen Quellen. Die Kultur der so genannten La-Tène-Zeit zeigt sich in den Grabbeigaben, auch fanden sich Reste von gut befestigten Siedlungen auf Hügeln mit Ringwällen, wie sie die Kelten auch andernorts anlegten, etwa auf dem Altkönig in der Nähe von Frankfurt am Main. In Stradonice bei Beroun und in anderen Gegenden Böhmens, aber auch in der Nähe von Brünn in Staré Hradisko finden sich ihre Spuren. Jedenfalls sollen die Kelten dem Land den Namen gegeben haben: Boeheim soll das Gebiet der keltischen Bojer geheißen haben, die über Main und Donau in die böhmischen Länder vordrangen, also aus Westen kamen. Später sollen diese Bojer auch noch den Bayern ihren Namen hinterlassen haben, den man sonst kaum erklären kann: Sie könnten nach Süddeutschland gezogen sein, ins heutige Bayern.

Die Germanen, die seit dem 2. Jahrhundert v. Chr. ins Elbgebiet und nach Nordböhmen einsickerten, kamen aus dem Norden, dann aber auch aus dem Westen, als sie dem Druck der Römer, die sie immer wieder von ihren Grenzen zurückwarfen, weichen mussten. So kam es, nimmt man an, zu einer etwa sechs Jahrhunderte andauernden Herrschaft germanischer Stämme über die einheimische Bevölkerung Böhmens, so weit sie im Lande blieb. Viele Kelten wanderten ab nach Pannonien und mit ihren Städten zerfiel ihre Kultur. Römische Quellen sagen einiges über die germanischen Stämme, es sind vor allem Markomannen und Quaden. Der Anführer der Markomannen Marbod spielte insofern eine Rolle in den Kämpfen der Römer mit den Germanen unter dem Cherusker Arminius, als er sich aus dem Streit heraushielt. Erst viel später gerieten die Markomannen in verlustreiche Kämpfe mit den Römern. Und genauso wie die Quaden gingen sie unter dem Ansturm der Hunnen zugrunde. Rätselhaft erscheint es, wie in diesen dunklen Jahrhunderten zwischen dem Untergang des römischen Reiches im 4. Jahrhundert n. Chr. und dem Entstehen des Karolinger Reichs im 8. Jahrhundert Völker wie aus dem Nichts auftauchten und wieder wie im Nichts verschwanden.

Der kriegerische Zug der Hunnen aus der asiatischen Steppe nach Europa löste jedenfalls eine starke Wanderbewegung aus. So könnte noch einmal ein germanischer Stamm kurze Zeit in Böhmen gesiedelt haben: die Langobarden. Doch im Laufe des 6. Jahrhunderts, als diese nach Bayern und Norditalien weiter zogen, wurde Böhmen frei für neue Siedler. Und jetzt wanderten in mehreren Wellen slawische Stämme ein. Sie kamen wohl aus einem Gebiet nördlich der Weichsel und dem Dnjepr und östlich dem Karpatenbogen. Wahrscheinlich wichen sie dem Druck der Hunnen und Awaren. Sie zogen über die Karpatenpässe und durch die Mährische Pforte ein, aber auch aus südöstlicher Richtung nach Südmähren. So kamen die

Slawen nach Boiohaemum, ob in kleinen Gruppen oder in größeren Verbänden, ist nicht bekannt. Doch sammelte sich nach und nach eine beträchtliche Bevölkerung.

Immerhin gibt Prokopius von Caesarea, der etwa 550 n. Chr. lebte, einen Anhaltspunkt für den Mythos von den demokratischen Slawen, den dann Herder vertrat und nach ihm Palacký. Demnach hätten sie keine Zentralgewalt, schreibt er, seien in kleinen selbständigen Gruppen organisiert und kämen gelegentlich zu größeren Versammlungen, um dort «in Demokratie» gemeinsam Beschlüsse zu fassen. Das mag in den Anfängen so gewesen sein, über die wir nichts wissen, spätere Funde geben ein anderes Bild. Vom 7. zum 8. Jahrhundert entstanden in Böhmen und Mähren Burganlagen ähnlich den befestigten Anlagen der Kelten. Und an diesen lässt sich einiges ablesen: Hier müssen viele Menschen gemeinsam tätig gewesen sein, um die Befestigungen zu bauen; es gab also einen Zusammenhalt größerer Gruppen. Und in diesen Anlagen finden sich Hochburgen, also Herrensitze, die Zeugnis geben von der Herrschaft Einzelner oder einzelner Familien über die anderen. Die Burg Klučov am Unterlauf der Šembera ist ein Beispiel dafür, und die Felsenburg Prachovské skály. Die Funde belegen auch, dass es einen regen Handel mit Polen und Russland und mit Südosteuropa gegeben haben muss.

Die beiden frühesten Chroniken von Cosmas und Christian, die uns einiges von der Vorgeschichte und der frühen Geschichte der Tschechen berichten, sind sich über die Anfänge nicht einig. Wie es eben so ist, wenn wir uns unseres Ursprungs zu vergewissern suchen: Wir neigen zu Übertreibungen. Entweder der Beginn war paradiesisch schön, dies steckt im Mythos vom Paradies und vom Goldenen Zeitalter, und seitdem geht es bergab in erbittertem Streit. Oder der Beginn war schrecklich barbarisch und seitdem geht es bergauf zu einer menschenfreundlicheren Kultur. Zum Ersten neigt Cosmas, zum Zweiten Christian.

Christian, der sich mit dem Namen Christianus einen Christen nennt, schrieb im 10. Jahrhundert eine Legende vom Heiligen Wenzel

(Vita et passio sancti Venceslai). Als frommer Christ hielt er nicht viel von der heidnischen Vergangenheit der Tschechen. Sie waren, meinte er, «Tiere ohne Vernunft». Als sie von der Pest heimgesucht wurden, fragten sie eine Wahrsagerin um Rat. Und die riet ihnen, eine Burg zu bauen, und sie nannten die Burg Praga. Dann erwählten sie einen klugen Bauern namens Přemysl zu ihrem Herrscher und gaben ihm die Wahrsagerin zur Frau. Heiden, die noch nicht getauft waren, interessierten den Christen Christian nicht sonderlich. Die Frau, die Generationen von Tschechen inspirieren sollte, nannte er nicht einmal beim Namen. Er widmete ihr gerade fünf Zeilen. Immerhin hatte er einen lateinischen Namen für die Tschechen, denn Latein schrieb er wie alle damals und lange noch in Europa: «Sclavi Boemi», also böhmische Slawen.

Ganz anders Cosmas von Prag, der zwischen 1119 und 1125 eine dreibändige Chronik schrieb: «Chronica Boemorum», Chronik der Böhmen. Er ist ein gelehrter und wortmächtiger Schriftsteller, der uns die Anfänge der böhmische Slawen als goldenes Zeitalter erzählt, von einem Mädchenkrieg berichtet und uns die tschechische Ahnfrau mit Namen vorstellt: Bei ihm heißt sie nicht Libuše, sondern Lubossa. Der Tscheche Cosmas war auf der Höhe der europäischen Literatur, bei der er denn auch etliche Anleihen machte, wie sich das gehörte.

COSMAS VON PRAG

Cosmas wurde um das Jahr 1045 in Prag geboren als Sohn einer wohlhabenden Familie von Klerikern. Katholischen Priestern war es damals noch erlaubt zu heiraten. So lobte Cosmas in seiner Chronik auch die Treue seiner Frau Božetěcha und er war stolz auf seinen Sohn, der nach ihm Dekan der Prager Domkirche wurde. Er war also ein angesehener und gebildeter Mann der Prager Oberschicht. An der Prager Domschule hatte er Latein gelernt wie jeder damals und lange noch, der im christlichen Europa schreiben und lesen lernte, denn man schrieb und las Latein. Mitte der 70er-Jahre studierte er an der Lütticher Kathedralschule, die gute Beziehungen zu Prag hatte. Der alte Cosmas – er dürfte siebzig gewesen sein, als er seine Chronik begann – erinnert sich mit Tränen an diese glücklichste Zeit seines Lebens, in der er mit den Musen «auf den Wiesen der Grammatik und Dialektik einhersprang.» Natürlich las er die antiken lateinischen Schriftsteller: Ovid, Sallust und Boethius waren seien Vorbilder.

Anfang der 80er-Jahre kehrte er nach Prag zurück, wurde Sekretär von Bischof Jaromír, dem Bruder des Herzogs, seit 1085 dann Königs von Böhmen, und von dessen Nachfolgern. Schließlich wurde er auch noch Kanzler am Hofe Kaiser Heinrichs IV. Er unternahm viele Reisen, so nach Verona und Mantua, nach Mainz – dem Erzbistum Mainz war das Prager Bistum damals zugeordnet –, nach Ungarn und in die Slowakei. Sein Leben und Wirken zeigt die vielfältigen Beziehungen, die dieses lateinische Europa im angeblich finsteren Mittelalter verband, und das hohe Niveau, auf dem sie sich bereits im 11. Jahrhundert abspielten. Und wie selbstverständlich gehörten die Tschechen zu diesem kulturellen und politischen Kräftefeld.

Drei Bände seiner Chronik konnte Cosmas schreiben, den dritten konnte er nicht mehr vollenden. Cosmas starb am 1. Oktober 1125 in Prag, ein tschechischer Schriftsteller lateinischer Sprache. Er war der erste tschechische Schriftsteller von Bedeutung; seine humanistische Bildung und europäische Weltläufigkeit verband er mit einer patriotischen tschechischen Haltung.

An dem Werk des Cosmas, dem ersten tschechischen Geschichtswerk, lässt sich mühelos erkennen, dass die Tschechen sich schon in früher Zeit als eigenständiges Volk empfanden. Sie mussten sich nicht erst im 19. Jahrhundert erfinden und wussten sich schon in früherer Zeit gegen die Einflüsse anderer Völker zu wehren: gegen die Deutschen und gegen die Polen. Auf die Polen ist Cosmas nicht gut zu sprechen, er nennt sie «hergelaufene Beutejäger mit geschorenen Lippen» (ohne Bart). Es ist also schwer verständlich, wie einige Forscher den Tschechen Cosmas für einen Polen halten konnten. Von den Deutschen, die nach Böhmen kommen, um sich dort zu bereichern, hält er nicht viel. Da sei ein deutscher Bischof «ohne Hosen» nach Böhmen gekommen, also sehr arm, selbst «Eselsscheiße» wäre besser gewesen als dieser Bischof; am lateinischen Ausdruck «asini merda» mag man noch den Widerschein der kräftigen tschechischen Sprache erkennen. Cosmas legt diese Äußerung zwar einem tschechischen Ältesten in den Mund, den der Herrscher zurechtweist, aber er lässt seine Sympathie mit diesem Ältesten doch spüren.

Auch auf die Juden ist er nicht gut zu sprechen, wenn er auch hier wieder nicht selbst urteilt, sondern andere zu Wort kommen lässt. Jedenfalls ist er der Anhänger einer damals und lange noch verbreiteten Ansicht, dass die Juden Eigentum des Herrschers seien: Sie sind ihm persönlich untertan, sie können nicht das Land verlassen ohne seine Erlaubnis. Er schützt sie und er beutet sie aus. Die Abgaben, die sie leisten mussten, waren in der Regel sehr hoch. So kann ein zum Tode verurteilter Prager Jude namens Jakob – der erste uns bekannte Prager Jude überhaupt – von der Prager jüdischen Gemeinde nur durch dreitausend Maß Silber und hundert Maß Gold gerettet werden, eine ungeheure Menge. Cosmas belegt aber: Juden wie Deutsche lebten schon seit der Jahrtausendwende in Prag. Die «Konfliktgemeinschaft» zwischen Tschechen und Deutschen hatte also schon begonnen, und die zwischen Tschechen und Juden auch.

Doch nun zu den sagenhaften Anfängen. Cosmas, der hier sicher von mündlichen Erzählungen zehrt, beschreibt den Einzug der Tschechen nach Böhmen wie den Zug der Israeliten ins Gelobte Land. Nach langen Wanderungen gelangen die Slawen in die böhmische Ebene; Urvater Tschech, von dem sie den Namen erhalten, zeigt ihnen vom Berge Říp herab das fruchtbare Land: Hier werden sie bleiben und sich niederlassen. Und so geschieht es denn auch. Des Cosmas Erzählung erinnert noch an eine andere Geschichte: an die des Äneas, der aus Troja kam, um die Stadt Rom zu begründen. Einer der Anführer der Slawen soll Boemus geheißen haben und daher heiße auch das Land Boemia, behauptet Cosmas.

Diese frühe Zeit sieht er als ein goldenes Zeitalter, auch dies ein alter Topos seit dem Griechen Hesiod: Ursprünglich lebten demnach die Menschen im Frieden mit sich selbst und mit der Natur, also in einem paradiesischen Zustand, wie ihn auch die Bibel zu Anfang beschreibt. Die Tschechen hatten keinen Herzog, der ihnen befahl, sie lebten in freien Gruppen, die gemeinsam ihr Schicksal bestimmten, also in einer Urdemokratie, von der dann auch Palacký spricht, sich an Cosmas anlehnend. Vielleicht war das in diesen kleinen Gruppen, in denen die Slawen nach Böhmen einwanderten, tatsächlich so. Erst später, als sie sich zu größeren Verbänden zusammenschlossen und erstaunlich rasch eine große Gemeinschaft bildeten, wurden Ordnung und Unterordnung nötig, sonst hätten sie keinen Staat bilden können. Dieser Übergang vom alten zum neuen Zustand ist in der Gestalt der Libuše verkörpert.

In dieser frühen Zeit, die keine Gewalt, kein Eigentum, keine Ehe und keine Herrschaft der Männer über die Frauen gekannt haben soll, kam ein Mann namens Krok zu Ansehen. Krok war Richter – es gab also doch manchmal Streit unter den frühen Tschechen? – und hatte drei Töchter: Teta, Kazi und Lubossa, also Libuše. Diese, die jüngste, übernimmt das Richteramt vom Vater. Cosmas lobt sie über alle Maßen, wenn er auch einen Vorbehalt gegen ihre Kraft der Weissagung hegt. Die Zauberkünste, die alle drei Schwestern ausübten, sind dem Christen Cosmas verdächtig. So erscheinen bei ihm Kazi und Teta wie Hexen. Sie spielten mit dem Volk, sagt er. Vielleicht war dies ein Grund dafür, dass dieses in Freiheit lebende Volk, offensichtlich sanft von Frauen regiert, schließlich nach männlicher Herrschaft verlangte. Libuše warnte vor der Männerherrschaft: Die Arbeitsteilung werde die menschliche Gemeinschaft auseinander reißen und nach Berufsgruppen trennen, in Bauern und Winzer, in Bäcker und Metzger, und schließlich in Untergebene und Befehlende. Die Warnungen halfen nichts, das Volk wollte seinen Herrscher haben. Und Libuše zeigte dem Volk einen sanften Herrscher, der das Geschlecht der Přemysliden begründen sollte: den Bauern Přemysl.

Přemysl wird mit den Insignien des einfachen und redlichen Bauern vorgeführt, auch dies ein Topos der europäischen Literatur. Mit zwei Ochsen pflügte er den Acker. Damit er seine einfache Herkunft nicht vergessen konnte, nahm er seine Bastschuhe mit, nachdem er zum Regenten erwählt wurde. Libuše heiratete ihn, und damit begann das ruhmreiche Geschlecht der Přemyslidenherzöge. Das Herrscherpaar gründete die Stadt Prag, deren glanzvolle Zukunft die weise Libuše in einer Vision voraussah. Diese ihre Voraussage, dass Prag seine große Pracht entfalten werde und nie untergehen werde, war es denn auch, die den Tschechen in den dunklen Zeiten ein Trost war. Und bis jetzt hat Libuše ja Recht behalten: «Siehe, ich sehe eine große Stadt, deren Ruhm bis an die Sterne reichen wird». Dass eine Formulierung des Vergil, der in der «Äneis» die Zukunft der Stadt Rom entwirft, den Geschichtenschreiber Cosmas inspirierte, nimmt der Weissagung nichts von ihrer Kraft. Im Gegenteil: so wie das Ewige Rom, so das Goldene Prag.

Eine weitere Geschichte verbindet Cosmas mit der Libuše-Erzählung. Auch sie handelt vom Übergang der Frauenherrschaft zur Männerherrschaft: Die Jungfrauen bauten demnach eine Mädchenburg, die Jünglinge eine Männerburg. Sie bekriegten sich heftig, ein Krieg der Amazonen gegen die Männer. Die Männer aber siegten durch List, so dass die Frauenherrschaft endgültig durch die Männerherrschaft abgelöst wurde. Ob diese Geschichte ein Anhaltspunkt ist für ein Matriarchiat in der frühen Zeit der Tschechen, darf bezweifelt werden.

Cosmas Anliegen jedenfalls war die Legitimation der Herrschaft der Přemysliden. Er ließ keinen Zweifel daran, dass zu Beginn das Goldene Zeitalter besser war als die beste Herrschaft, die ihm folgte. Aber wenn schon Herrschaft, dann durch das Geschlecht der Přemysliden. Nur diese boten seiner Meinung nach die Gewähr dafür, dass die gute Herrschaft nicht durch eine böse Tyrannei ersetzt würde.

Doch der Geist von Libuše zog weiter durch die tschechische Geschichte: Der Domherr Dalimil bereicherte die Sage in seiner Reim-

Libuše sagt die glänzende Zukunft Prags voraus, von Karel Vitezslav Masek, ca. 1893

chronik, diesmal in tschechischer Sprache, die um 1310 entstand. Und Hájek z Libočan schmückte auch den Mädchenkrieg mit pikanten Details aus. Sein tschechisches Werk erschien 1541 und wurde bis ins 19. Jahrhundert hinein als Geschichtswerk betrachtet, erst dann las man die Erzählung der Libuše als Mythos. 1596 erschien eine deutsche Übersetzung des Werkes von Hájek und schon 1666 soll in Dresden ein Theaterstück «Libussa» aufgeführt worden sein. Die erste Prager Oper «Libussa» kam 1703 auf die Bühne, in italienischer Sprache, dem Stil der Zeit entsprechend. Die Romantik ließ die

Libuše erst recht in ihrem Glanze erstrahlen. Den Anfang machte wieder Johann Gottfried Herder, der eine Ballade 1779 über Přemysl und Libuše schrieb; Musäus nahm die Libuše in seine Märchensammlung auf. Der Frankfurter Clemens Brentano ließ sich bei einem längeren Aufenthalt in Prag 1815 zu seinem Drama «Die Gründung Prags» inspirieren und der Wiener Franz Grillparzer, kein Freund der Tschechen, mühte sich zwanzig Jahre lang an einem Drama über Libuše.

Die gültige Formulierung, die den Mythos von Libuše dem tschechischen Nationalbewußtsein ein für allemal einverleibte, brachte die Oper von Bedřich Smetana, eine festliche Oper, deren Stellung fast einem nationalen Oratorium gleichkommt. Das Libretto in deutscher Sprache schrieb der Prager Pädagoge Josef Wenzig, ein tschechischer Patriot, Ervín Špindler übersetzte es ins Tschechische. Des genialen Smetana Musik erschütterte die Zuhörer, die 1881 im Prager Nationaltheater die Uraufführung erlebten. Von 1869 bis 1872 hatte Smetana an der Oper gearbeitet und sie so lange liegen gelassen, bis er sie zur Eröffnung des Nationaltheaters aufführen konnte.

Die Oper erreicht ihren Höhepunkt am Schluss, wenn Libuše in sechs Bildern die Zukunft des tschechischen Volkes voraussagt. Die großen Gestalten der Geschichte erscheinen auf der Bühne: Herzog Břetislav und seine Gemahlin Jitka, die Mähren für sich gewannen; Jaroslav von Šternberk, der die Tataren besiegte; Přemysl II. Otakar, der glanzvolle Herrscher; Kaiser Karl IV., der Sohn der Eliška aus dem Hause der Přemysliden; schließlich die Hussitenführer Jan Žižka und Prokop der Große (Prokop Holý); dann der Friedenskönig Georg von Podiebrad (Jiří z Poděbrad). Am Schluss zeigt ein Bild die Prager Burg in ihrem Glanz und ein Chor feiert die ruhmreiche tschechische Nation, die nicht untergehen wird. Auch «die Schrecken der Hölle» werden sie nicht besiegen.

Nun haben die Tschechen die Schrecken der Hölle unter nazideutschem und kommunistischem Regime erlebt und überwunden, damals aber war der Schluss der Oper natürlich gegen das Haus Habsburg gerichtet, das in der Oper nicht vorkam. Die fast vierhundert Jahre der Habsburger Herrschaft über die böhmischen Länder fehlten glattweg in «Libuše». Die Habsburger hatten sich gerade mit den Ungarn arrangiert und die Tschechen wieder einmal ignoriert.

Der Kronprinz Rudolf, der später in Mayerling Selbstmord beging, nahm an der Uraufführung der Oper im Nationaltheater teil. Er lud Smetana sogar in seine Loge ein, was der taube Meister nicht verweigern konnte, zumal er keine Karte für die Uraufführung seiner eigenen Oper erhalten hatte. Smetana überlebte die glanzvolle Premiere nur um ein Jahr. Er starb 1884 in einem Prager Armenasyl.

Die Fanfare der «Libuše», ein Leitmotiv der Oper, Ausdruck der Weissagung der Ahnfrau, dass der tschechische Staat trotz aller Unbilden der Geschichte überdauern werde, ist über die Oper hinaus lebendig geblieben. Immer wenn der Präsident der Tschechischen Republik bei festlichem Anlass auftritt, ertönen die Fanfarenstöße der «Libuše», verbinden die erste Herrscherin der Tschechen mit dem jetzigen Präsidenten der Republik und symbolisieren so tausend Jahre Kontinuität über alle Brüche hinweg.

7

DIE GRUNDLAGEN: DER HEILIGE WENZEL

Über das Großmährische Reich wissen wir wenig, aber dass es dieses Reich mehr als hundert Jahre lang gab, daran kann kein Zweifel sein. Es waren also zuerst die Mährer und nicht die Böhmen, die einen größeren Staatsverband bildeten. Dieses Großmährische Reich umfasste die späteren Kronländer, reichte aber auch hinauf bis zur Lausitz, wo damals Slawen wohnten, deren Reste heute noch die Sorben sind, und es reichte über das heutige Ungarn hinunter bis zum heutigen Kroatien. Es umfasste damals also nur slawische Völker. Neben den byzantinischen Quellen gibt es auch Hinweise auf dieses Reich bei den Ostfranken, also den späteren Deutschen, die dieses Reich immer wieder von Westen aus bedrohten. Schon in dieser frühen Zeit mussten also die Slawen sich gegen die Deutschen bzw. deren Vorläufer behaupten.

Konstantin VII., ein Prinz aus dem oströmischen Kaiserhause, der später selbst Kaiser wurde, schrieb über dieses mährische Reich, als es schon sein Ende gefunden hatte, etwa eine Generation später. Und aus der Kirchengeschichte haben wir hinlänglich Anhaltspunkte. Das Zentrum des Reiches dürfte an der südlichen Morava gelegen haben, in der Nähe von Nitra, also in der heutigen Slowakei, denn dort haben Ausgrabungen eine erstaunlich dichte Besiedlung im 9. Jahrhundert bestätigt. Die Größe der Anlagen verblüfft: Regelrechte Städte muss es dort gegeben haben mit Wohnvierteln für Krieger und Handwerker und mit Herrensitzen. Die Grundmauern von mehr als zwanzig Kirchen wurden auf engem Raum freigelegt.

Mojmír hieß der erste Fürst dieses Reiches, der erste Slawenfürst überhaupt, dessen Name uns überliefert ist; er regierte von 830 bis 846. Er vertrieb den Fürsten Pribina aus Nitra, so dass er sein Reich nach Süden ausdehnen konnte. Dort in Nitra gab es bereits eine christliche Kirche, die erste im slawischen Gebiet, von der wir wissen. Sie war vom Salzburger Erzbischof Adalram geweiht worden. Auch Mojmír dürfte bereits Christ gewesen sein. Nach seinem Tod war das Reich gefährdet. Ludwig der Deutsche fiel in Mähren ein. Er bestimmte Rastislav, den Neffen Mojmírs, zum neuen Fürsten (dux Moravorum). Er stabilisierte zwar die Herrschaft des Großmährischen Reiches, nahm aber starken Einfluss, so dass Rastislav sich nach anderen Verbündeten umsah: Das mächtige Oströmische Reich bot sich ihm an; es reichte damals bis nach Belgrad, hatte also wahrscheinlich eine Grenze mit dem Großmährischen Reich.

Unabhängigkeit vom Fränkischen Reich, das bedeutete auch Unabhängigkeit von der fränkischen Reichskirche. So suchte sich Rastislav vom Erzbistum Salzburg zu befreien. Er wandte sich an den oströmischen Kaiser Michael III. und bat ihn um Hilfe bei der Errichtung einer eigenständigen christliche Kirche, denn die Christianisierung seiner Slawen war schon weit fortgeschritten. Und diese Hilfe schickte der Kaiser: in Person der Brüder Kyrill und Method.

KYRILL UND METHOD

Kyrill hieß zunächst Konstantin; erst als er Mönch wurde, nahm er den Namen Kyrillos an. Er ist um 827 in Thessaloniki geboren, in dessen Nähe damals Slawen lebten, wie auch in Makedonien, so dass er mit deren Sprache vertraut war. Er hatte in der Hauptstadt des Reiches, in Byzanz, studiert und war ein höchst gelehrter Mann. Sein Bruder, der zunächst Michael hieß, bevor er Mönch wurde und sich Methodios nannte, war zehn Jahre älter und hatte Erfahrung als Verwaltungsbeamter; er war Statthalter einer slawischen Provinz des Kaiserreiches gewesen. 860 begleitete er seinen Bruder auf einer Missionsreise zu den Chasaren, einem Turkvolk, das nördlich des

Schwarzen Meeres lebte. Diese beiden Brüder zogen 863 auf Anordnung des Kaisers nach Mähren.

Der Weg der Brüder nach Mähren war folgenreich, denn zuvor entwickelten sie eine Schrift für die ihnen wohl bekannte slawische Sprache. Die Verschriftlichung musste dem Lautsystem des Slawischen entsprechen, dessen verschiedene Dialekte damals noch nicht so weit voneinander entfernt waren, dass sich nicht alle Slawen verstanden hätten. Kyrill und Method schufen eine 40 Buchstaben umfassende Schrift, die Glagolica (von glagol – das Wort), und sie übersetzten die wichtigsten Texte des Evangeliums und des Gottesdienstes ins Slawische und hielten sie in dieser Schrift fest. Sie wollten den Slawen nicht nur das Evangelium in ihrer eigenen Sprache predigen, sondern auch den Gottesdienst abhalten, so, wie sie in Griechenland einen griechischen Gottesdienst gehalten hatten.

Dadurch gerieten sie in Streit mit ihren westlichen Kollegen, den Anhängern der lateinischen Kirche, die in lateinischer Sprache den Gottesdienst hielten. Diese prangerten ihre Konkurrenten als Ketzer an und erschwerten ihnen die Arbeit. Daraufhin reisten Kyrill und-Method 867 nach Rom, um sich beim Papst die Erlaubnis zur slawischen Liturgie zu holen. Papst Hadrian erlaubte ausdrücklich slawische Liturgie und slawisches Evangelium. Kyrill, der erst in Rom zum Mönch geweiht wurde, erkrankte und blieb in Rom. Er starb in einem römischen Kloster 869. Im gleichen Jahr wurde Method vom Papst zum Erzbischof von Pannonien (heutiges Ungarn) und Mähren geweiht und als päpstlicher Legat zu den Slawen entsandt. Der Papst hatte also die Eigenständigkeit der Kirche im Großmährischen Reich bestätigt, sie damit von der fränkischen Kirche befreit und den slawischen Ritus bekräftigt.

Das half allerdings Method nicht viel, denn zurückgekehrt fiel er den Franken in die Hände. Die bayerischen Bischöfe hielten ihn, der päpstlichen Anerkennung zum Trotz, für einen Ketzer und sperrten ihn ins Kloster Ellwangen ein. Das geschah sicherlich mehr aus machtpolitischen denn aus religiösen Gründen, denn auch Fürst

Rastislav wurde von fränkischen Kriegern überfallen, geblendet und ebenfalls in ein Kloster verbannt.

Doch dem neuen Fürsten Svatopluk gelang es, das Frankenheer zu schlagen und sein Reich nicht nur zu stabilisieren, sondern auch noch auszudehnen. Bořivoj, der erste namentlich bekannte Přemysliden-Fürst aus Böhmen, soll ihm dabei tatkräftig geholfen haben. Dem Papst gelang es, Method die Rückkehr nach Mähren zu ermöglichen. Den Fürsten Svatopluk stellte er 880 unter seinen «Schutz des Heiligen Petrus» und suchte ihn damit vor den Zugriffen der Franken zu bewahren. Vielleicht ist das ein Grund dafür, dass Svatopluk nach dem Tode des eifrigen Methods im Jahr 885 ganz der lateinischen Liturgie zuneigte. Die lateinische Liturgie machte freilich das Großmährische Reich auch weniger angreifbar; die Franken, die es immer noch bedrohten, hatten weniger Vorwand, es anzugreifen.

Kyrill und Methods Verdienste blieben erhalten, auch wenn ihre Schüler sich nach Bulgarien zurückzogen. Ihre Schrift, die Glagoliza, bildete die Vorstufe für die «kyrillische» Schrift, die Bulgaren, Russen, Weisrussen, Ukrainer und Serben übernahmen. Den Mährern und auch den Böhmen hatten sie nämlich die Schriftkultur gebracht und damit die Grundlage gelegt für die weitere kulturelle Entwicklung, wenn auch die Schrift in lateinischen Buchstaben sich in Böhmen und Mähren mit der lateinischen Kirche durchsetzte. Das schloss diese Länder an die westliche römisch-katholische Kirche anstelle der östlichen orthodoxen Kirche an und verband sie so mit der Kultur des westlichen Europa.

Als 894 Svatopluk starb, versuchten die Franken erneut, das Mährische Reich zu erobern. Diesmal aber kamen sie nicht weit, denn eine andere Gefahr drohte: Die Magyaren (Ungarn), wiederum ein Reitervolk aus Innerasien, das Europa heimsuchte, waren auf dem Weg die Donau hinauf. Im Jahre 907 kam es zu einer Schlacht bei Pressburg, in der Markgraf Luitpold von Kärnten mit drei Bischöfen fiel. Danach ist Stille. Fortan fehlen Nachrichten über das Großmährische

Reich. Die Ungarn werden es vernichtet haben. Ein Reich geht unter, ein Volk nicht. Die hohe slawische Kultur, die sich in den mährischen Zentren entfaltet hatte, zerfiel.

Die Ungarn, die in Pannonien ansässig wurden, trieben einen Keil zwischen die Slawen, die hinfort getrennt lebten: die Tschechen und Slowaken nördlich Ungarns und die Slowenen und Kroaten südlich Ungarns. Ein slawisches Großreich, wie es das mährische gewesen war, wurde unmöglich. Nur viel später gab es noch einmal einen Versuch, 1918 in den Friedensverhandlungen am Ende des Ersten Weltkriegs: Damals kam der Gedanke auf, eine Brücke zwischen Slowakei und Slowenien zu bilden und Ungarn einen schmalen Streifen Landes im Westen abzunehmen, um eine größere slawische Föderation zu bilden, die ein Gegengewicht gegen Deutschland und Österreich ermöglicht hätte. Der Gedanke wurde verworfen.

Nach dem Untergang des Großmährischen Reiches verlagerte sich der Schwerpunkt der tschechischen Geschichte nach Böhmen. Auf dem Regensburger Reichstag im Jahre 895 unterstellten sich die böhmischen Fürsten dem Ostfränkischen Reich und der lateinischen Kirche. «De sclavonia omnes duces Boemanniorum», heißt es: alle Fürsten der Böhmen aus Slawien taten dies. In Böhmen war also ein Einigungsprozess im Gange, die verschiedenen Fürsten taten sich zusammen nach dem Vorbild der ostfränkischen Nachbarn, und unter ihnen ragte einer besonders hervor: Spytihněv, der Sohn des Fürsten Bořivoj, der schon von Method getauft worden war. Bořivoj ist der erste Přemyslide, der ins Licht der Geschichte trat, der erste eines Herrscherhauses, das bis zum Jahre 1306 im Mannesstamm Böhmen regierte. Die letzte Přemyslidin Eliška war die Mutter Kaiser Karls IV.

895 wurde in Regensburg aber auch festgelegt, was die langen Jahre der Herrschaft der Přemysliden bestimmen sollte (und nicht nur diese): die ambivalente Stellung zu den westlichen Nachbarn, den Franken, Sachsen, Bayern, kurzum: den Deutschen. Zwar boten die deutschen Herrscher den böhmischen Ländern Schutz gegen

mächtigere östliche Nachbarn, seien es die Polen, seien es die Ungarn, aber sie erwarteten dafür auch einen Tribut, der jährlich zu entrichten war. Die Deutschen unterwarfen die Böhmen nicht, wie es die Polen und Ungarn getan hätten, sie ließen ihnen ihre Selbständigkeit. Die Tributzahlung und später die Lehensherrschaft ist eine Beziehung der Herrscher untereinander. Trotzdem war die böhmische Selbständigkeit immer wieder gefährdet, je nach dem Kräfteverhältnis zwischen dem böhmischen und dem deutschen Herrscher.

Es gab das ganze 10. Jahrhundert hindurch Versuche der Böhmen, nach der slawischen Lausitz und nach Polen zu greifen, wie es umgekehrt die Versuche der Polen gab, sich Böhmen anzueignen. Es bestand ja immer noch die Möglichkeit eines großen slawischen Reiches, das diese drei Gebiete – Polen, Lausitz, Böhmen – umfasst hätte, doch die Rivalität zwischen Böhmen und Polen verhinderte dies; keiner der beiden war stark genug, den anderen zu unterwerfen. So wird das 10. Jahrhundert als eine entscheidende Epoche für das Selbstverständnis des tschechischen Volkes gesehen. Die Tschechen mussten sich also im 19. Jahrhundert nicht erst erfinden, sie schufen sich schon im 10. Jahrhundert. Durch die Art und Weise, wie dies geschah, banden sie aber auch ihre Geschichte an die deutsche Geschichte. Das brachte Vor- und Nachteile zugleich. František Palacký hatte also Recht, wenn er schrieb: «Der Hauptinhalt der böhmisch-mährischen Geschichte beruht auf der Auseinandersetzung mit dem Deutschtum.»

Die Errichtung eines böhmischen Herzogtums, später Königreichs, das alle Stämme Böhmens und Mährens einte und die Grundlage zur tschechischen Entwicklung schuf, ist wiederum in einer Gestalt symbolträchtig dargestellt: in der des Heiligen Wenzel. Er verleiht der Dynastie der Přemysliden und ihrem Staat die christliche Legitimation; dasselbe leistete etwa zur selben Zeit der Heilige Olaf für das Reich der Norweger, der Heilige Wladimir für das Reich von Kiew und der Heilige Stephan für das Reich der Ungarn.

Von Wenzel (Václav) ist nicht allzuviel überliefert. Sein Großvater war der genannte Herzog Bořivoj, der 894 starb. Dessen Witwe Ludmila übernahm nach dem Tod ihrer beiden Söhne Spytihněv und Vratislav, Spytihněv hatte noch 895 am Reichstag in Regensburg teilgenommen, die Regentschaft bis zur Volljährigkeit ihres Enkels Wenzel. Das verdross aber Wenzels Mutter Drahomíra, die Ludmila ermorden ließ, um selbst die Regentschaft zu übernehmen. In den Legenden wird behauptet, Drahomíra sei noch Heidin gewesen und habe deshalb die fromme Christin Ludmila, die später als Heilige verehrt wurde, getötet. Das kann aber nicht sein, da schon Bořivoj von Method getauft worden war. Grund für den Streit dürfte eher die Konkurrenz der ausländischen Mächte gewesen sein, die auf Einfluss achteten: Einerseits die starken Elbslawen, die nach einem Bündnis drängten, andererseits das deutsche Königreich, das Böhmen als sein Schutzgebiet betrachtete. So zog denn auch Herzog Arnulf von Bayern 922 mit einem Heer nach Böhmen und erzwang die Regentschaft des jungen Wenzel, der zeitweise seine Mutter gefangen hielt.

Bayern war für Böhmen wichtig, weil Regensburg der für Böhmen zuständige Bischofssitz war. Erst später erhielt Prag einen eigenen Bischof. Herzog Wenzel soll noch in beiden Liturgien erzogen worden sein, sowohl in der slawischen der Heiligen Kyrill und Method als auch in der lateinischen der römischen Kirche. Wenzel ließ in Prag eine neue steinerne Kirche bauen, die er nicht nach dem Regensburger Patron Emmeram nannte, sondern nach dem sächsischen Heiligen Veit (Vít), denn inzwischen war ein Sachse König in Deutschland geworden: Heinrich I.

Vom Leben des Heiligen Wenzel berichten zwei Legenden, eine lateinische und eine slawische. Sie bieten unterschiedliche Aspekte, die zu einem schwankenden Bild des Herzogs führen. Die lateinische Legende sieht in Wenzel einen frommen Mann, der nach den mönchischen Tugenden lebte und deshalb von seiner heidnischen Mutter Drahomíra gerügt wurde: Er sei ein Fürst, der wie ein Mönch lebe, weil er von den Priestern verdorben worden sei. Nach der slawischen Legende dagegen hatte Wenzel Frau und Kind und war ein tatkräftiger Herrscher. Gestorben ist er dieser Legende nach durch eine Falle, in die er geriet. Für die Lateiner dagegen war Wenzel ein mönchischer Herrscher, der nach dem Vorbild Christi lebte – ein friedfertiger Dulder, der als Märtyrer starb. Nüchterner ist dagegen der slawische Bericht, dessen Verfasser sich auch mit Wenzels Bruder Boleslav zu arrangieren wissen. Während dieser bei den Lateinern ein heidnischer Bösewicht und Brudermörder ist, ist er bei den Slawen ein bußfertiger Sünder, der schließlich seine Tat bereut.

So mag hinter der Konkurrenz der Brüder, die allzu häufig in Herrscherhäusern besteht – und nicht nur dort – und die mitunter zu blutigem Streit führt, auch eine Konkurrenz zwischen östlichem und westlichem Christentum stehen. Es ist aber keine zwischen Heidentum und Christentum, wie die lateinische Legende glauben machen will. Und in der christlichen Konkurrenz dürfte sich auch eine politische verborgen haben, denn die Abhängigkeit Böhmens vom Bistum Regensburg war auch eine Abhängigkeit von den dort residierenden Bayernherzögen.

Boleslav ermordete seinen Bruder im Jahre 929. In der slawischen Version konnte Wenzel sich noch gegen den Bruder wehren, bevor er von dessen Helfern niedergestoßen wurde. Nach der lateinischen Version durchstach ihm der Bruder die Hand, Wenzel erkannte seine Unterlegenheit und suchte Zuflucht in der Kirche, wo ihm nichts hätte geschehen dürfen, denn die Kirche ist ein Schutzraum. Dass ihn Boleslav dort tötete, zeigt dessen Tat als besonders verwerflich. Der schreckliche Brudermord hielt denn auch die Erinnerung an Wenzel wach, der schon bald als Heiliger verehrt wurde, zunächst noch im mönchischen Gewand, dann als edler Reiter mit allen Insignien der Herrschaft, so wie er heute auf dem Wenzelsplatz in Prag steht. Merkwürdig ist schon, dass diese frühen Heiligen des Landes, Wenzel und seine Großmutter Ludmila, nicht im Kampf gegen fremde Mächte für ihr Land fielen, sondern im Land von den eigenen Leuten, ja, von der eigenen Familie ermordet wurden. Und doch stehen sie bald als Heilige für eben dieses Land und eben diese Familie, das Haus der Přemysliden, ein.

Boleslav, der fast 40 Jahre lang Böhmen regierte, ist der Herrscher, der Böhmens Größe schuf, mag seine Hand auch blutbefleckt gewesen sein. Welch ein Herrscher Wenzel in der kurzen Zeit war, die ihm vergönnt war, wissen wir nicht. Dass sein Bruder Boleslav ein erfolgreicher Herzog war, wissen wir. Unter diesem Boleslav I. und unter seinem Sohn Boleslav II. wuchs das Herzogtum, das ursprünglich kaum größer war als ein Kreis von etwa vierzig Kilometern um Prag, bis nach Schlesien, in die Lausitz und nach Mähren. Mit den mächtigen Elbslawen und mit den Piasten in Polen waren die Přemysliden bald verbunden, ja verwandt. Eine ihrer Prinzessinnen, Dobrava, soll zur Christianisierung der Polen beigetragen haben.

Da sie so stark waren, konnten sie sogar in Deutschland mitreden, ohne von dort bestimmt zu werden. Boleslav I. hatte mit seinem Heer schließlich großen Anteil am Sieg Ottos I. über die Ungarn auf dem Lechfeld 955. Dieser Sieg entlastete auch Böhmen von dem Druck der Ungarn. Und Boleslav II. nahm am Feldzug Ottos II. gegen die heidnischen Elbslawen 983 teil. Das zeigt, dass es nicht um slawische Verwandtschaft ging, sondern um den Gegensatz von Heidentum und Christentum. Und Böhmen war ein christliches Land.

Den Elbslawen wurde zum Verhängnis, dass sie sich nicht taufen ließen. Vielleicht sind sie deswegen schließlich aus der Geschichte verschwunden. Die Tschechen, früh zum Christentum bekehrt, waren damit keine Fremden mehr; sie gehörten dazu. Die Herzöge von Böhmen waren christliche Herzöge wie die der Bayern, der Franken und Sachsen auch. Sie verkehrten mit diesen auf Augenhöhe. Im 10. Jahrhundert waren sie im lateinischen Westen angekommen, wenn man das so sagen darf. Freilich gingen die Kämpfe um Macht und Einfluss weiter, auch blutige Kämpfe innerhalb der Christenheit.

Boleslav II. hatte bei Kaiser Otto II. erreicht, dass Prag 973 ein eigenes Bistum erhielt, also von Regensburg unabhängig wurde. Er gründete daraufhin auch das erste Kloster in Prag, ein Frauenkloster für die adligen Damen. Die Georgsbasilika auf der Burg wurde gebaut. Und noch einmal brachte Prag einen Heiligen hervor, diesmal keinen für Staat und Dynastie, sondern einen für die gesamte Christenheit: den Heiligen Adalbert (Vojtěch).

DER HEILIGE ADALBERT

Als der Magdeburger Erzbischof Adalbert von einer Missionsreise aus Russland zurückkehrte und seinen Weg durch Böhmen nahm, kam er nach Libice in Ostböhmen, zum Stammsitz der Slavnikiden, eines Fürstenhauses, das mit dem der Přemysliden in Wettstreit stand. Dort wurde Adalbert der Firmpate und der Namenspatron des damals sechs Jahre alten Prinzen Vojtěch. Er lud das Kind nach Magdeburg ein, wo es eine solide Ausbildung erhielt. Von Magdeburg ging der junge Vojtěch nach Prag, um dem ersten Bischof Prags, dem aus Sachsen stammenden Dietmar, zur Seite zu stehen. Als dieser 983 starb, wurde Vojtěch sein Nachfolger. Kaiser Otto II. lud den jungen Prinzen an den kaiserlichen Hof nach Verona ein, wo er unter den Augen des Kaisers feierlich zum Bischof geweiht wurde. Der 27 Jahre alte Vojtěch, der zweite Prager Bischof, der erste tschechische, war ein Anhänger des Ideals, das die lateinische Geistlichkeit am Beispiel des Heiligen Wenzel aufgerichtet hatte: des mönchischen Ideals der Askese und der Opferbereitschaft. Dieses Ideal sollte sich wieder in einer Herrschergestalt verwirklichen: in der des jungen Kaisers Otto III., der schon mit drei Jahren nach dem frühen Tod des Vaters gekrönt wurde und mit 13 Jahren die Macht übernahm.

In Prag geriet Vojtěch in Konflikt mit dem Herzog, was nicht nur an den unterschiedlichen Vorstellungen vom christlichen Leben gelegen haben mag, sondern auch an der Feindschaft der Přemysliden gegen die Slavnikiden, dem einzigen Adelsgeschlecht Böhmens, das ihnen noch gefährlich werden konnte. Vojtěch verließ Prag und zog nach Rom, wo er ins Kloster des Heiligen Alexius eintrat. 993 kehrte er nach Prag zurück und gründete das erste Mönchskloster in Böhmen: Břevnov bei Prag.

995 entledigte sich Boleslav II. der Konkurrenz der Slavnikiden auf brutale Weise. Er überfiel ihre Burg ausgerechnet am Feiertag des Heiligen Wenzel, dem 28. September, als wollte er an die schreckliche Tat seines Vaters anknüpfen, und ließ alle Männer des feindlichen Fürstenhauses ermorden. Vojtěch floh wie andere Überlebende seiner Familie nach Gnesen an den Hof der polnischen Piasten-Herzöge. Von dort unternahm er seine Missionszüge zu den heidnischen Pruzzen (Preußen). 997 wurde er auf einer Missionsreise erschlagen und vollendete so sein Leben nach dem Vorbild Christi: ein Asket, ein Dulder, ein Märtyrer. Kaiser Otto III. wallfahrte barfuss zu seinem Grab nach Gnesen, das er im Jahre 1000 zum Erzbistum erhob. Erster Erzbischof wurde Vojtěchs Halbbruder Radim. In Rom wurde ihm als dem Heiligen Adalbert sogleich eine Kirche geweiht. Er galt als Apostel des Ostens und stand für dessen Christianisierung. Zumindest die der Polen und die der Ungarn war mit dem Jahr 1000 abgeschlossen. Auch Ungarn erhielt einen Erzbischof.

Als 1039 noch einmal ein Prager Herzog, nämlich Břetislav, den Versuch wagte, eine gewaltsame Vereinigung mit Polen herbeizuführen, so wie es zuvor der Polenherzog Boleslaw Chrobry versucht hatte, eroberte er immerhin Gnesen, den Sitz der polnischen Herzöge. Bevor er sich wieder zurückziehen musste, nahm er den Sarg des Heiligen Adalbert mit, der Gnesen zu einem Heiligtum der Christenheit gemacht hatte. Im Veitsdom in Prag ist Adalbert (Vojtěch) nunmehr begraben, also dort, wo er sein Bischofsamt nie ausüben konnte.

8

DER GLANZ DER PŘEMYSLIDEN: KÖNIG PŘEMYSL OTAKAR II.

Seit dem 11. Jahrhundert waren die Herzöge von Böhmen den deutschen Kaisern gegenüber lehenspflichtig, das heißt sie nahmen ihr Reich aus der Hand des Kaisers als Lehen. Zuvor zahlten sie Tribut. Das darf nicht in den nationalen Kategorien des 19. Jahrhunderts verstanden werden, als ob die Herzöge Untertanen der deutschen Könige oder Kaiser gewesen wären. Es war kein Zeichen der Abhängigkeit, sondern der gegenseitigen Hilfestellung, wenn die böhmischen Herzöge zunächst Tribut an die deutschen Könige entrichteten. Sie verloren nicht ihre Unabhängigkeit, sie sicherten sie, denn immer, wenn sie Hilfe gegen Angreifer brauchten, traten ihnen die deutschen Könige zur Seite. Andererseits hatten diese ein Interesse daran, dass an ihrer östlichen Grenze ein stabiles Reich für geordnete Verhältnisse sorgte. Deshalb griffen die deutschen Könige bzw. Kaiser durchweg nur ein, wenn die Nachfolge nicht gesichert war und es deshalb zu Kämpfen innerhalb Böhmens kam.

Das Lehen hob den, der das Lehen nahm, auf die Höhe dessen, der es ihm gab. Und das Lehen gab nicht der deutsche König, sondern der römische Kaiser, also der Kaiser eines Reiches, das über die deutschen Länder hinausragte: etwa nach Italien, nach Burgund und nach Böhmen. Diese Lehensbeziehungen wurden durch Eheschließungen immer wieder bestätigt und befestigt. Gerne heirateten die Přemysliden deutsche Fürstentöchter. Und unter den Fürsten des Heiligen Römischen Reiches standen sie an erster Stelle. Schließlich waren sie die einzigen, die eine Königskrone trugen.

Der deutsche Herrscher hatte in Böhmen und Mähren keinen Besitz, er hielt dort keine Reichstage ab und er gründete keine Reichsstädte. Das war Sache des Herzogs, später Königs von Böhmen. Dass dessen Herrschaft über sein Land trotzdem nicht unumschränkt war, lag nicht am Kaiser, sondern am Adel im Lande, der auf seine Rechte pochte. Kaiser Otto III., Gönner und schließlich Verehrer des heiligen Adalbert, rächte dessen Sippe nicht an Boleslav II., der in einer furchtbaren, auch für damalige Verhältnisse ungeheuerlichen Bluttat das böhmische Adelsgeschlecht der Slavnikiden ausgerottet hatte. Das war eine innerböhmische Angelegenheit, in die er sich nicht einmischte. Als aber der Polenkönig Boleslaw in Böhmen einfiel, rettete Ottos Nachfolger Heinrich II. das schuldbeladene Přemysliden-Haus.

Im Jahre 1085 erhielt Herzog Vratislav II. aus der Hand Kaiser Heinrichs IV. die Königskrone. Er wurde gesalbt und gelangte in den höchsten Stand, den die Christenheit zu vergeben hatte. Freilich war es nur eine persönliche, keine erbliche Krone, was aber nicht am Kaiser lag, sondern am böhmischen Adel, der sich sein Wahlrecht noch nicht nehmen lassen wollte. Erst Přemysl Otakar I. errang mehr als hundert Jahre später die erbliche Königswürde, und zwar durch geschickte wechselnde Parteinahme im Streit um den deutschen Königsthron: 1198 erhielt er die Krone von Philipp von Schwaben, 1203 von Papst Innozenz III. und schließlich 1212 endgültig durch Kaiser Friedrich II.: Böhmen wurde ein erbliches Königreich mit der so genannten Sizilischen Goldbulle. In dieser Zeit, als der Kaiser in Sizilien Hof hielt, war der böhmische König, der meistens in Prag, aber auch manchmal in Wien residierte, der Inbegriff höfischer Kultur im Reich nördlich der Alpen.

Es war die Zeit, als auch der Minnesang am böhmischen Hofe blühte, also jene Liebeslyrik, die aus der Provence über Frankreich nach Deutschland gekommen war und weiter nach Böhmen, einer alten West-Ost-Richtung gemäß seit Römertagen. Die deutschen Minnesänger wirkten in Böhmen wie die französischen in Deutschland: Nationale Unterschiede spielten dabei keine Rolle, es war eine gemeinsame Kultur, die zur Verfeinerung der rauhen Rittersitten erheblich beitrug. In der Manessischen Liederhandschrift, die den Minnesang überliefert, gibt es auch einen böhmischen König als Minnesänger: König Wenzel (Václav) II.

Die spirituelle Kultur am Prager Hof des Königs Přemysl Otakar I. und seines Sohnes Wenzel (Václav) I. zeigte sich auch in der Frömmigkeit der Frauen: Agnes (Aněžka) von Prag, eine Tochter Přemysl Otakars I., schlug alle Freier aus und widmete sich der Pflege der Kranken und Armen, ganz wie die ungarische Prinzessin Elisabeth von Thüringen. Am Moldauufer gründete Agnes ein Kloster und ein Spital. Dieser «alternative» Weg war nicht nur eine Alternative zu Ehe und Mutterschaft, sondern auch eine Alternative zu Reichtum und Macht: Es war gewissermaßen das Gegenmodell zur glänzenden Herrschaft der Přemysliden, das sie verkörperte. Ihre Schwester Wilhelma, die in Mailand ein ebenso frommes Leben führte, wurde dort schon zu ihren Lebzeiten als Heilige verehrt.

Es war der Neffe dieser Äbtissin Agnes, der schließlich den Höhepunkt der Macht und des Glanzes der Přemysliden herbeiführte: König Přemysl Otakar II., der wegen dieses Glanzes gerne «der Goldene» und wegen seiner Tapferkeit «der Eiserne» genannt wird.

Schon als Vierzehnjähriger hatte er nach der Krone gegriffen, der Vater steckte ihn daraufhin ins Gefängnis, erhob ihn dann aber zum Markgrafen von Mähren und schickte ihn nach Österreich, wo er das verwaiste Herzogtum der Babenberger übernahm.

Hier legte er die Grundlage seiner Macht. 1251 wurde er König von Böhmen. Er heiratete eine Babenbergerin, um sich den Anspruch auf Österreich zu sichern. 1255 schlug er die Kandidatur für den deutschen Thron aus, die unsichere, «kaiserlose» Lage im Reich nutzte er zu weiterem Erwerb.

1260 siegte er über die Ungarn und sicherte sich die Steiermark. Seinen Neffen machte er zum Fürsterzbischof von Salzburg, so dass auch dieses zu seinem Machtbereich gehörte. Durch einen Erbvertrag mit dem Herzog von Kärnten errang er nach dessen Tod Kärnten und Krain, so dass seine Macht im Süden bis zur Adria reichte. Bis zum nördlichen Meer, also an die Ostsee, wollte er ebenfalls gelangen. Er gründete dort Königsberg, das also nicht den Hohenzollern, die sich später dort krönten, sondern Přemysl Otakar II. seinen Namen verdankt. Der Tod des Papstes, dessen Zusagen er schon hatte, vereitelte seinen Plan. Immerhin umfasste nun sein Königreich ein breites Gebiet von Oberschlesien bis hinunter nach Kärnten. Přemysl Otakar II. war der mächtigste Mann im Reich und schien niemanden fürchten zu müssen, als mit dem Schwaben Rudolf von Habsburg ein kleiner Graf deutscher König wurde.

Přemysl Otakar II. nahm ihn nicht ernst, er lehnte es ab, sein Land von diesem kleinen König als Lehen anzunehmen und das war wohl ein Fehler. Der Adel in Böhmen und Österreich, den er entmachtet hatte, war ihm nicht hold. Und als Rudolf die Reichsacht gegen ihn aussprach und dieser der Kirchenbann folgte, verließen ihn viele Gefolgsleute. Es kam 1276 zum Kampf, Rudolf gewann und zwang Přemysl Otakar II, auf die österreichischen Länder zu verzichten und Böhmen als Lehen anzunehmen. Rudolf gab Österreich seinen Söhnen und legte somit die Grundlage für Habsburgs Herrschaft über Österreich für Jahrhunderte.

Přemysl Otakar II. konnte den Verlust nicht verwinden, zwei Jahre lang rüstete er auf. Sein Ratgeber Henricus de Isernia schrieb in vorzüglichem Latein einen Hilferuf an alle slawischen Nachbarn, was immerhin zeigt, dass es doch eine Gemeinsamkeit gab, der man sich in Notfällen erinnerte. Es half nichts. Am St.-Rufus-Tag, dem 26. August 1278, der seitdem als schwarzer Tag in der tschechischen Geschichte gilt, gewann Rudolf die Schlacht auf dem Marchfeld bei Dürnkrut, weil die Ungarn auf seiner Seite stritten. Přemysl Otakar II. wurde höchst unritterlich von einem Trupp österreichischer Ritter erschlagen. Er wurde in Wien aufgebahrt, und da zeigte es sich, dass er in Österreich viele Anhänger hatte, die ihn betrauerten. Erst 1290 wurde sein Sarg in den Prager Veitsdom überführt.

Für exakt 25 Jahre beherrschte Přemysl Otakar II. das Gebiet, das später zum Kern der späteren Habsburger Monarchie wurde. Und durch seinen Kampf mit Rudolf hatte er die Habsburger nach Österreich gebracht, also auch damit die Grundlage ihrer späteren Herrschaft gelegt. Immerhin gelang ihnen noch nicht der Griff nach Böhmen. Sie mussten bis 1526 warten.

Der österreichische Dramatiker Franz Grillparzer hat mit seinem Drama «König Ottokars Glück und Ende», Uraufführung 1825, die Erinnerung an den König wach gehalten, aber ihn doch überzeichnet, so dass sogleich Proteste aus Böhmen kamen. Bei ihm ist Přemysl Otakar II. ein an den Emporkömmling Napoleon erinnernder Herrscher, der an seiner Hybris scheitert. Grillparzers Sympathie ist offensichtlich auf der Seite der Habsburger. Ein deutschböhmischer Dichter und tschechischer Patriot namens Uffo Horn hat ein polemisches Gegenstück zu Grillparzer geliefert: «König Otakar», 1858 aufgeführt. Es ist leider nicht so gut wie das Stück von Grillparzer. Ein größerer Dichter hat Přemysl Otakar II. Gerechtigkeit widerfahren lassen: Dante in seiner «Divina Comedia». Im siebten Gesang steht Otakar im Purgatorium auf der höchsten Stufe der Läuterung und reicht Rudolf von Habsburg die Hand, seinem irdischen Todfeind, der ebenso sündigte: Er versäumte es, als Kaiser nach Rom zu ziehen und der Welt den Frieden zu bringen.

9

DER VATER DES VATERLANDES: KAISER KARL IV.

Die militärischen und diplomatischen Erfolge Přemysl Otakar II. seien nicht so bedeutsam wie seine innenpolitischen Erfolge, sagen die Historiker: Eine bessere Organisation der Verwaltung sei ihm in seinem Reich gelungen, die ihm nicht zuletzt die Adligen zu Feinden machte, welche ihre Privilegien gefährdet sahen. Eine andere Nachrede hält ihm vor, er habe zu viele Deutsche ins Land gelassen.

Die Deutschen kamen zunächst als Geistliche nach Böhmen, eben als Vertreter der weströmisch-katholischen Kirche. Früh kamen aber auch schon Kaufleute nach Prag, spätestens im 11. Jahrhundert, und früh gab es auch schon eine Vertreibung der Deutschen, die durchaus als Konkurrenten der tschechischen Kaufleute angesehen wurden. Cosmas berichtet in seiner Chronik nicht ohne Genugtuung davon. Herzog Spytihněv vertrieb demnach bei seiner Thronbesteigung 1055 alle Deutschen aus seinem Herzogtum, einschließlich seiner Mutter Judith von Schweinfurth. Durch die Heirat mit deutschen Fürstentöchtern kam ja ebenfalls deren deutscher Anhang nach Prag.

Herzog Soběslav II. bestätigte aber dann in den 70er-Jahren des 12. Jahrhunderts den deutschen Kaufleuten in Prag ihre Rechte der Selbstverwaltung. Dieses «Sobieslaum» beruft sich auf ein schon einhundert Jahre altes Privileg der deutschen Kaufleute. Gleichzeitig gab der Herzog in einem weiteren «Sobieslaum» den Prager Juden dieselben Rechte einer Gemeindebildung; die Juden lebten also neben den Deutschen zur selben Zeit in Prag. Die «Altschul», die alte

Synagoge, an deren Stelle dann die «Altneuschul» gebaut wurde, die heute noch steht, dürfte damals entstanden sein. Erstaunlich ist schon, wie früh Konstellationen sich bildeten, die Jahrhunderte später noch wirksam waren: die Nähe der Prager Deutschen und Juden und die Konkurrenz zwischen Tschechen und Deutschen bis hin zur Vertreibung der Deutschen.

Die deutschen Siedlungen in den Randgebieten von Böhmen und Mähren sind von anderer Art als die der Kaufleute in Prag. Und auch hier zeigt sich früh der Unterschied zwischen den Prager Deutschen und den deutschen Bauern und Handwerkern der Randgebiete. Gegen Ende des 12. Jahrhunderts dürften die ersten Siedler gekommen sein. Die Bevölkerung Deutschlands wuchs, die Landwirtschaft brachte wenig Erträge, die Ausbreitung nach Osten bot Land, nicht zuletzt durch Rodungen der Wälder. Im 12. Jahrhundert sollen von den etwa 7 Millionen Deutschen etwa 200 000 die Gebiete östlich von Saale und Elbe besiedelt haben, also das Land, das dann später Mitteldeutschland genannt wurde. Und deren Nachkommen sollen dann im 13. Jahrhundert weiter nach Osten, aber auch nach Süden, eben nach Böhmen gezogen sein.

Doch deutsche Zuwanderer kamen von allen Seiten nach Böhmen und Mähren, bis ins 16. Jahrhundert hinein, sie rodeten und besiedelten die wenig bewohnten Randgebiete. Sie kamen aus verschiedenen Gegenden Deutschlands und gehörten zu unterschiedlichen Grundherren in Böhmen und Mähren. Sie sprachen bis ins 20. Jahrhundert unterschiedliche Dialekte und begannen erst im Zuge der Nationalisierungswelle des 19. Jahrhunderts sich als Einheit zu fühlen, die sie in dem Sinne nie waren.

Eine wichtige Funktion erfüllten die deutschen Zuwanderer bei der Gründung der königlichen Städte, weshalb sie auch von den Königen oft ins Land gerufen wurden, von Agenten geworben. Elf Stadtgründungen gab es im 14. Jahrhundert in Mähren und 34 in Böhmen. Es waren Gründungen des Königs auf seinem Boden, die einen Aufschwung von Handel und Gewerbe für das ganze Land brachten. Die deutschen Stadtrechte, die wiederum westliche und südliche Wurzeln hatten, gaben diesen Städten die nötigen Privilegien.

Die 45 Königsstädte waren eine Stütze der Herrschaft des Königs, sie brachten ihm die nötigen finanziellen Mittel, nicht zuletzt die Städte, die den Bergbau mit förderten. Das waren Jihlava und Příbram, vor allem aber im Spätmittelalter Kutná Hora, das große Silbervorräte hatte. Dies war die Grundlage von Macht und Reichtum der böhmischen Könige, die sie über die Fürsten des Reiches hinaushob: die reichen Silbervorkommen. Bis zu 50 Prozent des europäischen Silbers kam vom Spätmittelalter bis in die Neuzeit aus Böhmen, nicht zuletzt aus Kutná Hora.

Das Machtstreben der Přemysliden war mit der schmerzlichen Niederlage auf dem Marchfeld nicht beendet. Wenzel (Václav) II., Přemysl Otakars II. Sohn, eroberte Polen und wurde 1300 zum polnischen König gekrönt. Und als die ungarische Dynastie der Arpaden erlosch, konnte er seinem Sohn die ungarische Krone verschaffen. Noch einmal reichte das Königreich Böhmen von der Ostsee bis weit nach Süden. Doch die Konkurrenten waren nicht müßig, die Kämpfe dauerten an. Nach Wenzels Tod wollte sein Sohn Wenzel III. nach Polen ziehen, seine Herrschaft zu befestigen. Er wurde, siebzehn Jahre alt, 1306 in Olomouc ermordet; die Tschechen vermuteten, auf Befehl der Habsburger. Der letzte Přemyslide war mit ihm dahingegangen.

Doch Eliška, eine Přemysliden-Prinzessin, wurde 1310 achtzehnjährig mit dem vierzehnjährigen Johann von Luxemburg verheiratet, dessen Vater deutscher König war und der damit nach dem böhmischen Königsthron griff. Drei Jahre später starb dieser Vater und Johann wurde siebzehnjährig König in Böhmen. Dem Land blieb er immer ein Fremder, denn er war meist auf Kriegszügen in Italien oder in Frankreich, Böhmen überließ er weitgehend dem einheimischen Adel. Und doch hat er in seinen 35 Jahren Regierungszeit die Grundlagen dafür gelegt, dass sein Sohn Wenzel, den er am französi-

Büste Kaiser Karls des IV. im Prager Veitsdom

schen Hof erziehen ließ, nicht nur König von Böhmen wurde, sondern auch deutscher König und schließlich deutscher Kaiser. Und als solcher nannte Wenzel sich nach seinem französischen Firmpaten und nach seinem Vorbild Karl dem Großen: Karl IV., als König von Böhmen Karl I. Er reichte an sein Vorbild heran: Ein großer böhmischer König und ein glanzvoller deutscher Kaiser, der Prag zum Mittelpunkt des Heiligen Römischen Reiches machte.

1316 geboren, wurde er 1323 an den Pariser Hof geschickt, wo Roger von Fecamp ihn erzog, der spätere Papst Clemens VI. Schon als Kind wurde er mit Blanca Margarete von Valois verheiratet, der ersten seiner vier Frauen, und schon mit 15 Jahren schickte ihn sein Vater als «Reichsvikar» nach Oberitalien. 1333 wurde er Landeshauptmann von Böhmen und Markgraf von Mähren, wo er nach 15 Jahren fast unumschränkter Herrschaft der Barone einiges zu tun hatte, «der Gerechtigkeit wieder zu gebührendem Ansehen zu verhelfen», denn «bisher hatten die Barone größtenteils wie Tyrannen regiert und nicht, wie es sich ziemte, den König geachtet». Das schrieb er in seiner Autobiographie, ein höchst seltenes Zeugnis eines Herrschers der damaligen Zeit. 1344 konnte Karl endlich durchsetzen, was den Přemysliden nicht gelungen war: Prag wurde Erzbistum und damit war die Kirche in Böhmen und Mähren unabhängig von der Reichskirche.

1346, als Ludwig der Bayer gebannt worden war, bewarb er sich um den deutschen Königsthron und dank der Hilfe von Papst Clemens VI. erhielt er fünf der sieben Kurfürstenstimmen. 1347 wurde er König von Böhmen und 1349 gelang es ihm, die Zustimmung sämtlicher Kurfürsten zu erhalten. Schließlich wurde er im Aachener Dom zum deutschen König gekrönt, wie es sich gehörte, und 1355 vom Papst in Rom zum Kaiser des Reiches. Und nun ging er daran, seine Macht zu festigen und zu erweitern, was ihm durch seine Eheschließungen und sein diplomatisches Geschick gelang; Kriege führte er kaum. Prag, die Hauptstadt des Königreichs Böhmen, wurde zur Hauptstadt des Heiligen Römischen Reiches.

Karl erreichte eine beträchtliche Hausmacht. Nach dem Tod seiner ersten Frau heiratete er 1349 Anna von der Pfalz, wodurch er seine Wittelsbacher Konkurrenten entscheidend schwächte. Anna starb schon 1353 und wiederum heiratete Karl erfolgreich: Anna von Schweidnitz brachte ihm das letzte der schlesischen Herzogtümer mit in die Ehe. 1355 erwarb er die an Böhmen anschließende Oberpfalz und nannte sie Neuböhmen. 1366/1367 konnte er die Niederlausitz kaufen und 1373 gelangte die Kurmark Brandenburg unter böhmische Kontrolle. Nach dem Tode Annas heiratete er 1363 seine vierte und letzte Frau: Elisabeth von Pommern, Enkelin des polnischen Königs, wodurch er Ansprüche auf das Land an der Ostsee erhoffte.

Zielbewusst besetzte Karl die einzelnen Landesteile nach und nach mit Brüdern und Söhnen. Seinen Bruder Johann machte er zum Markgrafen von Mähren, seinem Halbbruder Wenzel übergab er das Fürstentum Luxemburg. Seinen Sohn Johann machte er zum Grafen von Görlitz. Und mit den Habsburgern vereinbarte er Erbverbrüderung durch die Verheiratung seiner Töchter Katharina und Elisabeth an Habsburgische Prinzen. Den Sohn Sigismund verheiratete er mit der Tochter des söhnelosen ungarischen Königs. So hatte er ein Reich von der Ostsee bis zur Adria im Blick.

Die Goldene Bulle, die er 1356 erließ, regelte die Wahl des deutschen Königs durch die Kurfürsten in Frankfurt am Main und dessen Krönung und beseitigte damit Streitigkeiten, die immer wieder aufgetreten waren. Die sieben Kurfürsten waren: die drei geistlichen, nämlich die Erzbischöfe von Mainz, Trier und Köln, und die vier weltlichen Kurfürsten, nämlich der König von Böhmen, der Pfalzgraf bei Rhein, der Herzog von Sachsen und der Markgraf von Brandenburg. Die Goldene Bulle bildete die Grundlage des Reiches bis zu seinem Ende 1806. Noch der junge Goethe erlebte in Frankfurt am Main die Kaiserkrönung nach dem Reglement der Goldenen Bulle Kaiser Karls IV.

1348 gründete Karl in Prag die erste Universität im Heiligen Römischen Reich nördlich der Alpen, der Sprache nach nicht die erste deutsche und nicht die erste tschechische, sondern die erste lateinische nördlich der Alpen, denn Latein blieb lange noch – bis ins 18. Jahrhundert – die europäische Wissenschaftssprache. Dem Prager Vorbild folgten weitere Gründungen im Reich. Die Prager Universität unterschied sich durchaus von den italienischen Vorbildern, denn die Selbstverwaltung der Universität nach Pariser Vorbild mit Fakultäten und Rektor wurde von Kaiser Karl erst angestoßen. Er gründete die Prager Neustadt, die Prag zur größten Stadt im Reich machte, wenn auch noch nicht an Einwohnerzahl – hier war nur Köln größer –, so doch an Grund und Boden, der bald stärker besiedelt wurde. Er baute den Palast auf der Burg und ließ den Dom von Matthias von Arras und nach dessen Tod vom schwäbischen Baumeister Peter Parler und dessen Bauschule errichten. Parler baute auch die Karlsbrücke, die erst in neuerer Zeit nach dem Kaiser heißt, bis ins 19. Jahrhundert hieß sie Steinerne Brücke.

PETER PARLER

Die Mitglieder der Familie Parler sahen sich nicht als Künstler, sondern als Handwerker. Und nicht ihre Person war ihnen wichtig, sondern ihr Werk. Ein Heinrich Parler «aus Köln» baute die spätgotische Hallenkirche in Schwäbisch-Gmünd, sein Sohn Peter war daran beteiligt. Dieser wurde als Peter Parler «aus Gmünd» 1353, da war er 23 Jahre alt, von Kaiser Karl IV. nach Prag gerufen, um den Bau des Veitsdoms fortzusetzen, den 1344 der französische Baumeister Matthias von Arras begonnen hatte. Peter Parler musste sich also an die Vorgaben des Matthias halten und dessen Werk vollenden: Eine dreischiffige gotische Kathedrale war gefragt, keine Hallenkirche wie in Gmünd. Trotzdem fügte er Elemente ein, die als typisch für seine Bauschule gelten – lichtreiche Fensterflächen und Horizontalgesimse, die Ruhe und Weite in die steile gotische Architektur bringen. Und er verband auf seine Weise Architektur und Plastik. Gemeißelte Bildwerke zeigen die Größen des Königshauses: den Kaiser selbst und seine Gemahlinnen, Fürsten und Bischöfe, nicht zuletzt die großen Herrscher Přemysl Otakar I. und II. Auch die Figuren an den Türmen der Karlsbrücke sind Werke der Bauhütte Peter Parlers. Peter Parler baute nicht nur die Karlsbrücke, auch an der Teynkirche am Altstädterring war er tätig. Als er 1399 starb, wurde sein Sohn Johannes sein Nachfolger als Dombaumeister.

Die weitverzweigte Sippe der Parlers war auch am Freiburger und am Straßburger Münster und in Köln und Basel tätig. Auch in Wien und Mailand gibt es Werke der Parlerschule. Die Parlers waren europäische Baumeister so wie «der Schöne Stil», der zu dieser Zeit in Prag entstand – vielleicht aber auch in Frankreich, jedenfalls ist er dort ebenfalls und am Mittelrhein nachzuweisen-, eine europäische Schöpfung war, die sich quer durch Mitteleuropa entfaltete. Beispiel ist die liebliche Madonna mit der Krone, das Kleid in prächtigem Faltenwurf, den oberen Körper ein wenig zur Seite geneigt, das lächelnde Kind auf dem Arm, eine schöne junge Frau: Mutter und Kind, höchst menschlich dargestellt und doch von überirdischem Liebreiz.

In der Nähe von Prag errichtete Kaiser Karl die Burg Karlstein (Karlštejn) für die Reichskleinodien, ein wunderbarer gotischer Bau mit einer von Meister Theoderich ausgestalteten Kapelle, eine selten schöne Burg, die selbst von den Hussiten nicht gestürmt und zerstört werden konnte: 24 Wochen rannten sie vergeblich gegen sie an. Dort kann man die kleine Kammer bewundern, in der Karl betete und fastete. Ein Loch ist in der Wand, durch das ihm wichtige Dokumente zur Kenntnis und Signatur gereicht wurden. Karl war ein frommer Mann, der den Heiligen Wenzel, dem er die Wenzel-Kapelle

Burg Karlstein

im Veitsdom errichten ließ, den heiligen Veit (Vít) und den heiligen Sigismund verehrte. Nach Wenzel und Sigismund nannte er zwei seiner insgesamt elf Kinder.

War Karl einerseits noch ganz ein Herrscher des Mittelalters, auch in seiner Verehrung der Reliquien der Heiligen, so ragte er andererseits in die Neuzeit hinein. Den italienischen Rebellen Cola di Rienzo empfing er an seinem Hofe und den Poeten Petrarca, beide Anhänger der heidnischen Antike. Mit Petrarca, dem italienischen Dichter der Renaissance, also der Wiedergeburt der Antike, hatte

Karl eine Korrespondenz. Petrarca wünschte sich einen Kaiser nach römischem Vorbild, der im vom Streit zerrissenen Italien endlich Frieden herstellen sollte. Das gelang freilich auch dem sonst so erfolgreichen Karl nicht.

Sowohl die deutsche als auch die tschechische Sprache erlebten unter Karl IV. eine Blütezeit. In Ingelheim am Rhein, in der Pfalz Kaiser Karls des Großen, gründete er ein Kloster zu Ehren des heiligen Wenzel mit böhmischen Chorherren, die des Tschechischen mächtig sein mussten. In Prag gründete er das Emmaus-Kloster für Benediktiner, die den Gottesdienst in slawischer Liturgie halten sollten. Als aber in Roudnice ein Kloster nur tschechische Mönche aufnehmen wollte, keine deutschen, griff er ein. Er sprach fünf Sprachen perfekt, liebte aber besonders das weiche und herzliche Tschechisch.

Deutsche und tschechische Bibelübersetzungen wurden angefertigt, die beide Sprachen enorm beförderten. In deutscher Sprache entstand der «Ackermann aus Böhmen» des Johannes von Tepl und in tschechischer Sprache das lange Gedicht «Tkadleček» (Weberlein). Reibereien gab es trotzdem. Die Reimchronik des Dalimil, etwa 1308 entstanden, fand gerade jetzt, da viele Ausländer, vor allem Deutsche in die Stadt drängten, starke Verbreitung. Die schroffe Ablehnung der Deutschen im tschechischen Original wurde in der deutschen Übersetzung der Reimchronik geschickt abgemildert. Schon zwei Generationen später unterschied man in Prag dann zwischen Böhmen und «wahren Böhmen», und das waren die Tschechen.

Bald nach Karls Tod, er starb 1378 kaum 62 Jahre alt, fiel sein Werk auseinander. Karls Sohn Wenzel (Václav) IV. erhielt Böhmen und Schlesien, sein jüngerer Sohn Sigismund wurde König von Ungarn. Wenzel war schon 1376 auf Betreiben seines Vaters zum deutschen König und damit zum Nachfolger seines Vaters gewählt worden, wurde aber 1400 von den Kurfürsten abgesetzt. König von Böhmen blieb er. Sein Bruder Sigismund war von 1410 bis 1437 der letzte Luxemburger und Nachfahre der Přemysliden auf dem deutschen Königsthron. 1433 wurde er in Rom zum Kaiser gekrönt.

10

JAN HUS UND DIE HUSSITEN

Fast genau hundert Jahre vor Martin Luther vollzog sich die böhmische Reformation, und dies mit einer Wucht, dass man auch von einer Revolution sprechen könnte, der ersten Revolution in Europa. Luther publizierte seine Thesen 1517, Jan Hus starb auf dem Konstanzer Scheiterhaufen 1415. Erstaunlich, dass in Böhmen, in diesem kleinen Land im Herzen Europas, sich eine Wandlung ankündigte, die in den größeren Ländern, also auch in Deutschland noch hundert Jahre auf sich warten ließ. Und merkwürdig, dass diese Revolution, die doch große Teile Mitteleuropas in Mitleidenschaft zog, in Deutschland kaum wahrgenommen wurde, so dass die Reformation Martin Luthers als originäres Ereignis erschien. Luther freilich hat sich auf Jan Hus berufen, der fast alles vorweggenommen hatte, was die Lutheraner gegen die römische Kirche behaupteten.

Eine Revolution macht nicht ein Einzelner. Es ist eine Bewegung, in der Einzelne eine Rolle spielen. Auf die Herausforderungen der Zeit – eine allgemeine Veränderung der Lebensverhältnisse und des Lebensgefühls, noch befördert durch Pestepidemien und Hungersnöte – wussten die Menschen nicht anders zu antworten als durch die Vorstellungen, die sich in ihrem christlichen Weltbild anboten: Strafen für Sünden, Vorboten der Endzeit, der drohende Antichrist. So entstanden starke religiöse Bewegungen wie die Cabochiens in Frankreich, wo es 1412 zu einem Bürgerkrieg kam, und die Lollarden in England, die sich auf John Wiclif beriefen. Wiclif, der in Oxford lehrte, bis er seinen Lehrstuhl verlor, hatte die Missstände in Staat und Kirche angeprangert, die Enteignung der Kirchengüter verlangt, die Laienpredigt gefordert, die Heilige Schrift als alleinigen Maßstab gesetzt. Seine Lehre gelangte über tschechische Studenten nach Prag, vor allem nach der Heirat der böhmischen Prinzessin Anna mit dem englischen König Richard II. 1382 kam es zu einem regen Austausch zwischen England und Böhmen, wo Wiclifs Gedanken auf einen fruchtbareren Boden fielen als in England.

In Böhmen war der Kontrast zwischen der stark verweltlichten Kirche, die Pfarrstellen als wohldotierte Pfründe betrachtete und den Prunk liebte, und der frommen, armen Bevölkerung besonders stark. Die Kirche war nicht fromm genug. Prediger griffen sie an, die selbst dem Klerus angehörten. Matthias von Janov (Matěj z Janova, 1350 bis 1394) formulierte schon vor Hus die meisten Grundsätze der hussitischen Reformation, freilich nicht in der Systematik, die John Wiclif bot: Kritik an der Kirche bis hinauf zum Papst, Kampf gegen die Bilderverehrung, Kampf gegen alle Äußerlichkeiten als Kampf gegen den Antichrist, Armut als Ideal, die Bibel als alleiniges Mittel der Erkenntnis. Und Jan Militsch von Kremsier (Jan Milíč z Kroměříže, gestorben 1374) predigte: Vom sündhaften Babylon, als das er Prag verstand, führe der Weg zum himmlischen Jerusalem, dem Reich Gottes, das errichtet werden solle. Jan Hus wurde die herausragende Gestalt, die in ihrer Reinheit und Unbedingtheit, in ihrer charismatischen Ausstrahlung die neue Lehre vertrat. Er hatte nicht die Radikalität des John Wiclif, aber er beglaubigte seine Lehre durch seinen Märtyrertod, weil er auf dem Konzil in Konstanz nicht widerrief.

Jan Hus wurde 1370 oder 1371 in Husinec bei Prachatice geboren. In Prachatice besuchte er die Lateinschule, 1390 kam er zum Studium nach Prag, wo er 1396 zum Magister wurde. 1397 soll er eine Reise nach Köln unternommen haben. 1399 kehrte er nach Prag zurück, wurde 1400 zum Priester geweiht und unterrichtete als Mitglied der theologischen Fakultät. 1402 wurde er Prediger an der Bethlehemskapelle, und hier entfaltete er seine große Wirkung.

Die Kapelle ist schon Ausdruck einer Reformbemühung. 1391 wurde sie von dem tschechischen Patrizier Kříž und dem deutschen Ritter Mühlheim gestiftet und 1394 vollendet. Die Bauhütte Peter Parlers soll den Bau errichtet haben. Es ist die erste netzgewölbte Hallenkirche Mitteleuropas. Die Hallenkirche ist besonders geeignet als Predigt- und Versammlungsraum – noch heute im wieder hergerichteten schmucklosen Bau spürt man die Spiritualität, die allein auf die Kraft des Wortes setzt. Die Bethlehemskapelle sollte eine Volkskirche sein, eine Kirche für die tschechische Bevölkerung mit tschechischen Predigten. Freilich wurde sie auch von vornehmen Herrschaften besucht, so auch von der aus Bayern stammenden Königin Sophie, die mit den Reformbestrebungen sympathisierte.

Jan Hus trat also in eine Reformbewegung ein, die er enorm beförderte – zunächst mit dem Wohlwollen des Königs, der mit dem Erzbischof in Konflikt stand. Die römische Kirche war gespalten, ein Papst saß in Rom, ein anderer in Avignon und ein neuer sollte gewählt werden, um die Kirche wieder zu vereinigen. Wenzel IV. hoffte auf diesen neuen Papst, der ihm die Kaiserkrone überreichen sollte, und die Reformer hofften ebenfalls auf ihn. Der König hatte seine Unterstützung unter den tschechischen Theologen der Universität, die er deshalb stärken wollte. So kam es zu dem berühmten Kuttenberger Dekret von 1409, das Jan Hus, damals Rektor der Universität, sicherlich befürwortete, aber keineswegs bewirkte, wie gerne behauptet wird.

Die Studenten der Universität waren damals nach Nationen geordnet – Nation im Sinne von Herkunftsland, keineswegs im Sinne des Nationalismus des 19. Jahrhunderts. Es waren dies die bayerische, die sächsische, die polnische und die böhmische Nation, wobei die polnische nicht nur Polen umfasste und die böhmische auch Deutsche und Ungarn und nicht nur, aber eben doch mehrheitlich Tschechen. Das Kuttenberger Dekret bestimmte nun, dass hinfort die böhmische Nation drei Stimmen haben sollte und die drei anderen Nationen zusammen nur eine einzige, was natürlich ungerecht war. Es kam zum Protest, und viele deutsche Studenten und Professoren verließen Prag und gründeten in Leipzig eine neue Universität.

Das Einvernehmen des Königs mit den tschechischen Reformern endete freilich, als die politische Situation sich wandelte. Der Prager Erzbischof starb, Wenzels Bruder Sigismund wurde Kaiser, und der neue Papst versuchte trotzdem, Wenzel für sich zu gewinnen, indem er ihn am Ablasshandel beteiligte. Da machte dieser gerne mit. Im Grunde war der Ablass eine geniale Idee: Mit einem Blatt Papier wurde viel Geld verdient, das die Kirche dann für ihre Prachtentfaltung verwenden konnte. Und es hatte einen Vorteil für die tief gläubigen Menschen, die Angst hatten vor Hölle und Fegefeuer – hier fanden sie ein leichtes Mittel, sich davon freizukaufen. Vorteile also auf beiden Seiten, aber theologisch höchst bedenklich. Jan Hus empörte sich wie andere auch und wie hundert Jahre später ein Mönch in Wittenberg. Hus wurde daraufhin vom König, dem er das Geschäft ruinierte, 1413 aus Prag verbannt. Er hielt sich bei Gönnern auf dem Lande auf. Diesem Exil verdanken wir wichtige Schriften des Jan Hus. In einer neueren Ausgabe seiner Werke umfassen die tschechischen Schriften vier Bände, die lateinischen 21 Bände, ein ungeheures Werk von erstaunlicher Vielfalt, das er in der kurzen Zeit seines Lebens schuf.

Unter diesen Werken ist eine kleine Schrift «Orthographia bohemica», also «Tschechische Orthographie», die grundlegend für die tschechische Schriftsprache wurde. Hus führte die so genannten diakritischen Zeichen ein, die seitdem im Tschechischen, aber auch im Slowakischen, Slowenischen, Kroatischen und Sorbischen gebraucht werden, zum Teil auch im Polnischen. So setzte er einen Punkt, der später zu einem Häkchen wurde, über das c, um zu zeigen, dass dies wie «tsch» ausgesprochen wird, und er setzte einen Strich oder Akzent auf die Vokale, die lang gesprochen werden müssen. Hus liefert damit etwas, das man als die erste Beschreibung des phonetischen Systems einer Sprache in Europa verstehen kann.

Seine übrigen Schriften zeigen, dass er nicht in jeder Hinsicht ein Anhänger Wiclifs war und insofern also Recht hatte, wenn er sich auf dem Konzil in Konstanz gegen diesen Vorwurf wehrte. In seinem Traktat «De corpore Christi», also «Vom Leib Christi», spricht er vom Abendmahl, bei dem Brot und Wein als Leib und Blut Christi den Gläubigen gereicht werden. In der römisch-katholischen Kirche nimmt allerdings nur der Priester Brot und Wein zu sich, den Gläubigen wird lediglich das Brot in Form einer Hostie, einer Oblate geboten. Wiclif war der Ansicht, dass Brot und Wein sich nicht wandelten und nicht «in substantia», also der Substanz nach, zu Fleisch und Blut Christi würden, wie die Katholiken glaubten, sondern blieben, was sie waren: Brot und Wein (Remanenztheorie). Diese Theorie war eine Ketzerei aus der Sicht der römischen Kirche und der orthodoxen auch. Hus ist in seinem Traktat also auf der Seite der römischen Kirche, während Jakob von Mies (Jakoubek ze Stříbra, 1369–1429), ein anderer Prager Reformer, derselben Meinung wie Wiclif war. Hus tritt auch nicht dafür ein, dass das Sakrament «in beiderlei Gestalt» («sub utraque species», daher der Name Utraquisten für die Hussiten) den Gläubigen gereicht werden sollte. Letzteres vertiefte den Dissens zwischen Hussiten und Katholiken wesentlich. Auch hier ist Jakob von Mies der Urheber des so genannten Laienkelches, der dann zum Symbol des Hussitentums wurde. Martin Luther hat ihn dann übernommen. Man könnte also sagen: Jan Hus war in mancher Hinsicht kein Hussit.

In einem wesentlichen Punkt freilich vertrat er dieselbe Lehre wie Wiclif und war darin ketzerisch genug. In seiner Schrift «De ecelsia» («Über die Kirche») war er Anhänger der Prädestinationslehre Wiclifs, ja ging noch über sie hinaus; die Calvinisten folgten ihm später darin. Er meinte also, die Welt sei von einem Determinismus bestimmt, alles sei bei Gott schon festgelegt. Und nur Gott allein könne den Menschen erlösen, dieser könne gar nichts dazu tun. Alle Menschen seien der Verdammnis würdig. Gott habe jedoch einen Beschluss gefasst, wonach ein Teil der Menschen ohne Rücksicht auf

Laster oder Tugenden zur Seligkeit ausersehen sei. Diese Auserwählten stellten die unsichtbare Kirche dar. Der sichtbaren Kirche, der Amtskirche also, sei deshalb kein Mensch Gehorsam schuldig.

Das war nicht nur wegen der Aufforderung zum Ungehorsam eine Herausforderung der Amtskirche, es widersprach auch deren Sicht vom freien Willen jedes Einzelnen, in dessen Hand es liegt, ob er den Weg zur Seligkeit findet oder nicht. Hält er sich von Sünden frei, bereut er die begangenen und übt er sich in guten Werken, wird er die Seligkeit erringen. Hier hat die katholische Kirche eine dezidiert demokratische Haltung und in jeder Darstellung des Jüngsten Gerichts kann man es feststellen: In der Hölle sind in der Regel etliche Bischofsmützen und Königskronen zu sehen, während die armen Leute haufenweise im Himmel sitzen. Gerade Macht und Reichtum sind aus traditioneller christlicher Sicht eher Hindernisse auf dem Weg ins Himmelreich.

Dieser demokratische Gesichtspunkt – jeder hat dieselbe Möglichkeiten, gleichgültig welchen Standes er ist – wird von der Prädestinationslehre durchbrochen. Nach ihr gibt es ein von Gott bestimmtes Volk der Auserwählten, die Hussiten haben sich denn auch dafür gehalten, und es gibt eben die anderen, die man eher gering achtet. Die demokratische Haltung im Hussitentum ist dagegen in der Wertschätzung des Laien und in der Geringschätzung des Klerus zu finden. Demnach gibt es keine herausgehobene Kaste mehr, die den anderen den Weg weist. Jeder kann die Bibel selbst lesen und auslegen. Und jeder kann das Abendmahl in beiderlei Gestalt nehmen, nicht nur der Priester.

Als sich Jan Hus 1414 auf den Weg nach Konstanz machte, war er von der Richtigkeit seiner Lehre überzeugt und vertraute seinem Motto «veritas vincit», die Wahrheit siegt. Als er in Prag aufbrach, hatte er noch nicht einmal die Zusicherung des freien Geleits durch Kaiser Sigismund. Dieses freie Geleit taugte auch nicht viel, wie sich bald zeigte. Schon kurz nach seiner Ankunft wurde Hus von den Bischöfen von Augsburg und Trient gefangen genommen und der

Die Verurteilung des Jan Hus auf dem Konzil in Konstanz, nach Wenzel von Brozik (Václav Brožík), 1883

kirchlichen Gerichtsbarkeit unterstellt. Kaiser Sigismund, der die Macht gehabt hätte, dies zu unterbinden, tat nichts, auch später nicht, als Hus verurteilt und verbrannt wurde – aus Feigheit, aus Opportunismus? Seine politische Position war ihm jedenfalls wichtiger als sein Wort. Es ist eine tragische Konstellation: Ausgerechnet ein tschechischer Kaiser, ein Sohn Kaiser Karls IV. und ein Enkel der letzten Přemyslidin Eliška, liefert den tschechischen Reformator seinen Schergen aus. Und ein Hauptankläger im Prozess war ein Tscheche, ein ehemaliger Freund von Hus: Stephan von Palec (Štěpán z Pálče). Am 6. Juli 1415 wurde Jan Hus, der noch auf dem Scheiterhaufen sich weigerte zu widerrufen, verbrannt.

Jan Hus ist eine der großen Gestalten der europäischen Geschichte. Er und die Seinen nahmen fast alles vorweg, was erst hundert Jahre später Lutheraner und Calvinisten zu denken wagten und durchzusetzen versuchten. Insofern muss man die bekannte Formulierung des Zacharias Theobald vom Anfang des 17. Jahrhunderts korrigieren: «aus dem hussitischen Dämmerlicht in den lutherischen Tag» gelangten die Deutschen keineswegs, wie er behauptete, sondern aus dem deutschen Dämmerlicht dank Luther in den hussitischen Tag. Böhmen war damals und später ein Fokus des europäischen Geistes. Und in Jan Hus ist die böhmische Reformation und Revolution verkörpert wie in keiner anderen ihrer Gestalten: in seiner Klugheit und Lauterkeit, in seiner Standhaftigkeit und in seiner Wortgewalt, die sich nicht zuletzt in seinen tschechischen Schriften zeigt, mit denen er seine Muttersprache so sehr bereicherte.

Der Tod von Jan Hus war nicht das Ende der Reformation, sondern deren Anfang. Er war das Fanal, das seine Anhänger aufrief und zusammenhielt. Die Bischöfe in Konstanz, die tschechischen, deutschen, italienischen und französischen Kleriker wollten endlich Ruhe in die tief gespaltene Kirche bringen und opferten deshalb den aufrechten Ketzer. Doch sie bewirkten das Gegenteil.

Ein Jahr nach Jan Hus wurde sein Freund und Schüler Hieronymus von Prag (Jeroným Pražský, 1365–1416) ebenfalls auf dem Scheiterhaufen in Konstanz als Ketzer hingerichtet. Ein weiteres Fanal. Noch drei Jahre dauerte es, bis sich die Hussiten zu einer Massenbewegung zusammenfanden. Ihre Anführer waren die Prager Theologen, die aufs Land gingen und den kleinen Leuten predigten. In großer Not und höchst unzufrieden mit der bestehenden Ordnung, die sie in Armut und Knechtschaft hielt, erhofften diese eine neue, eine christliche Weltordnung.

Der Aufstand der Hussiten, wie sie bald und eher polemisch genannt wurden, war nicht nur ein religiöser, sondern auch ein sozialer und in gewisser Weise auch ein nationaler. Das gab ihm die Wucht. National war er in dem Sinne, dass durch die Lektüre der tschechischen Bibel und durch tschechische Predigt und Schriftauslegung nicht nur die tschechische Sprache gefordert und gefördert wurde, sondern auch der Gemeinschaftssinn der Tschechen, die sich als ein Volk empfanden, als ein herausgehobenes Volk. Die Reibereien mit den Deutschen im Lande, immer vorhanden, in Krisenzeiten verstärkt, spielten zunächst eine geringe Rolle. Erst in den kriegerischen Auseinandersetzungen kamen die Deutschen, die in den Königsstädten wohnten und sowohl dem König treu blieben als auch der katholischen Kirche, ins Visier der Bewegung.

Rasch bildeten sich zwei Lager, ein radikales, das auf völligen Umsturz der Verhältnisse zielte, und ein gemäßigtes, das eine Reform beabsichtigte. Den radikalen Flügel bildeten die jungen, halbgebildeten Theologen, die, frisch von der Universität und ohne Realitätserfahrung, mit ihrem Prinzipienwissen die kleinen Leute auf dem Lande ansprachen, die ebenfalls keine politische Erfahrung kannten, sondern nur die Predigten, die ihnen Buße oder Verdammnis vorhielten. Sie erwarteten ein Gottesreich auf Erden, ein tausendjähriges Reich, in dem alle Menschen Schwestern und Brüder werden und sich die Reichtümer der Erde gleichermaßen teilen. Dieser radikale Flügel baute sich schließlich in Südböhmen seine eigene Stadt Tábor, benannt nach einem biblischen Berg, und errichtete dort eine Theokratie, eine Gottesherrschaft, und baute ein Heer auf zum Kampfe gegen den Antichrist.

Der gemäßigte Flügel hatte seinen Platz in Prag. In der Gemeinde erfahrene Politiker und in der Verwaltung der Universität kundige Magister führten sie an, energisch, aber auch kompromissbereit. Sie wollten ihre Ziele im Bund mit anderen Städten erreichen, traten für eine Reform der Amtskirche ein, aber nicht für ihre Abschaffung. Gegen den Adel stritten sie für die Gleichberechtigung der Bürger, den Vorrang der Hauptstadt und die nationale Sache, unter der sich alle vereinigen sollten. Gleichwohl gab es auch in Prag, vor allem in der Neustadt radikale Anhänger. Symbol der Auseinandersetzung wurde der Laienkelch, den weder Wiclif noch Hus gefordert hatten, aber Jakob von Mies.

Am 19. Juli 1419 wurde eine Prozession der «Utraquisten» (auch «Kalixtiner» nach lateinisch kalix für Kelch) gestört, was zum Ersten Prager Fenstersturz führte: Die tschechischen Ratsherren wurden aus dem Fenster des Neustädter Rathauses geworfen und gelyncht. Der

Streit zwischen «Kalixtinern» und «Altkirchlern» eskalierte. Im Februar 1420 erging ein päpstliches Kreuzzugspatent gegen die «Kelchler», den die Prager mit vier Artikeln beantworteten: Freiheit für den Kelch, Freiheit für die Predigt, Enteignung der Kirche, Bestrafung aller Todsünden. Hier zeigt sich der fundamentalistische Charakter der Bewegung, der die herkömmliche Kirche viel zu lasch war. Sie verlangte Bestrafung der Todsünden durch die Todesstrafe, wo die alte Kirche Reue und Buße, Beichte und Ablass kannte, also menschliche Auswege bot.

Im Juli 1420 kam es zu der ersten kriegerischen Begegnung zwischen einem Heer des Kaisers Sigismund – König Wenzel IV. war verstorben – und den Hussiten, an deren Spitze der geniale Feldherr Jan Žižka stand. Nach etlichen Geplänkeln kam es zu einer merkwürdigen Begebenheit: Ein Priester mit dem Sakrament schritt den Hussiten voraus, so dass die Kaiserlichen zurückwichen und schließlich sich gänzlich zurückzogen. Prag blieb verschont. Und die Hussiten glaubten an ein Wunder.

JAN ŽIŽKA

Jan Žižka von Trocnov (z Trocnova) wurde um 1370 in Trocnov bei České Budějovice geboren. Als Landadliger und kriegserfahrener Anführer schloss er sich dem radikalen Flügel, den so genannten Taboriten schon früh an. Er starb am 11. Oktober 1424, hatte aber in der kurzen Zeit von 1419 bis zu seinem Tod wesentlich zum Erfolg der Hussiten beigetragen. Wir wissen nur wenig von ihm, obwohl er in dieser Zeit die wichtigste Rolle im Kampf der Taboriten gegen die Kaiserlichen spielte. Ihm gelang es, die Bauernhaufen, die nur Dreschflegel mitbrachten, mit Streitwagen auszurüsten, und er lehrte sie die Handhabung von Pulvergeschützen, den so genannten Haubitzen. Er brachte ihnen Disziplin und Wendigkeit bei, so dass sie den wohlgerüsteten, aber schwerfälligen Heeren des Kaisers und des Adels gewachsen waren. Das gelang über hundert Jahre später in Deutschland nicht, wo die aufständischen Bauern, fast wehrlos, von den

Adligen niedergemacht wurden, die den Aufstand der Hungernden und Darbenden rücksichtslos in Blut ertränkten, unterstützt noch vom Reformator Martin Luther, der gegen die räuberischen und mörderischen Bauern anschrieb. Anders in Böhmen. Der einäugige, am Schluss seines Lebens völlig erblindete Jan Žižka führte die aufständischen Heere siegreich von einer Schlacht zur anderen und hatte mit ihnen 1424, im Jahre seines Todes, fast ganz Böhmen erobert. Die heiligen Streiter Gottes schienen unbesiegbar.

Nur im eigenen Lager wurden die unterschiedlichen Auffassungen der einzelnen Gruppen zur Belastung. Selbst Jan Žižka verließ im Frühjahr 1423, ein Jahr vor seinem Tod, die Stadt Tábor, den Sitz der Radikalen, und begab sich nach Horeb, einer ebenfalls nach einem biblischen Berg benannten Festung in der Nähe von Hradec Králové. Die Gründe seines Umzugs sind nicht bekannt. Nach dem Tode Jan Žižkas fanden die Hussiten noch zwei bedeutende Heerführer, die ihre Siegesserie fortsetzten: Prokop Holý und Prokop Malý.

Der Kampf wurde von beiden Seiten mit einer unvorstellbaren Härte geführt, übrigens auch innerhalb der beiden Lager. Als der Theologe Johann von Selau (Jan Želivský) im Herbst 1421 in Prag eine republikanische Diktatur einführen wollte, wurde er von den Gemäßigten festgenommen und im Frühjahr 1422 hingerichtet. Der Terror schien zunächst auf der Seite der Kaiserlichen zu liegen. Dutzende von Kelch-Anhängern wurden verbrannt oder ertränkt, in Kutná Hora sollen einmal zweihundert von ihnen in stillgelegte Silberminen gestürzt worden sein. Die Brutalität auf Seiten der Hussiten stand dem nicht nach. Die Mönche und Nonnen in den Klöstern wurden ermordet, die Klöster geplündert und in Brand gesteckt, Bilder von den Wänden der Kirchen gerissen und verbrannt. Heiligenstatuen, auch die Darstellungen Christi, wurden zertrümmert. Ungeheure Kunstschätze wurden vor allem in Südböhmen von den bilderfeindlichen Hussiten zerstört. In Jaroměřice wurden von 24 katholischen Priestern 21 verbrannt, weil sie der alten Kirche nicht abschwören wollten. Hier haben die Hussiten dasselbe gemacht wie die Herren in Konstanz. Und die Priester haben genauso tapfer widerstanden wie Jan Hus. Juden wurden ebenfalls ermordet, wenn sie sich nicht bekehren ließen, so etwa in Chomutov. Instrumentalmusiker mussten um ihr Leben fürchten, denn nur Gesang war erlaubt und nur zu liturgischen Zwecken.

Aber auch die Kreuzfahrerheere, die der Kaiser aufbot, waren ein Haufen zusammengewürfelter Soldateska, der raubend und plündernd durchs Land zog. Ebenso zogen Hussitenheeren raubend und plündernd durch Sachsen und Bayern, ein Schrecken der Menschen. Aber sie zogen auch Anhänger an. In der Regel kehrte das Heer zahlreicher zurück, als es ausgezogen war, weil so viele sich ihm unterwegs angeschlossen hatten.

Nach dem fünften verlorenen Kreuzzug kam es endlich zu einer Verhandlung auf dem Basler Konzil und schließlich zu einem Kompromiss zwischen der römischen Kirche und den gemäßigten Hussiten, die sich nicht von der Kirche abtrennen lassen wollten. Allerdings führte das zu einem heftigen Streit zwischen den gemäßigten Utraquisten und den radikalen Taboriten. Am 30. Mai 1434 kam es zu einem Bruderkampf in der Schlacht von Lipany, in der die Prager, auch von Katholiken unterstützt, die Taboriten vernichtend schlugen. Es ging den Radikalen nicht besser als bisher allen Feinden der Revolution. So konnten die Beschlüsse des Basler Konzils von 1433 angenommen werden, die eine Verständigung zwischen Katholiken und Utraquisten ermöglichten. 1436 beschwor auch Kaiser Sigismund die Basler «Kompaktaten», die das Abendmahl in beiderlei Gestalt erlaubten. Auch die Enteignung der Kirchengüter wurde legitimiert. Der Adel, der die Güter an sich gerissen hatte, ging als eigentlicher Sieger aus den Kämpfen hervor, aus denen er sich weitgehend herausgehalten hatte.

Neben den demokratischen Idealen des modernen Europa brachte diese Revolution also auch Leid und Schrecken in erheblichen Ausmaßen hervor, das nicht unterschlagen werden darf. Jan Patočka spricht von einer «barbarischen Vergeistigung», welche die Tschechen hier «als höchste Stufe der Größe» erreichten, «zu welcher sich ihre Geschichte zu erheben vermochte.» Einzelne herausragende Gestalten der Revolution sind jedoch frei von jeglicher Barbarei und vom reinen Feuer des Geistes beseelt. Genannt seien wenigstens Jan Hus und sein Schüler und Freund Hieronymus von Prag, beide Märtyrer in Konstanz. Und Peter von Cheltschitz, eine einzigartige Gestalt: Er vertrat das Prinzip der Gewaltlosigkeit in einer Zeit, in der es anscheinend kein anderes Mittel der Auseinandersetzung unter Christenmenschen gab als die brutale Gewalt.

PETER VON CHELTSCHITZ

Peter von Cheltschitz (Petr Chelčický) wurde wahrscheinlich zwischen 1380 und 1390 in Chelčice bei Vodňany in Südböhmen geboren, in dem damals stark bevölkerten Südböhmen, aus dem fast alle der Anführer der Reformation und der Revolution kamen. Er muss ein kleiner Landadliger oder freier Bauer gewesen sein, jedenfalls war er selbständig und konnte von seinem Bauernhof leben, auf dem er seine wichtigen Schriften verfasste. Studiert hatte er kaum, Latein konnte er wenig, so dass er gezwungen war, tschechisch zu schreiben. Das wiederum bereicherte die tschechische Literatur mit wuchtigen Werken, die das Elend der Menschen, vor allem der Bauern und der kleinen Leute mit einer seltenen Kraft schildern. Es sind Anklageschriften gegen die adligen und geistlichen Führer, die das Volk unterjochten und aussaugten, aber auch gegen die wichtigtuerischen Magister der Universität, die ihnen dabei zur Seite standen.

In Prag war Peter von Cheltschitz wohl 1419 und 1420, also nur kurze Zeit, bevor er sich wieder nach Südböhmen zurückzog. Er war ein Anhänger von John Wiclif und Jan Hus und hörte in der Bethlehemskapelle die Predigten des Jakob von Mies, mit dem er sich bald zerstritt. Es ging um die Frage, ob es gerechtfertigt sei, um des Glaubens willen, ja, um irgendeines Grundes willen menschliches Blut zu vergießen. Er berief sich auf das Neue Testament und lehnte jede Art von Gewaltanwendung ab. Er lehnte aber auch jede Art von Hierarchie ab: Keiner sei irgendeinem untertan, alle seien Menschen gleichen Rechts. So kam er zu einem radikalen Pazifismus und Anarchismus, den später der russische Schriftsteller Lew Tolstoi bei ihm fand und lobte.

Peter von Cheltschitz ist wie Jan Hus der Meinung, Gott habe einige auserwählt, andere nicht. Und er bringt diese Auserwähltheit schon auf die Formel «sola fide» (allein durch Glauben), die später Martin Luther aufgrund eigener Erfahrungen findet: Nicht durch gute Werke, nur durch den Glauben und nur durch die Gnade Gottes können wir die Seligkeit erreichen. Auch die Auffassung des Abendmahls nahm Peter von Cheltschitz Luther vorweg: Er sah es als einen Akt der Kommunikation zwischen Christus und dem Gläubigen. In Brot und Wein sah er also nicht Christus verkörpert wie die Katholiken, er sah sie aber auch nicht lediglich als Symbol wie die Calvinisten.

Peter von Cheltschitz fand Anhänger, wenige unter den Taboriten, die er bekämpfte, mehr unter den Prager Utraquisten. Aus diesen Anhängern bildete sich die Brüderunität, die von Prag nach Ostböhmen, dann nach Mähren zog, an den Rand der Ereignisse, von allen anderen an den Rand gedrückt. So entstanden die Böhmischen Brüder, eine kleine Gruppe, die trotz aller Verfolgungen und trotz der verschiedenen Emigrationen sich bis zum heutigen Tag erhalten hat. Bis zur Schlacht am Weißen Berg hatte sie in Böhmen und Mähren ein reiches geistiges und geistliches Leben entfaltet, als dessen herausragende Gestalt Johann Amos Comenius (Jan Amos Komenský) europäische Geltung erlangte.

11

DAS GOLDENE PRAG: GEORG VON PODIEBRAD UND RUDOLF II.

Nicht nur den unbedingten, ganz ihrem geistlichen Auftrag lebenden Vertretern der hussitischen Revolution sollte Aufmerksamkeit und Anerkennung zukommen, sondern auch denen, die das Erbe zu bewahren und nach all den blutigen Kämpfen eine friedliche Übereinkunft zu erreichen suchten. Zu nennen wäre da Jan Rokycana, ein Schüler von Jakob von Mies, der vor 1397 in Rokycany als Sohn eines Schmieds geboren wurde und in Prag studierte, wo er Meister Hus noch hörte. Mit seinem Lehrer Jakob von Mies gehörte er zu den Gemäßigten, die sich einige Zeit nach der Hinrichtung Johann von Selaus verbergen mussten. 1425 wurde er Prediger an der Teynkirche, wo er viel Zulauf hatte. 1435 war er Rektor der Universität. Seine Wahl zum Prager Erzbischof wurde vom Papst nicht anerkannt und so musste er sein Leben lang nach zwei Seiten kämpfen: einerseits gegen die unversöhnlichen Taboriten, die mit Rom nicht verhandeln wollten, andererseits gegen das dogmatische Rom, das in keiner Weise nachzugeben bereit war. Trotzdem gelang dem beredten Rokycana auf dem Konzil zu Basel eine Übereinkunft, die in den «Kompaktaten» festgehalten wurde, die freilich vom Vatikan nie recht anerkannt wurden. Trotzdem führten diese «Kompaktaten» zu einem Religionsfrieden in Böhmen, den Kaiser Sigismund zunächst nutzen konnte, der allerdings Rokycana aus Prag vertrieb. Erst als Georg von Podiebrad (Jiří z Poděbrad) zum Gubernator und schließlich zum König gewählt wurde, konnte er wieder zurückkehren. Er wurde eine Stütze des hussitischen Regenten und Königs, der eine diplomatische Politik zwischen Katholiken und Kelch-Anhängern zustande brachte, die Böhmen eine Zeit des Friedens verschaffte.

Dies ist die große Leistung von Georg von Podiebrad. Schlachtensiege und -niederlagen bleiben im historischen Gedächtnis, doch diplomatische Leistungen, die Schlachten verhinderten, kaum. Die Tschechen haben jedoch ihren König nicht vergessen. Im Festsaal des Altstädter Rathauses in Prag hängen zwei große Bilder, Werke der Historienmalerei vom Ende des 19. Jahrhunderts. Auf der einen Seite sieht man Jan Hus vor dem Konzil von Konstanz, auf der anderen Seite König Georg von Podiebrad im Kreise der tschechischen Granden. Wäre das, was Georg vorbildlich gelang, zum Vorbild für das Reich geworden, wäre diesem der blutige Dreißigjährige Krieg erspart geblieben. Böhmen ist auch darin dem Reich und Europa vorangegangen. Und das nicht nur in der Reformation und Revolution, die alles vorwegnahm, was hundert Jahre später Lutheraner und Calvinisten formulierten und durchsetzten. In der Toleranz der miteinander konkurrierenden christlichen Strömungen sind die Tschechen Europa sogar um zweihundert Jahre voraus: 1448 kam Georg in Böhmen an die Macht, 1648 endete der dreißigjährige Krieg, der auch Böhmen verheert hatte.

Eine tragische Konstellation: Das kleine Land konnte seine Errungenschaften den größeren Nachbarn nicht aufdrängen, litt aber unter deren geringer Lernbereitschaft. Eine tragische Konstellation aber auch für die größeren Nachbarn, vor allem die Deutschen: Dass sie von den Tschechen nicht lernten, deren Leistungen nicht wahrnahmen, brachte ihnen selbst den allergrößten Schaden.

Nach dem Tode Kaiser Sigismunds, der ohne Erben 1437 starb, kam Albrecht von Habsburg auf den böhmischen Thron, der schon 1439 starb. Sein Sohn Ladislav wurde vier Monate nach dem Tode des Vaters geboren, deshalb auch Ladislav Posthumus genannt – er war also nicht in der Lage, die Macht zu übernehmen. Hier nutzte Georg von Podiebrad, Anhänger der strengeren Utraquisten, geschickt die Lage. 1448 öffneten ihm die Prager nach einem Streit mit dem päpstlichen Legaten die Stadt. Es gelang ihm, als Gubernator, als Regent von den utraquistischen und den katholischen Ständen anerkannt zu werden. 1458 nach dem Tode Ladislavs wurde er dann zum König gewählt. In Mähren musste er Rücksicht nehmen auf die meist katholischen Stände, in Böhmen wiederum auf die meist utraquistischen, so dass er, wollte er an der Macht bleiben, an einem Gleichgewicht zwischen den beiden Gruppen höchstes Interesse hatte. Hinzu kam die Bedrohung von außen durch die Türken, die eine Einigung unter den Christen nahe legte.

Georg stand dabei immer unter dem Druck des Papstes, der die Kompaktaten von Basel ablehnte und 1462 sogar für ungültig erklärte. Schließlich riskierte Georg den Bruch mit dem Papst, den er lange hinausgezögert hatte, und suchte Unterstützung bei Kaiser Friedrich III. und dem polnischen König Kazimierz IV. Er entwickelte mit seinen Beamten – darunter ein Italiener und zwei Deutsche – sogar einen Friedensplan für ganz Europa mit deutlicher Spitze gegen den Papst. Die Könige von Frankreich und Böhmen sollten die Verantwortung übernehmen für die Aufrechterhaltung des Friedens in der christlichen Welt. Dieser großartige Plan, den er durch seine Gesandten an den großen Höfen vortragen ließ, blieb ohne Erfolg, sollte aber nicht vergessen werden. Es ist der erste Versuch dieser Art in der europäischen Geschichte überhaupt.

Georg von Podiebrad hatte das Konzept eines inneren Friedens für Böhmen und Mähren. Zeit seines Lebens gelang es ihm auch, diesen heiklen Frieden durch immer wieder neue Manöver aufrecht zu erhalten, auch gegen die Angriffe des ungarischen Königs Mathias Corvinus, der ihm die Herrschaft über Böhmen und Mähren streitig machte. Und er hatte ein Konzept für den Frieden in Europa, den zu verwirklichen ihm leider die Macht fehlte.

Die letzten Jahre seines Lebens kämpfte Georg gegen Mathias von Ungarn, dem es gelungen war, die katholischen Herren Mährens und Schlesiens auf seine Seite zu ziehen. Georg stützte sich auf den polnischen König. Dessen ältesten Sohn Vladislav ließ er zum böhmischen König krönen, also einen Prinzen aus einem gut katholischen Hause. Seine eigenen Söhne überging er – in der Hoffnung, damit einen Frieden mit den katholischen Herren zu erreichen. Doch nur durch einen Feldzug konnte er Schlesien und Mähren wieder gewinnen. Als «Ketzerkönig» vom Papst gebannt, starb er 1471 in Prag. Von 1471 bis 1526 regierten polnische Jagiellonen auf dem böhmischen Thron, das heißt Böhmen und Mähren wurden nicht polnisch, sondern sie wurden von Königen aus Polen regiert.

Als König Vladislav II. 1483 vor der Pest aus Prag nach Kutná Hora floh, kam es in Prag unter dem Zeichen des Kelchs zu einem blutigen Aufstand, der aber eher eine soziale Revolte war. Katholische Geistliche und Ratsherren wurden erschlagen, die Deutschen und die Juden verfolgt, gepeinigt und getötet, ihre Häuser geplündert. Der König, dem die Stände die Gefolgschaft verweigerten, konnte nicht einschreiten. Nach langen Verhandlungen wurde auf dem Landtag von Kutná Hora 1485 ein 31 Jahre dauernder Religionsfriede zwischen Katholiken und Utraquisten geschlossen, die Brüderunität war davon ausgenommen. Im Jahre 1512 wurde dieser Religionsfriede dann «auf ewig» verlängert – ewig hielt er nicht, aber doch einige Zeit.

Der letzte Jagiellone auf dem böhmischen Thron, König Ludwig, zugleich König von Ungarn, fiel 1526 bei Mohàcs in einer Schlacht gegen die Türken, die gegen Ungarn und Mähren zogen. Dass Ludwig diese Schlacht verlor, lag am Eigennutz der böhmischen Herren, die ihm nur zögernd zur Hilfe kamen. Ludwig hatte keine Erben. Seine Schwester Anna war mit Ferdinand von Habsburg verheiratet. Ferdinand, ein Bruder Kaiser Karls V., hatte von diesem die österreichischen Erblande erhalten und wurde nun von den Ständen zum König von Böhmen und Markgraf von Mähren gewählt. Vom starken Haus Habsburg versprachen sie sich Hilfe gegen die Türken. Damit begann die Herrschaft der Habsburger – sie dauerte bis 1918.

Inzwischen hatte sich die Reformation Martin Luthers im deutschen Reich ausgebreitet und griff auch auf Böhmen über, wo sie alte Fronten wieder aufriss. Der große Bauernkrieg in Süddeutschland und in Thüringen 1524 und 1525 sorgte auch für Unruhen in Böhmen. Ferdinand I. versuchte, den Religionsfrieden aufrecht zu erhalten. Eine Vereinigung der Katholiken mit den Utraquisten, immer wieder erstrebt, erreichte auch er nicht. Als es zum Kampf zwischen Kaiser Karl V. und den evangelischen Fürsten des Schmalkaldener Bundes 1547 kam, sollte Ferdinand mit einem Heer den Kaiser unterstützen. Die böhmischen Stände verweigerten ihm die Gefolgschaft. Nach dem Sieg des Kaisers errichtete Ferdinand ein Strafgericht, das erste gegen die böhmischen Herren und die Stadt Prag, dem nach der Schlacht am Weißen Berge ein zweites, schlimmeres folgen sollte. 35 Herren und Ritter wurden mit Güterverlust und Hausarrest bestraft, zehn zum Tode verurteilt, von denen sechs entfliehen konnten, so dass nur vier hingerichtet wurden. Erstmals setzte eine Rekatholisierung in Böhmen ein, dessen Bevölkerung nur noch zu einem Zehntel katholisch war.

Unter Ferdinands Sohn Maximilian – Maximilian I. als böhmischer König, als deutscher Kaiser Maximilian II. – fanden die protestantischen Stände zu einer eigenen «Confessio Bohemica» analog dem «Augsburger Bekenntnis» der Lutheraner in Deutschland. Darin etablierten sich die Utraquisten in Böhmen, von der überwiegenden Mehrheit der Bevölkerung getragen, als eigene Kirche, die faktisch unabhängig von Rom war. Maximilian stimmte dieser Confessio nie schriftlich, aber mündlich zu, so dass wieder einige Zeit lang Religionsfriede in Böhmen herrschte, was für Maximilians Sohn Rudolf die Voraussetzung seiner prächtigen Machtentfaltung war.

Ohne diesen heiklen Frieden zwischen Katholiken und Nichtkatholiken hätte sich Prag nicht wieder zu einer Metropole erheben können, die auf ganz Europa ausstrahlte. Wie einst unter Kaiser Karl IV. erschien Prag als die Mitte der Welt. Wiederum stand es an der Spitze der Entwicklung, diesmal nicht in Sachen der Religion wie zu Zeiten von Jan Hus, sondern in Sachen der Kunst und Wissenschaft. Prag wurde die Residenz Kaiser Rudolfs II. und brauchte den Vergleich mit anderen Residenzen Europas nicht zu scheuen.

Rudolf wurde 1552 als ältester Sohn Kaiser Maximilians II. und seiner Cousine Maria von Spanien geboren. Der Vater galt als Sympathisant der Protestanten, die Mutter war streng katholisch und dem spanischen Hof verpflichtet. So kam Rudolf zur Erziehung an den Hof Philipps II., damit er dem Einfluss des Vaters entzogen wurde. Dieser hatte ihn aber doch geprägt: in seinem Großmut gegenüber den Protestanten, wiewohl er immer ein gläubiger Katholik blieb und die Sache der katholischen Kirche förderte. Was er vor allem vom Vater übernahm, war die Liebe zur Kunst und zur Wissenschaft.

Der manieristische Maler Giuseppe Arcimboldo (1527–1593), dessen mit Obst und Gemüse komponiertes Porträt Rudolfs bis heute berühmt ist, war schon zu Zeiten Ferdinands I. an den Hof gekommen und von Maximilian II geschätzt. Weniger geschätzt wurde er von Rudolf, für dessen Kunstgeschmack er zu Unrecht steht. Rudolf ließ ihn gerne ins heimatliche Mailand ziehen. Dagegen holte er Bartholomäus Spranger (1546–1611), der in Antwerpen geboren und ausgebildet worden war, nach Prag. Auch ihn hatte schon Maximilian II. in Wien mit Aufträgen versehen. In Prag begann der Aufstieg des Malers, der die besondere Gunst des Herrschers besaß; er hatte sein Atelier auf der Prager Burg und der Kaiser besuchte ihn oft. Vor allem die erotischen Gemälde hatten es dem Kaiser angetan: Venus und Adonis und andere Ereignisse aus den Mythen der Göttin der Liebe.

Hans von Aachen (1551–1615) wurde von Rudolf als Hofmaler nach Prag eingeladen. Er war ein vorzüglicher Porträtist, sein ungeschöntes Bild des Kaisers vermittelt viel von dessen schwierigem Charakter. Mit Hans von Aachen soll Rudolf, der menschenscheu war und sich oft zurückzog, befreundet gewesen sein. Dem Bildhauer Adrian de Vries (1545–1626), einem Niederländer, der in Italien gelernt und den Rudolf nach Prag geholt hatte, verdanken wir drei große, ausdrucksstarke Büsten des Kaisers.

Der Kaiser liebte nicht nur die Bildenden Künste, das Goldschmiedehandwerk eingeschlossen, sondern auch die Musik und die Poesie. Damals berühmte Komponisten schrieben Motetten für die kaiserliche Hofkapelle: Philippe de Monte, den der Kaiser so sehr schätzte, dass er ihm nicht erlaubte, nach Hause zurückzukehren, dann Jacques Renart und Camillo Zanzotti. Auch die Poeten kamen aus Italien und den Niederlanden, aber auch Tschechen und Deutsche waren darunter. Alle dichteten in Latein. Wenigstens einer muss genannt werden: Jan Kampanus, ein Tscheche, der an der Universität lehrte und 1622 unter Druck zur katholischen Kirche übertrat. Zikmund Winter hat über ihn und den Beginn des Dreißigjährigen Krieges einen bedeutenden Roman geschrieben: «Magister Kampanus».

Über zwei andere Persönlichkeiten am kaiserlichen Hofe schrieb Max Brod, der Freund Franz Kafkas, einen Roman: «Tycho Brahes Weg zu Gott». Tycho Brahe, der dänische Astronom, hatte sich mit seinem König überworfen und war nach Deutschland gezogen. Kaiser Rudolf nahm ihn sofort auf und stellte ihm das Schloss Benátky in der Nähe von Prag für seine Arbeiten zur Verfügung. Tycho Brahe wiederum lud Johannes Kepler ein, auch er ein Exilant: Als Protestant hatte er das katholische Graz verlassen müssen.

In diesen beiden zeigt sich die Sternstunde der Wissenschaft im Prag Rudolfs II. In ihnen ist der Beginn der modernen Naturwissenschaft zu sehen, mehr noch als in Galileo Galilei, der zur gleichen Zeit in Florenz tätig war. Galilei (1564–1642) ist berühmter geworden, weil die katholische Kirche einen Prozess gegen ihn führte. Er musste zurücknehmen, dass nicht die Erde, sondern die Sonne im Mittelpunkt des Planetensystems steht. Dafür durfte er den Rest seines Lebens in seinem Landhaus leben und arbeiten. Seine wichtigste Schrift «Discorsi» ist dort entstanden, in der er die Grundlagen der Mechanik legte. Am Hofe Rudolfs II. wurde niemand verfolgt, wenn er wie Kepler Anhänger des kopernikanischen Systems war, und niemand, der Protestant war, wurde ausgewiesen. Im Gegenteil: Rudolf förderte ihn.

JOHANNES KEPLER

Kepler wurde 1571 in Weil der Stadt im Württembergischen geboren. Er studierte in Tübingen Mathematik und schloss als Magister ab. 1594 wurde er Lehrer in Graz und Mathematiker der Landesregierung, bis er als Protestant ausgewiesen wurde. 1600 folgte er einer Einladung des von ihm bewunderten Tycho Brahe nach Prag. Nach dessen Tod 1601 wurde er von Rudolf II. zum Nachfolger Brahes ernannt. Als kaiserlicher Mathematiker und Hofastronom, der auch Horoskope erstellen musste, hatte er in Prag seine fruchtbarste Zeit. Hier verfasste er dreißig Abhandlungen und formulierte zwei seiner Keplerschen Gesetze. Nach dem Tode des Kaisers 1612 musste er Prag verlassen und wurde Lehrer am Gymnasium in Linz. 1628 begab er sich in den Dienst des Feldherrn Waldstein (Wallenstein), dem er ein Horoskop stellte, das dessen Erfolg und Untergang voraussagte. Als Waldstein ihn nicht wie verabredet entlohnte, ging er zum Reichstag nach Regensburg, um sich zu beschweren. Dort starb er 1630.

Kepler hatte beim Unterricht in der Grazer Stiftsschule 1595 eine Erleuchtung, in der er die Ordnung des Universums sah. In seiner ersten Schrift «Mysterium Cosmographicum» von 1596 legte er diese Vision dar. Er sandte sie Galilei und Tycho Brahe. Brahe antwortete und lud ihn nach Prag ein. Von Galilei hörte er nichts. In seinen Spekulationen über die Beschaffenheit des Universums, über den Umlauf der Planeten um die Sonne wurde Kepler von religiösen Motiven geleitet. Er wollte den Plan der Welt erkunden, in dem Gott als Schöpfer sich offenbarte. Die Sonne sah er gleich Christus, um den die Welt sich dreht, und dies in einer schönen Sphärenharmonie.

Die Begegnung mit Tycho Brahe konfrontierte Kepler mit dessen präzisen Beobachtungen und Berechnungen. Keplers Erkenntnisse beruhten also auf Inspiration und Präzision. Das erste Keplersche Gesetz hält fest, dass die Planeten sich nicht, wie man bisher annahm, in Kreisen um die Sonne drehen, sondern in Ellipsen, in deren einem Brennpunkt die Sonne steht. So nahm er die Erkenntnisse des Kopernikus auf und führte sie fort. Seine ersten beiden Gesetze veröffentlichte er in seinem Werk «Astronomia nova» 1609 und das dritte Gesetz 1619 in «Harmonices mundi libri V», also in fünf Büchern über die Harmonie der Welt. Die Tafeln der Planetenbewegung nannte er nach dem Kaiser «Tabulae Rudolphinae»; sie boten 200 Jahre lang die Grundlage für alle astronomischen Rechnungen. Keplers Annahme, dass die Bewegungen der Planeten von der Kraft der Sonne bestimmt werden, regte Isaac Newton zu seiner Gravitationslehre an.

Tycho Brahe entdeckte am 11. November 1572 am Nachthimmel einen neuen Stern, stella nova, der 16 Monate lang im Sternbild der Cassiopeia zu sehen war, bevor er wieder verblasste. Es war, wie die Astronomen heute sagen, eine Sternexplosion, eine Supernova. Mit dieser Entdeckung erschütterte Brahe mehr als andere das aristotelische Weltbild, wonach der Fixsternhimmel unveränderlich war.

Die Begegnung zwischen Tycho Brahe und Johannes Kepler in Prag ermöglichte einen ersten Aufschwung des modernen Wissenschaftsideals – gemeinsam mit den Entdeckungen Galileis, aber in gewisser Weise übertraf sie diese sogar. Hier steht Prag neben Florenz. Es war die ungewöhnliche Atmosphäre der Stadt, die unter Kaiser Rudolf II. noch einmal in vollem Glanze erstrahlte, bevor sie in Finsternis versank. Und in dieser Situation kam es zu der glücklichen Begegnung zweier Astronomen, die an keinem anderen Ort hätten zusammentreffen können: Nur hier waren sie geduldet, nur hier konnten sie ungehindert arbeiten. Das Ideal der modernen Naturwissenschaft, wonach die genaue Beobachtung, hier durch das Teleskop, mit genauen Berechnungen zu einer Erfassung der Wirklichkeit führen soll, ohne Rücksicht auf politische oder ideologische Interessen, dieses Ideal wurde hier erstmals aufgerichtet.

Freilich war dies ein Anfang, die Wissenschaft steckte noch in den Kinderschuhen und die Hoffnung auf die Pseudowissenschaft der Alchimie beschäftigte noch lange die Gemüter. Auch Kaiser Rudolf unterschied nicht zwischen Wissenschaft und Pseudowissenschaft. So kamen beispielsweise zwei Engländer, John Dee und Edward Kelley, nach Prag und versprachen, nach Anweisungen der Engel, deren Sprache sie verstünden, Gold herzustellen. Der Ruf Prags als Stadt der Alchimie, als Metropole der Magie ist in dieser Zeit begründet, wenn auch erst durch die Schriftsteller des späten 19. und frühen 20. Jahrhunderts geschaffen, durch englische, tschechische und deutsche Schriftsteller gleichermaßen.

So wird auch gerne die Legende vom Golem in die Zeit Kaiser Rudolfs II. verlegt. Rabbi Juda Löw, den der Kaiser mehrfach zu Rate gezogen habe, soll der Schöpfer dieses frühen künstlichen Menschen gewesen sein. Der Rabbi formte ihn aus Lehm und steckte ihm einen Zettel mit einer magischen Formel zwischen die Zähne, woraufhin er lebendig wurde. Mit seinen ungeheuren Kräften diente er der jüdischen Gemeinde. Doch eines Abends vergaß der Rabbi, den Zettel zu entfernen. In der Nacht tobte der Golem und zertrümmerte alles, bis es dem Rabbi gelang, ihm den Zettel aus dem Munde zu ziehen. Da zerfiel er zu Staub.

Rabbi Juda Löw gab es tatsächlich, er war ein strenger und rationaler Kopf, ein berühmter Gelehrter seiner Zeit. Die Legende vom Golem wurde ihm 200 Jahre später angedichtet. Unter Kaiser Rudolf war immerhin eine gute Zeit für die Prager jüdische Gemeinde. Noch sein Großvater Ferdinand I. hatte die vielfach verfolgten und vertriebenen Prager Juden aus der Stadt gejagt, in der sie selten ein erträgliches Leben hatten. Sein Vater Maximilian II. machte das Vertreibungsedikt rückgängig und bestätigte die alten Privilegien der Prager Judenheit. Er zog sogar in all seiner Pracht mit seiner Gattin und seinem Gefolge an einem Sommertag des Jahres 1571 durch die

Prager Judenstadt, um die Juden zu ehren und ihnen seine königliche Gunst zu erweisen. So konnte die Prager Gemeinde wieder einen Aufschwung nehmen. Der wohlhabende Mordechai Maisel leitete sie. Er war ein Finanzier des Türkenkriegs, den Rudolf führen musste, und stand entsprechend in Gunst beim Kaiser. Doch als Maisel gestorben war, ließ Rudolf dessen Haus durchsuchen und alles Wertvolle konfiszieren. Seine Schulden zahlte er der Familie nicht zurück.

Denkmal für Rabbi Löw am Neuen Rathaus in Prag

RABBI JUDA LÖW

Der berühmteste Prager Rabbiner, in dem die Weisheit der Prager Juden verkörpert scheint, war kein Prager. Er wurde um 1520 in Worms am Rhein geboren, also in einer der ältesten und angesehensten jüdischen Gemeinden nördlich der Alpen (nicht in Posen, wie oft gesagt wird). Gleichwohl scheint er an polnischen Schulen gelernt zu haben. Er war von 1553 bis 1573 Rabbiner in Mikulov (Nikolsburg) in Süd-Mähren und Oberrabbiner aller mährischen Juden. Als guter Verwalter und Rechtsgelehrter wurde er dort geschätzt. Danach kam er nach Prag, wo er an einer von Mordechai Maisel finanzierten Schule unterrichtete. Er galt als geachteter Gelehrter, bekam aber keine Stelle als Rabbiner, weil die Prager ihn als zu streng empfanden. Zweimal lehnten die Prager Juden ihren heute bekanntesten Rabbi ab. 1583 predigte er in der Altneusynagoge, wurde aber nicht als Oberrabbiner angenommen. Er ging nach Posen, wo er drei Jahre lang Oberrabbiner war. 1589 versuchte er es noch einmal in Prag und wurde wieder abgelehnt. Erst mit nahezu 80 Jahren gelang es ihm: Er wurde endlich Prager Oberrabbiner. Zehn Jahre lang versah er dieses Amt zum Wohle der Gemeinde. 1609 starb er, sein Grab auf dem alten jüdischen Friedhof wurde bald und wird immer noch heilig gehalten. Kleine Zettel mit Wünschen stecken die Gläubigen zwischen die Steine des Grabmals, mit Bitten an den unsterblichen Geist des Meisters.

Rabbi Löw war in der Tat ein strenger Gelehrter, geliebt und gefürchtet. Und ein guter Pädagoge und gerechter Richter. In Prag verfasste er alle seine wichtigen Schriften, in denen er die zehn Gebote, die Würde der Thora und Fragen der Ethik auslegte. So strikt er auf die Einhaltung der Gebote achtete, so war er doch bereit zu Reformen in der Erziehung der Kinder. Hier schlug er vor, was Comenius später forderte: bei der Erziehung das Alter und die Auffassungsgabe der Kinder zu berücksichtigen.

Das Übereingehen von religiöser Tradition und wissenschaftlicher Erkenntnis, wie es im Werk von Johannes Kepler erscheint, aber auch der Konflikt der beiden Bereiche, wie er sich im Leben Galileo Galileis spiegelt, fand seine Entsprechung im jüdischen Geistesleben. So weigerte sich Rabbi Löw, die Thora in Anbetracht neuer wissenschaftlicher Erkenntnisse neu zu interpretieren, denn die Thora sei etwas davon grundsätzlich verschiedenes.

12

BÍLÁ HORA: DIE ZEIT DER FINSTERNIS

Das «Rudolfinische Zeitalter» Prags dauerte gut 30 Jahre. Möglich wurde es durch den Religionsfrieden zwischen Katholiken und Protestanten und durch die Großmut und Großzügigkeit eines Kaisers, der von vielen als geisteskrank beschrieben wird. Rudolfs Bild schwankt im Urteil der Geschichte und schwankend war der Herrscher wohl selbst. Einerseits ein glaubensstarker Katholik, andererseits ein aufgeschlossener Humanist. Er duldete die Protestanten, sorgte aber für ein Erstarken der katholischen Kirche. Er war außerordentlich gebildet, aber meist verschlossen. Er sprach fünf Sprachen fließend, war aber wortkarg und nicht selten cholerisch. War er zu Beginn seiner Amtszeit entschlossen und beharrlich, so drückte ihn mit zunehmendem Alter eine Gemütskrankheit, manche sprechen von Schizophrenie. Er litt unter Verfolgungswahn, zog sich zurück und scheute Entscheidungen, die nötig waren, vor allem als die Türken Ungarn und Mähren bedrohten.

Sein Bruder Matthias konnte sich Hoffnung auf die Nachfolge machen, da Rudolf trotz vieler Liebesaffären unverheiratet blieb. Auf Matthias setzten denn die Stände auch ihre Hoffnung. 1606 übernahm er faktisch die Macht im Hause Habsburg. Rudolf wehrte sich und es kam zum Bruderzwist, den Matthias für sich entschied. Die Stände, denen er Zugeständnisse machen musste, wählten ihn 1611 zum König von Böhmen. Rudolf blieb Kaiser, starb aber schon 1612. Matthias hielt sich wenig an die Vereinbarungen mit den Ständen und förderte die katholische Kirche, wo er nur konnte. Seine

Beamten nahm er aus dem katholischen Adel, zugleich wuchsen wieder die Spannungen im nichtkatholischen Lager, also die zwischen Alt-Utraquisten, die den Katholiken zuneigten, und Neu-Utraquisten, die dem Calvinismus zuneigten, sowie zwischen Lutheranern und Brüderunität.

Da auch Matthias ohne Erbe war, setzten die Habsburger den Erzherzog der Steiermark Ferdinand als Nachfolger ein, der, wiewohl als Jesuitenzögling verschrien, 1617 von den böhmischen Ständen akzeptiert und als Thronfolger gekrönt wurde. Damit hatten die durchweg antikatholischen Stände den Mann auf den Thron gehoben, der ihren Untergang herbeiführen sollte. Als ihnen dies klar wurde und sie den Anführer der Calvinisten im Reich, den Kurfürsten Friedrich V. von der Pfalz zum König wählten, bedeutete das Krieg.

Der Einfluss von Martin Luther reichte vor allem in die deutschen Randgebiete; hier gab es sogar eine Zuwanderung von Lutheranern aus dem Reich, vor allem an der Grenze zu Sachsen. Die Neu-Utraquisten hingegen stützten sich auf die Calvinisten, die ihnen näher standen. Calvin bot ihnen die Begründung zum Widerstand gegen den König. Luther legte den Gehorsam gegen die weltliche Obrigkeit nahe, Calvin nicht. Die hugenottische Schrift «Rechtsansprüche gegenüber den Tyrannen» («Vindiciae contra tyrannos») war in Böhmen verbreitet, ebenso die Schrift des österreichischen Calvinisten Georg Erasmus Tschernembl über den rechtmäßigen Widerstand der Untertanen gegen die Fürsten, den der Verfasser aus Calvins Schrift «Institutiones» ableitete.

Der Konflikt, der zum Ausbruch des Krieges führte, war also ein jahrhundertealter: der zwischen den Ständen, vor allem dem Adel und den Städten, und der Zentralgewalt des Königs. Es ging nicht nur um politische Macht, um Mitsprache und Privilegien, es ging auch um wirtschaftliche Macht. Der Adel hatte großen Grundbesitz, er besaß das Kapital, Fischteiche anzulegen und Brauereien zu errichten. Darin trat er in Konkurrenz zu dem wohlhabenden Bürgertum der Städte. Der König konnte sich auf die Königsstädte stützen und die Bodenschätze nutzen, vor allem den Silberbergbau.

Die Grafen Schlick hatten in Jáchymov (Joachimsthal) eine reiche Silbermine entdeckt, die sie ausbeuteten, bis der König sie ihnen wegnahm, was die Grafen natürlich auf die Seite der Rebellen brachte. Nachdem der Politiker Karl von Žerotín (Karel ze Žerotína) vergeblich eine gemäßigte Reform, eine Art konstitutioneller Monarchie angestrebt hatte, trat an seine Stelle ein rabiater Deutschitaliener: Graf Heinrich Matthias Thurn, ein Neu-Utraquist. Den böhmisch-mährischen Brüderadel vertrat Václav Budovec z Budova.

Es ging also nicht um eine nationale Auseinandersetzung, wie Historiker des 19. Jahrhunderts gerne glauben wollten, es ging um eine politische Auseinandersetzung, an der die tschechische Bevölkerung nicht teilnahm. Das war ein Unterschied zu den Hussitenaufständen, in denen tatsächlich der kleine Mann gegen König, Kirche und Adel aufstand. Vor allem die Taboriten hatten dies getan: Sie erstrebten Erleichterung für den gemeinen Mann und erhofften den Anbruch eines neuen Zeitalters. Geendet hatten die Hussitenkriege mit dem Sieg des Hochadels, der sich am Kirchengut bereicherte und seine Privilegien behauptete, zu denen auch die Ausbeutung der Bauern gehörte.

Diesmal traten die hohen Herren gegeneinander an und sie taten es im Namen der Religion. Die Religion war nicht der Grund des Streits, aber sie lieferte die Begründung und sie führte zur erheblichen Verschärfung der Kämpfe zwischen Zentralgewalt und Ständen, da erstere katholisch und letztere zumeist protestantisch waren. Der königliche Oberstkanzler Vilém Slavata etwa war ein tschechischer Adliger, aber Anhänger des katholischen Königs. Er warnte vor dem «calvinistischen Gift», das «der fatalen Rebellion» den Weg weise. Er bekam sie zu spüren, denn er war einer der beiden kaiserlichen Räte, die mit ihrem Sekretär 1618 aus einem Fenster der Prager Burg geworfen wurden – von einem Trupp protestantischer Adliger, die Graf Thurn anführte.

Während der letzten Jahre des kränkelnden Kaisers Rudolf, als dessen Brüder sich um seine Nachfolge stritten, hatten die Stände große Zugeständnisse erreicht. Ihr größter Erfolg war ein Majestätsbrief des Kaisers vom Juli 1609, in dem Utraquisten, Lutheranern und Böhmischen Brüdern Religionsfreiheit gewährt wurde, und zwar Grundherren und Grunduntertanen gleichermaßen.

Damit hatten die Stände in Böhmen einen Sieg errungen, von dem die Deutschen nur träumen konnten, hatte doch der Augsburger Religionsfriede von 1555 lediglich den Fürsten Religionsfreiheit zugestanden. Die deutschen Fürsten konnten wählen zwischen katholisch und lutherisch (calvinistisch war ausgeschlossen). Ihre Untertanen mussten jedoch die Religion ihrer Landesherren annehmen – nach dem Spruch «cuius regio, eius religio»: wessen Gebiet, dessen Religion. So hatte in Deutschland die Reformation nicht zur Freiheit des Christenmenschen geführt, sondern zu einem Zwangschristentum. Und die Fürsten regierten ihre Länder zunehmend mit absoluter Macht, die der Kaiser in Böhmen erst nach dem Sieg am Weißen Berg 1620 gegen die Stände durchsetzen konnte.

Neben der Religionsfreiheit wurde im Majestätsbrief Rudolfs II. dem böhmischen Landtag Gesetzesinitiative zugestanden. Die Stände durften zudem Defensoren wählen, also Verteidiger ihrer Sache, die sie nicht nur in Religionsangelegenheiten vertreten konnten, sondern auch in ihren politischen Rechten. Nachdem Ferdinand II. 1617 zum böhmischen König gewählt worden war, dauerte es nur ein Jahr, bis es zum Konflikt kam. Zwei deutsche Prälaten wurden von den Protestanten angeklagt, weil sie eine evangelische Kirche geschlossen, eine andere gar niedergerissen hatten. Als die königlichen Statthalter Slavata und Martinic – auch er ein tschechischer Standesherr – sich der Klage verweigerten, stürmten die protestantischen Herren die Prager Burg. Nach längerem Disput stürzten sie die beiden Statthalter mit ihrem Sekretär aus dem Fenster der Kanzlei – «nach altem böhmischen Brauch», wie sie zwei Tage später in einem

Brief an den Kaiser schrieben. Die drei fielen auf einen Misthaufen, heißt es, und kamen mit dem Leben davon.

Die Nachricht vom Fenstersturz brachte das Prager Volk in Aufruhr, erneut wurden Kirchen und Klöster gebrandschatzt, Franziskaner ermordet. Wie so oft überfiel plündernder Pöbel die Judenstadt. Diesmal standen die Böhmen jedoch nicht allein wie zu den Zeiten von Jan Hus, und so wurde der böhmische Konflikt zu einem europäischen. Die Reformation war in Europa weit fortgeschritten. Unterstützung erbaten die böhmischen Stände bei den calvinistischen Staaten und erhielten sie zum Teil auch. Die calvinistische Republik der Niederlande schickte eine halbe Million Gulden und sechstausend Mann, die sich jahrelang in Süd-Böhmen herumtrieben. Auch der Kaiser erbat Hilfe und nicht nur der katholische Herzog von Bayern gewährte sie ihm, sondern auch der lutherische Kurfürst von Sachsen.

Aus dem Prager Fenstersturz wurde ein europäischer Krieg, in dem es aber wiederum und nicht zuletzt um Standesinteressen ging: um die der Fürsten, die auch mal auf der Seite Andersgläubiger mitkämpften, wenn es ihren Interessen entsprach, und um die des Kaisers, der seine zentrale Macht gegen die Fürsten behaupten wollte, auf deren Hilfe er angewiesen war.

Zunächst aber hatten die Stände in Böhmen und Mähren zwei Jahre Zeit, eine nahezu republikanische Verfassung zu erstellen und zu erproben, auch hier wieder in vielem der kontinentaleuropäischen Entwicklung voraus. Dem Motto «Freiheit und Gleichheit!» folgend wollte der böhmische Ständeaufstand von 1618 einen Staat als Ständebund, dessen königliches Oberhaupt von eben diesen Ständen gewählt würde. Der König sollte seine Beamten von den Ständen erhalten und von diesen auch die Gesetze entgegennehmen. Die Defensoren sollten die höchste Rechtsinstanz bilden, an die jedermann appellieren konnte, eine erstaunliche Rechtsordnung also. Die Verfassung wurde von dem Rechtsgelehrten Althusius angeregt, der an der calvinistischen Hochschule in Herborn lehrte.

Hätten die Stände sich mit dieser Ordnung halten können, dann hätte Böhmen vielleicht eine fruchtbare Entwicklung wie die der Niederlande genommen.

Nach dem Tode von Kaiser Matthias im März 1619 bestätigten die Stände nicht den Nachfolger Ferdinand, den sie schon gewählt hatten. Sie fühlten sich stark genug, den calvinistischen Kurfürsten Friedrich von der Pfalz zum König von Böhmen zu wählen. Und der zog mit seiner Gemahlin Elisabeth, einer Tochter des englischen Königs Jakob I., auf der Prager Burg ein. Vor allem nach Deutschland gingen nun Flugschriften mit der Bitte um Hilfe: «der wiedergeborene Hus» («hus redivivus») hießen sie, «Hussitenglock» oder «Böhmischer Ohrleffel». Die Wittenberger Theologen riefen in einer Schrift zur Solidarität mit den Böhmen auf.

Am 8. November 1620 standen sich die Heere am Weißen Berg (Bílá Hora), westlich von Prag, gegenüber. Das Heer der Protestanten zählte etwa 21 000 Mann, das der Katholiken etwa 28 000. Die Protestanten waren, wiewohl geringer an Zahl, im Vorteil, da sie die Höhe besetzt hielten; sie hatten jedoch lange Märsche hinter sich und waren erschöpft. Gegenüber standen sich zwei Söldnerheere, Heere aus Soldaten, die gegen Sold kämpften, also keineswegs aus religiöser oder nationaler Überzeugung. Auf Seiten der protestantischen Union kämpften Tschechen, Mährer, Österreicher, Oberpfälzer und Ungarn, auf Seiten der kaiserlichen Liga Bayern, Sachsen, Spanier, Wallonen und Franzosen, unter diesen der spätere Philosoph René Descartes. Die heftige Schlacht, die die nächsten dreihundert Jahre der böhmischen Geschichte bestimmen sollte, dauerte kaum eine Stunde. Die kaiserliche Liga errang den Sieg.

Ohne einen Schuss zogen die Kaiserlichen am nächsten Tag in Prag ein, der «Winterkönig» Friedrich, der nur einen Winter lang König von Böhmen gewesen war, floh mit seinem Hofstaat. Zwei Tage nach der Schlacht baten die Geschlagenen den Kaiser um Gnade, der aber wollte Rache. Hätte er Großmut geübt, hätte sich die Geschichte des Landes anders entwickelt. Blütezeiten wie die unter

Rudolf II. wären wieder möglich geworden. So aber setzte sich der unversöhnliche Wiener Hof, inspiriert vom harten spanischen Katholizismus, rücksichtslos durch. Die Prager gemäßigten Katholiken, die sich mit den Alt-Utraquisten verständigen konnten, wurden übergangen.

Die Rache war fürchterlich. Die wichtigsten Vertreter der böhmischen Stände wurden hingerichtet, alle, die gegen den Kaiser aufgestanden waren, wurden enteignet. Ihr Land wurde billig an willige tschechische oder ausländische katholische Herren abgegeben. Eine neue Kaste etablierte sich, oft landesfremd und des Tschechischen unkundig, eine Kaste, die kaisertreu war und blieb, so dass Böhmen kaum noch eine angemessene Vertretung und deshalb auch nicht mehr das ihm zustehende Gewicht innerhalb des Habsburger Reichs hatte. Die einheimische Bevölkerung, wiewohl am Aufstand nicht beteiligt, war die leidtragende. Sie wurde von fremden Herren regiert, die sie verachteten, obwohl sie den Reichtum, mit dem sie ihre barocken Paläste in Prag bauten, den tschechischen Bauern verdankten.

Aber dies, das erkannte damals schon der Österreicher Tschernembl und dann später Palacký, war auch ein Fehler der Aufständischen: Aus Furcht vor den Bauern hatten die böhmischen Stände sie nicht zu den Waffen gerufen. Die Bauern hätten wahrscheinlich ihrem Heer zum Sieg verholfen wie einst dem Heer der Hussiten. Freilich hätten sie dann auch Anspruch auf eine bessere Stellung als die leibeigener Untertanen erhoben. Die Stände hatten die Schlacht am Weißen Berg wohl auch deshalb verloren, weil sie mehr an ihre eigenen Privilegien dachten als an das Gemeinwohl.

27 Barone, Ritter und Bürger, darunter zehn deutsche und ein Katholik, wurden in einem großen Spektakel am 21. Juni 1621 auf dem Altstädterring hingerichtet, schön differenziert nach Stand und Vergehen: enthauptet, gehängt, gevierteilt, die Zunge herausgeschnitten. Zwölf abgehauene Köpfe wurden in eisernen Körben am Turm der steinernen Brücke aufgehängt, wo sie erst 1631 von

Hinrichtung der 27 auf dem Altstädter Ring, zeitgenössisches Flugblatt

den Sachsen abgenommen wurden, die unter dem unverwüstlichen Grafen Thurn kurze Zeit die Stadt besetzt hatten. Sie wurden in der Teynkirche bestattet.

In Mähren ließ Kaiser Ferdinand II. Milde walten, im aufmüpfigen Böhmen aber wurden noch zwei Jahre lang Güter konfisziert; es traf 680 Personen und 50 Städte. Alle Protestanten mussten das Land verlassen und ein Exodus begann. 36 000 Familien, heißt es, hätten Böhmen und Mähren verlassen, darunter auch der Bischof der

Brüderunität, der Theologe und Pädagoge Johann Amos Comenius. 1622 konnten die Jesuiten das Clementinum und das Carolinum zu einer Universität vereinigen. 1624 wurde die katholische Religion zur allein rechtmäßigen erklärt.

Lediglich die Juden wurden ausgenommen. Schon bei der Plünderung Prags durch das katholische Heer nach der Schlacht am Weißen Berg hatte der Kaiser Wachen zum Schutz der Judenstadt gesandt. Jüdische Privilegien bestätigte und erweiterte er. Die Juden dankten es dem Kaiser. So beteiligten sie sich 1648 an der Verteidigung Prags gegen die Schweden.

1627 erließ Kaiser Ferdinand II. die «Verneuerte Landesordnung», mit der er die Rechte der Stände kassierte. Böhmen sank in den Status einer Provinz herab. Die absolutistische Macht des Kaisers hatte sich rücksichtslos durchgesetzt. Die Residenz war schon von Prag nach Wien verlegt worden. Die Prager Burg, die unter Kaiser Rudolf II. noch einmal ein Glanzpunkt europäischer Kultur gewesen war, versank in einen Dornröschenschlaf, aus dem sie erst unter dem Präsidenten Tomáš Garrigue Masaryk nach 1918 erwachte.

ALBRECHT VON WALDSTEIN

Einer der Gewinner der Schlacht am Weißen Berg war Albrecht z Valdštejna (Albrecht von Waldstein, deutsch auch Wallenstein genannt). Als Kind armer tschechischer, wiewohl adliger Eltern 1583 geboren, wurde er mit 12 Jahren Waise. Sein Vormund Jindřich Slavata von Chlum erzog ihn streng lutherisch, konnte aber nicht verhindern, dass Albrecht 1606 zum katholischen Glauben übertrat. Eine Legende erzählt, er sei, als er am Fenster saß, eingeschlafen und aus dem Fenster gefallen. Sein Hilferuf an die Mutter Gottes sei erhört worden: Wohlbehalten habe er den Sturz überstanden. Und deshalb sei er katholisch geworden. Ein weiterer folgenreicher Fenstersturz.

Angeblich auf Vermittlung von Jesuiten heiratete er eine reiche ältere Dame, die ihm nach ihrem Tod 1614 ein beträchtliches Vermögen hinterließ, so dass er endlich standesgemäß leben und Politik machen konnte. Während der Rebellion der Stände hatte Waldstein dem Kaiser als Geldgeber und als Militär gute Dienste erwiesen, so dass er zu denen gehörte, die nach der Schlacht am Weißen Berg fürstlich belohnt wurden. Dies ist wörtlich gemeint: Er konnte Frýdlant (Friedland) und Jičín (Gitschin) erwerben, einen geschlossenen Herrschaftsbereich, den der Kaiser 1624 als Fürstentum bestätigte. 1625 wurde er Herzog. Dazu mag beigetragen haben, dass er

1623 Isabella von Harrach heiratete, deren Vater einer der einflussreichsten Ratgeber des Kaisers in Wien war.

1625 begannen die fünf erfolgreichsten, ruhmreichsten Jahre Waldsteins, den der Kaiser zum General und Befehlshaber «alles kaiserlichen Volkes» ernannte. Schon 1623 hatte Waldstein dem Kaiser angeboten, auf eigene Kosten ein Heer von 20 000 Söldnern zusammenzustellen, die später bezahlt werden sollten. Sein großer Erfolg ruhte dabei weniger auf seinen Qualitäten als Stratege, sondern eher auf seinen organisatorischen und unternehmerischen Qualitäten. Er war ein genialer Planer, der aus dem Krieg ein gewinnbringendes Unternehmen zu machen wusste, an dem er sich ungeheuer bereicherte.

1625 brach der Dänische Krieg aus, der sich an den Pfälzer Krieg von 1621 bis 1624 anschloss. England, Frankreich, Dänemark, Savoyen und Venedig hatten sich gegen Habsburg verbündet – um dessen Macht zu begrenzen, fanden sich also katholische wie evangelische Mächte zusammen in diesem angeblichen Religionskrieg. Das katholische Frankreich hat späterhin Gustav Adolfs von Schweden Expedition gegen den Kaiser finanziert und war gerne bereit, auch mit den türkischen Muslimen zu paktieren, wenn es um den Ausbau der eigenen und die Schädigung der Habsburger Macht ging. Gegen die Streitkräfte, die Waldstein aufgebaut und zusammen mit Tilly ins Feld geführt hatte, konnte sich der Dänenkönig nicht behaupten. Habsburg siegte und herrschte nun auch über Norddeutschland, genau das, was die Gegner hatten verhindern wollen. 1629 unterzeichnete Christian IV. von Dänemark den Lübecker Frieden. Waldstein wurde zum Herzog von Mecklenburg ernannt, das Fürstentum Sagan in Schlesien hatte er schon 1627 erhalten. Doch nun kam es zum Dissens zwischen dem General und dem Kaiser. Ferdinand II. konnte wiederum einen Sieg nicht in eine friedliche Lösung überführen, die den Gegner nicht demütigte. Seine Radikalität trieb ihn, im so genannten Restitutionsgesetz von 1629 die Rückgabe allen Kirchenguts an die katholische Kirche zu verlangen. Daraufhin stellten sich auch die protestantischen Fürsten, die bisher zu ihm gehalten hatten, gegen ihn, auch der Kurfürst von Sachsen. Aber auch die katholischen Fürsten fürchteten die Übermacht des Kaisers.

Waldstein war maßvoller, er wollte eine Stärkung der kaiserlichen Macht, jedoch in Übereinstimmung mit den katholischen und evangelischen Fürsten. Er erstrebte eine Überwindung der Gegensätze und eine Beendigung des Krieges, der ihm genug Gewinn und eine selten starke Stellung gebracht hatte. In seinen Bemühungen um Ausgleich nahm er auch Verbindung zu Kursachsen und später zu Schweden auf. Die spanisch-katholische Partei in Wien, die ihn ohnehin mit Misstrauen betrachtete, sorgte dafür, dass der Kaiser ihn im September 1630 auf dem Regensburger Reichstag entließ. Kurz zuvor, im August 1630 war der schwedische König Gustav Adolf mit 12 000 Mann auf Usedom gelandet. Durch sein Bündnis mit Frankreich abgesichert, von protestantischen Fürsten unterstützt, schlug er im September 1631 das kaiserliche Heer unter Tilly vernichtend. Ganz Norddeutschland, gerade erst errungen, war für den Kaiser wieder verloren. Die Schweden zogen plündernd durch Deutschland bis nach Bayern, sächsische Truppen besetzten Teile von Böhmen. Tschechische Emigranten kehrten zurück und wollten ihre Güter wieder übernehmen.

Nur Waldstein konnte noch helfen. Nach längeren Verhandlungen übernahm er im April 1632 wieder das Kommando über das kaiserliche Heer, bis Anfang Juni hatte er Böhmen zurückerobert. Im November 1632 besiegte er in der Schlacht bei Lützen Gustav Adolf, der dabei fiel. Allerdings hatte Waldstein so starke Verluste, dass er sich in seine böhmischen Winterquartiere zurückzog und wieder Verhandlungen mit Frankreich und Schweden begann. Es heißt, er wusste, wie teuer ein Soldat war und wieviel Geld es kostete, ihn zu bewaffnen. So war ein toter Soldat auch ein Verlust für den Feldherrn. 1633 zog er wieder in die Schlacht. Er siegte über die Schweden bei Steinau in Schlesien und schließlich in Süddeutschland.

Doch seine Gegner am Wiener Hof wurden stärker. Ihm war klar, dass er wieder mit einer Absetzung zu rechnen hatte, und er vereidigte deshalb seine Offiziere im «Pilsener Ersten Schluss» auf sich, nicht auf den Kaiser, damit sie folgen mussten, wenn er die Seite wechselte. Doch dazu kam es nicht. In der Nacht zum 26. Februar 1634 wurde er in Cheb (Eger) von kaisertreuen Offizieren ermordet und mit ihm seine Getreuen Trčka, Kinský und Illow. Die Unterführer Gallas, Piccolomini, Colloredo, Aldringen und de Marradas übernahmen das Kommando über das Heer. Sie wurden vom Kaiser großzügig entlohnt.

Waldsteins Heer blieb erhalten und besorgte dem Kaiser noch einige Siege. Waldsteins Güter und die seiner Freunde fielen in die Hände der Kollaborateure. Das ist der zweite tiefe Einschnitt in der Geschichte des Landes nach den Konfiskationen von 1620. Wiederum übernahmen Landesfremde große Länderein in Böhmen und Mähren.

Die Auseinandersetzung hatte als eine politische begonnen, die durch religiöse Bindungen verstärkt wurde, aber es war keine nationale Auseinandersetzung. In ihren Folgen war die Schlacht am Weißen Berg dennoch eine nationale Niederlage für die Tschechen. Am Ende des Dreißigjährigen Kriegs hatte sich die Bevölkerung in den Kronländern wie im ganzen Reich um mehr als ein Drittel verringert. Das Morden und Plündern, die Hungersnöte und die häufigen Pestepidemien, schließlich die Austreibung der Protestanten hatten die Bevölkerung in Böhmen und Mähren dezimiert, und dies vor allem in den Gebieten, in denen Tschechen lebten. Die allmählich wieder erfolgende Zuwanderung deutscher Siedler schwächte abermals die Tschechen, die sich aus sich selbst regenerieren mussten.

Schlimmer noch wirkte sich der Verlust der Rechte der Städte und des niederen Adels aus, also der Ritterschaft. Die böhmischen Stände bestanden hinfort aus Bischöfen und Prälaten, die natürlich kaisertreu waren, und aus einem internationalen Hochadel, der nur an seinen Vorteil dachte und nicht an die Interessen der Kronländer. Die Verlierer der Schlacht am Weißen Berg waren letztlich die Tschechen. Insofern ist es berechtigt, von einer «Zeit der Finsternis», die dieser Niederlage folgte, zu sprechen.

13

DAS LABYRINTH DER WELT: BÖHMISCHER BAROCK

Merkwürdigerweise haben gerade die Böhmischen Brüder, die sich ursprünglich von der Welt abwenden wollten, die Impulse des Humanismus aufgenommen und in einem groß angelegten pädagogischen Werk verbreitet. Das 16. Jahrhundert kann man ein goldenes Jahrhundert der tschechischen Literatur nennen, wenn auch diese Literatur durchweg einem Zweck zu dienen hatte: dem theologischen. Wie andere Literaturen Europas auch hatte die tschechische Literatur mit religiösen Schriften begonnen, mit Bibelübersetzungen, Liedern und Erbauungsschriften, sich aber im Laufe des 13. und 14. Jahrhunderts verweltlicht. Die Dichtung wurde zu einem selbständigen Bereich, literarische Werke konnten nun dem ästhetischen Wohlgefallen, ja der Unterhaltung dienen. Das machten die Hussiten wieder rückgängig. Bildungs- und kunstfeindlich, wie sie zunächst waren, verdammten sie alles wissenschaftliche und künstlerische Schaffen, zerstörten auch zahllose Bildwerke. Diesen Rückschritt machten sie nur teilweise wieder gut, indem sie eine Vielfalt an theologischen Schriften publizierten.

Schließlich setzten sich die Gelehrten durch, die eine Hinwendung zu Bildung und Wissenschaft für nötig hielten. Eine wichtige Rolle spielte der Bischof der Böhmischen Brüder Jan Blahoslav, der 1567 eine Polemik gegen die Musenfeinde veröffentlichte: «Filipika proti misomusům». Blahoslav, 1523 in Přerov in Mähren geboren, hatte in Wittenberg bei Luther und Melanchthon und dann in Basel und Königsberg studiert, bis er nach Mähren zurückkehrte, wo er

Priester, dann Bischof der Brüderunität wurde. Blahoslav war ein hochgebildeter Mann, der Werke zu Literatur, Kunst und Musik veröffentlichte, erstmals ästhetische Schriften in tschechischer Sprache, und zwar in einem klaren und geschliffenen Tschechisch. Sein größtes Verdienst ist das genaue Studium der Bibel in den Originalsprachen, also das Alte Testament in Hebräisch und das Neue Testament in Griechisch. 1564 veröffentlichte er seine Übersetzung des Neuen Testaments aus dem Griechischen ins Tschechische. Darauf bildete er eine Kommission, die eine Übersetzung auch des Alten Testaments aus dem Hebräischen vornahm. Zwischen 1579 und 1594 erschien in dem mährischen Dorf Králice die Kralitzer Bibel, Bible Králická, die tschechische Bibelübersetzung. Ähnlich wie im Deutschen Martin Luthers Übersetzung, gab sie der tschechischen Literatursprache ihre Richtschnur.

Blahoslav, könnte man sagen, leistete im 16. Jahrhundert für die tschechische Sprache, was Josef Jungmann im 19. Jahrhundert leistete. In zwanzigjähriger Arbeit schuf er eine Grammatik, die 1571 im Jahr seines Todes erschien. Er stellte Gesangbücher für den Gottesdienst zusammen, zu denen er Lieder beitrug.

Die zweite literarische Persönlichkeit, nach der oft das ganze Zeitalter benannt wird, ist der Autor, Historiker und Verleger Daniel Adam z Veleslavína (1546–1599), Veleslavín genannt. Veleslavín hatte an der Prager Universität studiert und lehrte dort auch. Er heiratete die Tochter des Buchdruckers Jiří Melantrich z Aventina und übernahm nach dessen Tod 1580 die Druckerei; schon 1476 war das erste gedruckte Buch in Prag herausgekommen. Als Drucker und Verleger entfaltete Veleslavín eine emsige Tätigkeit, die dem tschechischen Schrifttum diente. Er selbst steuerte historische Werke und Lexika bei. Vier Wörterbücher gab er heraus, darunter zwei viersprachige, in denen er die alten Sprachen Griechisch und Latein mit den neuen Sprachen Tschechisch und Deutsch zusammenbrachte: «Nomenclator quadrilinguis», in viersprachigen Wörterlisten, in denen er nicht zuletzt den Reichtum des Tschechischen zeigen wollte.

Diese fruchtbare Entwicklung war mit der Schlacht am Weißen Berg zu Ende. Die Protestanten mussten das Land verlassen, darunter so bedeutsame Autoren wie Pavel Stránský (1583–1657) und die bedeutendste Gestalt der tschechischen Reformation, Johann Amos Comenius (Jan Amos Komenský), laut Pavel Eisner «das Geschenk der tschechischen Reformation an die Welt». Das große und umfangreiche Werk, mit dem Comenius, wie er sich lateinisch nannte, zum Erzieher Europas wurde, ist deswegen weitgehend im Exil entstanden, das ihn quer durch Europa trieb.

JOHANN AMOS COMENIUS

Johann Amos Comenius (Jan Amos Komenský) wurde 1592 in Nivnice bei Uherský Brod in Mähren geboren. Früh wurde er Waise und verdingte sich als Hirte, konnte aber dann die Lateinschule in Přerov besuchen und die calvinistischen Hohen Schulen in Herborn und Heidelberg. Er kehrte nach Přerov zurück, wo er als Lehrer arbeitete. 1618 wurde er Pfarrer der Böhmischen Brüder in Fulnek. In seiner Zeit in Přerov und Fulnek erlebte er das, was er später «ráj český» nannte, also tschechisches Paradies. Es war die Zeit der Freiheit unter Rudolf II., vor allem nach dem Majestätsbrief von 1609, der auch der Brüdergemeinde erlaubte, Kirchen und Schulen zu bauen. Nach diesem verlorenen Paradies der Religionsfreiheit sehnte er sich sein Leben lang.

Nach der Schlacht am Weißen Berg wurden die Böhmischen Brüder verboten, ihre Kirchen geschlossen, wenn nicht niedergerissen. Comenius verbarg sich an wechselnden Orten, Fulnek wurde geplündert. Seine erste Frau und seine beiden Töchter starben an der Pest. 1628 verließ auch Comenius seine Heimat, die er nie mehr wieder sah. Er zog nach Leszno (Lissa) in Polen, wo der katholische polnische König den Böhmischen Brüdern eine Ansiedlung erlaubte. Comenius wurde Leiter des Gymnasiums und Pfarrer der Gemeinde. Er wurde nach England eingeladen, wo er das Schulwesen reformieren sollte, und ging schließlich nach Schweden, wo er die Einfüh-

Das Titelbild der *Didactica Opera Omnia* von Comenius, die auch seine *Didactica Magna* enthält

rung einer Ausbildung für alle Kinder erreichte. In seiner «Didactica Magna», seiner großen Didaktik, die für Jahrhunderte den Schulunterricht in Europa bestimmten sollte, legte er seine durchaus modernen Grundsätze nieder: Allgemeinbildung für Jungen und Mädchen, was damals durchaus unüblich war; auch Unterricht für sozial und intellektuell Schwache; kein Pauken von Wissen, sondern Förderung der Begabung, die jedem gegeben ist; nicht nur begriffliches Lernen, sondern auch anschauliches. Sein Ziel war die Entwicklung des Einzelnen zum Besten der Gemeinschaft. Eine friedliche, humane, christliche Gesellschaft erhoffte er sich, eine Erneuerung der Welt, wie sie auch der Reformation noch nicht gelungen war.

Im damals schwedischen, heute polnischen Elblag lebte er dann einige Zeit, bis er nach Leszno zurückkehrte, wo er Bischof der Böhmischen Brüder wurde. Beim Friedensschluss von 1648 wurden die Katholiken, die Lutheraner und die Calvinisten berücksichtigt, die Wiedertäufer und die Böhmischen Brüder hatte man übersehen. Comenius zog weiter nach Siebenbürgen, denn dorthin hatte ihn der Herzog eingeladen. Er schrieb sein zweites wichtiges pädagogisches Werk «Orbis sensualium pictus», gemalte Welt, in dem er den Bildern die Worte beigab; es ist also ein Lese- und Wörterbuch, das mit Bildern die Worte einprägte. 1653 kam er nach Leszno zurück, das er aber wieder verlassen musste. Und wiederum verlor er bei einer Plünderung Bibliothek und Manuskripte. Nun zog er nach Amsterdam. Dort starb er 1670. Zuvor hatte er das «Vermächtnis der sterbenden Mutter der Brüderunität» veröffentlicht. Seine Hoffnung, in die Heimat zurückkehren zu können, die Unität sich wieder entfalten zu sehen, seine Hoffnung auf «ráj český» hatte sich nicht erfüllt. Die Brüder und Schwestern waren zerstreut unter alle Völker.

In seinem bekanntesten Werk «Das Labyrinth der Welt und das Lusthaus des Herzens», einem Meisterwerk tschechischer Prosa, schickt er einen Pilger durch das irdische Jammertal, in dem Gier und Eitelkeit herrschen, die Menschen durch Irrtum und Täuschung ins Verhängnis geführt werden. Es ist eine Absage an die Welt und eine Hinwendung zu Jesus. Nicht in der Welt, sondern in unserem Herzen finden wir ihn und nur durch ihn die Erlösung. Doch er sagt auch: «In der Welt müssen wir bleiben, so lange es GOTT gefällt, aber mit der Welt müssen wir nicht an ihrem Joche ziehen.»

Die meisten Schriften, die Johann Amos Comenius im langen Exil schrieb – über 200 Texte –, verfasste er in Latein, um sich überall verständlich zu machen. Dazu sagte er: «Ich erkläre vor allem, dass es nie meine Absicht war, etwas lateinisch zu schreiben. Von früher Jugend an war ich von der Sehnsucht ergriffen, allein meinem Volk zu dienen und in der Muttersprache einige Bücher zu verfassen...»

Ein kleines Lied wurde später den tschechischen Exilanten in den Mund gelegt, das Comenius' «Labyrinth der Welt» neben die Kralitzer Bibel setzt: «Nevzali jsme s sebou / nic, po všem je veta / jen Bibli Králickou, / Labyrint světa.» Nichts nahmen wir mit, mit allem ist es aus, nur die Kralitzer Bibel und das Labyrinth der Welt.

Der Niedergang der tschechischen Literatur nach dem dreißigjährigen Krieg ist nicht nur ein tschechisches Phänomen, sondern auch ein katholisches, wie man mit einem Blick auf Deutschland feststellen kann. Die Katholiken waren durchweg der Bildenden Kunst zugetan, die Protestanten der Literatur. Gegen Ende des 15. Jahrhunderts hatte Deutschland mit Dürer, Grünewald und Holbein eine Blütezeit der Malerei erreicht, die nach dem Jahre 1530 abbrach. «Sie ist mit einem Schlag zu Ende», schreibt der Historiker Rudolf Buchner. Selbst Holbein der Jüngere, dessen Vater noch die Wittenberger Reformatoren gemalt hatte, musste nach England gehen. Dies die Folge der bilderfeindlichen und wortfreundlichen Reformation. Doch die Literatur, die im Deutschland des 17. und dann des 18. Jahrhunderts entstand, produzierten vor allem Protestanten, meistens Lutheraner. Die Katholiken blieben trotz der Schuldramen der Jesuiten zurück. Und so war es auch in Böhmen.

Böhmen erlebt nach der Rekatholisierung eine Blütezeit der barocken Kunst und Architektur. Die Werke, die in Böhmen und Mähren im 17. und 18. Jahrhundert geschaffen wurden, anfangs von Italienern, dann auch von Deutschen und Tschechen, sind von europäischem Rang. Kirchen wurden gebaut oder umgebaut, Schlösser entstanden auf den Landsitzen der adligen Grundbesitzer und Paläste in Prag für eben diese Adligen, die einander zu überbieten suchten. Aber auch die Orden, vor allem der Jesuitenorden, entfalteten eine rege Bautätigkeit. Das riesige Clementinum in Prag wurde gebaut, darin die auf ovalem Grundriss errichtete Dreifaltigkeitskirche, wahrscheinlich von Giovanni Filippi entworfen. In einem Komplex von Kapellen, Kollegien, einem Theater, einem Observatorium befindet sich ein wundervolles Refektorium, also ein Speisesaal, der heute der Lesesaal der Nationalbibliothek ist.

Die italienischen Architekten und Baumeister Carlo Lurago, Francesco Carrotti und Domenico Orsi kamen mit ganzen Bautrupps, mit Maurern und Stuckateuren, von denen viele in ihrer neuen Heimat blieben. Albrecht von Waldstein ließ auf dem Höhepunkt seiner Macht auf der Prager Kleinseite sechsundzwanzig Häuser, drei Gärten und eine Ziegelei niederreißen, um seinen weitläufigen Palast zu errichten. Ein Meisterwerk des katholischen Barock ist die Lorettokirche auf dem Prager Burgberg neben dem riesigen Palast der Familie Černín, der heute das Außenministerium beherbergt. Die Lorettokirche ist die Nachahmung der Santa Casa, des heiligen Hauses, in dem der Legende nach Maria die Ankündigung der Geburt Jesu empfing. Dieses Haus soll von Engeln aus Palästina nach Italien getragen worden sein, wo es heute steht. Und in Prag wurde es nachgebaut und von einem Ensemble von kleineren Kapellen und einem Kloster umrahmt.

Aber auch in der Provinz wurde kräftig gebaut. Die heute von Touristen viel besuchten Städte erhielten damals ihre prächtige Ausgestaltung. Die alte mährische Bischofsstadt Olomouc wäre etwa zu nennen, eine nahezu mediterrane Stadt, aber auch Jičín, von Waldstein noch geformt, Jindřichův Hradec, Telč, Třeboň, Český Krumlov, Strakonice. Es ließen sich noch viele Namen aufzählen von wundervollen Städten in Böhmen und Mähren, die ihre Schönheit bis heute erhalten haben.

Einige Maler erreichten das europäische Format ihrer italienischen und flämischen Vorbilder: K. Škréta, Petr Brandl, W. L. Reiner. Václav Hollar, der Zeichner und Kupferstecher, der bei Merian in Frankfurt am Main gelernt hatte und als Protestant seine Heimat verlassen musste; er wurde eine Berühmtheit in England. Die böhmischen Bildhauer F. M. Brockoff und Matyáš Bernard Braun entwarfen nicht nur Heiligenfiguren für die Karlsbrücke. Braun etwa schuf die eindrucksvollen Allegorien der sieben Todsünden und der sieben Tugenden im Park des mittelböhmischen Schlosses Kuks. Die italienische Oper kam nach Prag, ein festes Theater wurde gegründet. Pavel Vejvanovský, Heinrich Bieber, Antonio Caldara fanden eine Wirkungsstätte. Und die Familie Dientzenhofer schuf ihre Bauten, die Architektur, Malerei, Bildhauerei vereinten.

KILIAN IGNAZ DIENTZENHOFER

Die Familie des Baumeisters Christoph Dientzenhofer war aus Bayern nach Prag gekommen. Er war ein Vertreter des radikalen Barock, seine Gewölbedurchschneidungen mit sphärisch gekrümmten Gurten nach italienischem Vorbild machten in Prag Epoche. Seine Söhne gehörten zu den wichtigsten Barockarchitekten ihrer Zeit in Böhmen und in Franken. Sohn Georg baute die Wallfahrtskirche Kappel bei Waldsassen, Sohn Johann den Dom zu Fulda, am Schloss Pommersfelden war er beteiligt, Sohn Johann Georg wiederum war der Baumeister der Neuen Residenz in Bamberg und der Fassade und des Konvents von St. Michael in Bamberg.

Sohn Kilian Ignaz Dientzenhofer – vielleicht der bedeutendste von ihnen, jedenfalls der fleißigste – baute in Prag und in Böhmen und Mähren. 1689 in Prag geboren, lernte er wie seine Brüder zunächst das Maurerhandwerk in Prag und ging dann bei Bernhard Fischer von Erlach in Wien in die Lehre. Um 1709 unternahm er eine Bildungsreise durch Europa, heißt es. Ab 1716 half er seinem Vater beim Bau der Klosterkirche in Břevnov bei Prag. Nach dem Tod des Vaters 1722 wurde er dessen Nachfolger als Stiftsbaumeister bei den Benediktinern in Břevnov. Alle Bauten im Bereich dieser Abtei betreute er, aber auch die Jesuiten, die Augustiner und die Kreuzherren mit dem roten Stern erteilten ihm Aufträge. In Böhmen und Mähren hat er über 20 Kirchen gebaut oder umgebaut, ein Meister des hochbarocken Stils.

In Prag übernahm er vom Vater den Bau der Nikolauskirche auf der Kleinseite, deren Kuppel ein seltenes Kunstwerk wurde. Auch die Nikolauskirche am Altstädter Ring ist sein Werk und der benachbarte Palast der Goltz-Kinský. Die Kirche des Heiligen Kyrill und Methoď in der Prager Neustadt und die Marienkirche in Bílá Hora hat er geschaffen. Einige seiner Bauten waren bei seinem Tode 1751 unvollendet; sie wurden von dem italienischen Baumeister Anselmo Lurago zu Ende geführt. Mit Dientzenhofer und Lurago erreichte Prag einen Höhepunkt der barocken Architektur, der seinesgleichen in Europa sucht.

Bei all dem darf nicht vergessen werden, dass die prächtigen sakralen und profanen Bauten Ausdruck des großen Reichtums einiger weniger Familien und einiger Orden waren; die Bevölkerung schuftete und darbte. Die Pracht des barocken Prag ist auf der rücksichtslosen Ausnutzung der Bauern, also vornehmlich der tschechischen Bauern, errichtet. Als Kaiser Leopold I. im Herbst des Jahres 1679 nach Böhmen kam, überreichten ihm die Bauern eine Fülle von Bittschriften, in denen sie sich über die Brutalität ihrer Grundherren beschwerten. Nach der Abreise des Kaisers wurden viele Bittsteller verhaftet, die Missstände blieben. Kein Wunder, dass es wiederholt zu Bauernaufständen kam, die immer wieder unterdrückt wurden.

Dieses Zeitalter des böhmischen Barocks zeigt ein widersprüchliches Erscheinungsbild wie keine andere Epoche der böhmischen Geschichte. Widersprüchlich auch in der Literatur, denn es erschienen natürlich Bücher in tschechischer Sprache, aber durchweg geistliche

Werke, also Predigtsammlungen, Gesangbücher, theologische Abhandlungen, von Geistlichen geschrieben oder herausgegeben. Vor allem die tschechischen Jesuiten fühlten sich ihren Landsleuten verbunden, paradox genug: Einerseits waren sie die Anführer der Rekatholisierung, andererseits waren sie tschechische Patrioten, die in der Muttersprache publizierten, an der sie hingen, mit der sie aber auch die tschechischen Landleute zu erreichen suchten, die kein Latein und kein Deutsch verstanden. So erwachte wieder das Interesse an der tschechischen Geschichte und Sprache, vor allem ein Jesuit erwarb sich große Verdienste: Bohuslav Balbín. Er schrieb lateinisch und sein wichtigstes Werk wurde erst 1775 aus dem Nachlass herausgegeben.

BOHUSLAV BALBÍN

Bohuslav Balbín wurde 1621 in Hradec Králové in einer Familie niederen Adels geboren. Früh verwaist, erhielt er doch eine gute Erziehung. In Olomouc trat er dem Jesuitenorden bei und wurde zum Priester geweiht. In Prag wurde er 1650 zum Magister promoviert. Danach arbeitete er an verschiedenen tschechischen Jesuitenkollegs und verfasste Lehrbücher über Rhetorik und Poesie. Er war vom humanistischen Bildungserbe geprägt, er schätzte die Antike, und zugleich war er ein Vertreter katholischer Geistigkeit. Berühmt wurde er als Geschichtsschreiber. So schrieb er eine Geschichte der Societas Jesu, des Jesuitenordens in Böhmen und Mähren. Er stellte eine Sammlung mit Porträts der tschechischen Heiligen zusammen: «Bohemia sancta», 1682, und verfasste Beiträge zur böhmischen Geschichte: »Miscellanea historica regni Bohemiae», 1679 bis zu seinem Tode 1688.

Balbíns wichtigstes Werk ist seine «Verteidigende Abhandlung für die slavische, insbesondere die tschechische Sprache» («Dissertatio apologetica pro lingua slavonica praecipue bohemica»). Balbín lobte in seiner Schrift die Vorzüge des Tschechischen, seinen Wohlklang und seine Geschmeidigkeit, seine Ausdruckskraft und klare

Struktur, die es den antiken Sprachen gleich stelle. Immerhin sieht man an seiner Apologie, dass eine Verteidigung nötig war: Das Tschechische wurde vielfach gering geachtet, so dass Balbín seine Stärken herausstreichen musste. Balbín band mit seiner Schrift auch die nationale Identität der Tschechen an ihre Muttersprache. Sie endete mit einer Anrufung des Heiligen Wenzel: «Heiliger Wenzel, du erhabenster und größter der Patrone des böhmischen Landes, werde ein Vratislav und gib deinem Böhmen den alten Ruhm wieder: stell uns wieder auf den Platz, von dem wir durch eigene Nachlässigkeit und sündhafte Bosheit anderer oder durch Schmeicheleien vieler unverdientermaßen zurückfielen ...»

Zwei weitere Jesuiten hatten sich auch um eine Erneuerung des Tschechischen bemüht, dabei auf die Arbeiten der Böhmischen Brüder aufbauend, die sie ansonsten ablehnten: Matěj Václav Štajer veröffentlichte 1668 ein Handbuch, das zu gutem Tschechisch anleiten sollte: «Výborně dobrý způsob, jak se má dobře po česku psáti neb tisknouti». Jiří Konstanc hatte bereits 1667 einen «Schleifstein der tschechischen Sprache» publiziert, in dem er sich auf die Kralitzer Bibel und auf Veleslavín stützte: «Lima linguae bohemicae, to jest Brus jazyka českého».

Just 1775, als Balbíns Verteidigung der tschechischen Sprache endlich im Druck erschien, wurde der erste Lehrstuhl für Tschechisch an der Universität Wien errichtet, in Prag erst 1791, und dies gerade nach der Einführung des Deutschen als Amts- und Geschäftssprache in der Monarchie durch Kaiser Joseph II. Deutsch trat an die Stelle des bis dahin immer noch gebräuchlichen Latein. Auch an den Gymnasien und Universitäten wurde fortan in Deutsch unterrichtet. Die böhmischen Stände hatten dagegen protestiert, so dass man ihnen geringe Konzessionen machte. So führte die Dominanz des Deutschen, paradox genug, letztlich zu einer Selbstbehauptung des Tschechischen, da das Lateinische als allgemeine Verkehrssprache abgeschafft worden war.

Kaiser Joseph II., Sohn der Kaiserin Maria Theresia, regierte zehn Jahre lang, von 1780 bis 1790, in denen er als ein Diktator der Aufklärung eine Revolution von oben auslöste. Er setzte sich über herkömmliche Rechte hinweg, nicht zuletzt über die der Stände, die er zur Bedeutungslosigkeit degradierte, und die der römischen Kirche, von der er die österreichische Kirche als eine Art Staatskirche abtrennen wollte. So löste er auch die Orden auf, die nicht in der Schul- oder Krankenpflege tätig waren, also die meisten. Immerhin zog er deren Vermögen nicht an sich, sondern gab es in einen Fonds, aus dem die Pfarreien zu bezahlen waren. Die Priester erhielten fortan ein staatliches Gehalt.

Ein für einen «Aufklärer» nicht untypische Haltung kennzeichnete ihn: Er glaubte zu wissen, was für die anderen gut ist, und da er die Macht hatte, es duchzusetzen, tat er es auch gegen erhebliche Widerstände. So war Joesph II. weithin verhasst, ein Ideologe der Aufklärung, der zwar den Bauern mehr Rechte verschaffte, vor allem Rechtssicherheit gegenüber den Grundherren, ihnen aber die gewohnten christlichen Feiertage und Wallfahrten nahm. Immerhin beseitigte Joseph II. die Leibeigenschaft, die ständischen Sondergerichte und die Folter mitsamt der Todesstrafe.

Schon seit 1634 war die Böhmische Kanzlei nicht mehr in Prag angesiedelt, sondern in Wien. In Prag war sie nur mehr durch einen Gouverneur oder ein Gubernium vertreten. Schließlich wurde sie 1743 ganz aufgelöst, so dass Böhmen nicht einmal mehr eine eigenständige Behörde hatte, sondern als eine Provinz wie jede andere zentral von Wien aus verwaltet wurde, eine seltene Erniedrigung des Königreichs Böhmen. Die Stände mussten zehn Jahre im voraus die Steuern bewilligen und hatten im Gegensatz zum ungarischen Adel, der seine Privilegien heftig verteidigte, kaum noch etwas zu sagen. Sie durften sich nicht einmal ohne Genehmigung des Kaisers versammeln. Joseph II., der seine Geringschätzung auch noch dadurch zum Ausdruck brachte, dass er sich gar nicht erst zum König von Böhmen krönen ließ, meinte zynisch, die böhmischen Stände führten doch nur «Volkstänze auf einer Opernbühne» auf.

Allerdings hatte Joseph II. die kirchliche Zensur abgeschafft und durch sein Toleranzpatent von 1781 den Lutheranern, Calvinisten und Orthodoxen bürgerliche Gleichberechtigung zugestanden und die Möglichkeit, sich in Körperschaften zu organisieren (die Brüderunität war von diesen Rechten ausgenommen). Damit war, bei Bevorzugung der katholischen Kirche, die Religionsfreiheit hergestellt. Ebenso wurden die Juden aus ihren traditionellen Zwängen befreit. Sie konnten den Wohnort verlassen, eine Wanderung in die Städte setzte ein, sie durften Handwerk und Gewerbe betreiben, auch Land erwerben und das Hochschulstudium ergreifen. Sie sollten aber auch ihre eigene Gerichtsbarkeit abschaffen und ihren Unterricht in deutscher Sprache halten. Diese Befreiung wurde von den strenggläubigen Juden höchst misstrauisch betrachtet. In der Tat führte sie im Laufe des 19. Jahrhunderts nach und nach zu einer Auflösung traditioneller Bindungen bei vielen Juden. Die Emanzipation wurde zu einer Assimilation. Nicht wenige Juden entfremdeten sich ihrer Religion, andere traten zum Christentum über, um besser voran zu kommen.

14

«HEILIGE GEMEINDE»: DIE JÜDISCHE GEMEINDE IN PRAG

Immerhin 266 Jahre Frieden, also von 1648 bis 1914, hätten die Tschechen unter den Habsburgern erleben können, gewiss keine goldene Zeit, aber immerhin kein Krieg, der das Land zerstörte – wäre nicht Brandenburg-Preußen gewesen, das Böhmen zweimal mit Krieg überzog: einmal mit den schlesischen Kriegen, dann mit dem preußisch-österreichischen Krieg 1866. Natürlich blieb Böhmen auch von den Napoleonischen Kriegen nicht unberührt. Doch der lange Krieg um Schlesien war der weitaus schlimmere. Prag litt unter dem Ansturm der Preußen mehr, als es im Dreißigjährigen Krieg unter dem der Schweden zu leiden hatte. Diese Eroberungskriege, der letzte dauerte sieben Jahre, verdankte das Land einem anderen Diktator der Aufklärung, einem selbstherrlichen absolutistischen Fürsten, nämlich Friedrich II. von Preußen, der ein Vorbild eben jenes Joseph II. von Habsburg war.

Friedrich II. hatte unter fadenscheinigen Gründen die Schwäche Habsburgs ausgenutzt und war in Schlesien und Böhmen eingefallen. Maria Theresia, gerade an die Regierung gekommen und um Anerkennung ringend, da sie die erste Frau in der Habsburger Thronfolge war, hatte Mühe sich zu wehren, zumal ihre Armee immer auch in Abwehrkämpfen gegen die Türken stand. Hier erfüllte Habsburg eine europäische Aufgabe, in der es wenig Unterstützung fand, im Gegenteil: Vor allem Frankreich nutzte diese Türkenkämpfe, um im Westen eigene Vorteile zu ergattern. Überhaupt hat man den Eindruck, dass alle diese vornehmen Fürsten Europas sich etwa so verhielten wie Gangsterbosse von Mafiaclans, die im Moment der Schwäche eines anderen Clans ihm die Beute zu entreißen suchen. Wenn dieser wiederum stark ist, tut er dasselbe bei ihnen. Nach diesem Muster vollzieht sich, so scheint es, die europäische Geschichte über Jahrhunderte.

Friedrich II. von Preußen wollte das reiche Schlesien annektieren, um sein armes Brandenburg aufzuwerten, was ihm auch gelang – unter immensen Opfern an Leib und Leben in einem Bürgerkrieg innerhalb des Deutschen Reiches. Merkwürdigerweise hat ihm das Ruhm eingetragen. 1742 brachte ihm ein Friede Schlesien, bis auf einen kleinen Rest, und an diesem für Habsburg schlechten Ergebnis änderte sich nichts, weder durch den nächsten Krieg, der 1749 mit einem Friedensschluss endete, noch durch den Siebenjährigen Krieg um Schlesien, der 1763 endete. Schlesien, das vierhundert Jahre lang zur Krone Böhmens gehört hatte, war damit für immer verloren. Es stellt sich allerdings die Frage, ob 1918 die Tschechoslowakische Republik hätte gegründet werden können, wenn das vorwiegend deutsch besiedelte Schlesien noch zum Königreich Böhmen gehört hätte.

Während der Abwehr der Aggression Friedrichs II. tauchte, wie immer unbegründet, das Gerücht auf, die Prager Juden hätten mit den Preußen koaliert. Wie so oft genügte ein Gerücht, und der Pöbel plünderte wieder einmal die Judenstadt. In solchen Halbsätzen tauchen die Juden der Hauptstadt Prag, die dort seit dem 10. Jahrhundert wohnten, in den Geschichtsbüchern auf: «Und wieder einmal plünderte der Pöbel die Judenstadt». Diesmal nahm auch Maria Theresia, die ohnehin eine Abneigung gegen die Juden hegte, das Gerücht ernst. In einem Edikt vom Dezember 1744 entschied sie, dass alle Juden Prag zu verlassen hätten. Doch damit schadete sie sich selbst mehr als den Juden, die bald starke Fürsprecher fanden, und Maria Theresia gestattete 1748 die Rückkehr. Für den wachsenden Wirtschaftskreislauf waren sie unabkömmlich.

Maria Theresia ließ sich ihre Toleranz mit der unglaublichen Summe von dreihunderttausend Goldstücken bezahlen. In einer

Sabbatnacht des Mai 1754 brannten dann fast alle Häuser der Judenstadt nieder, wahrscheinlich das Werk einer Brandstiftung. Die Prager Juden ließen sich nicht entmutigen. Diesmal nahmen sie, die doch sonst immer die Geldgeber waren, Kredite auf und bauten Rathaus, Synagogen und Hospital wieder auf.

Die Juden waren die einzige religiöse Minderheit, die von den Christen in Europa geduldet wurde. Sie waren das Volk des alten Bundes, auf den der neue Bund der Christen aufbaute. Sie boten die Grundlage des Christentums, das als jüdische Sekte entstanden war. Doch zugleich nahmen die Christen den Juden übel, dass sie Jesus Christus nicht als Messias anerkannten und nicht Christen wurden. So gab es immer diese beiden Pole: die Duldung und die Ablehnung, zwischen denen die Beziehungen von Juden und Christen pendelten, je nach sozialer Lage. Gab es eine Krise oder eine Epidemie, waren die Juden die einzige Minderheit, die vorhanden war: Also mussten sie als Sündenböcke herhalten.

Dabei hatte es am Rhein, wohin die Juden wohl schon mit den Römern gekommen waren, lange ein gutes Einvernehmen zwischen Juden und Christen gegeben – zur Zeit des Ersten Kreuzzugs 1096/97 änderte sich das. Undisziplinierte Massen zogen aus Nordfrankreich zu Fuß nach Palästina, wo sie nie ankamen, und störten den rheinischen Frieden, als sie die wohlhabenden Städte am Rhein erreichten. Sie hielten sich an den Juden schadlos. Es kam zu Mord und Plünderungen in Köln, Trier, Mainz. Und je nach dem, wie tapfer sich die Einheimischen verhielten, kamen die Juden zu Schaden. Die Kölner Christen versteckten ihre Mitbürger, der Speyerer Bischof nahm sie in seinen Palast auf, doch der Mainzer floh feige und etwa 300 Juden wurden verbrannt auf einem Platz, der noch heute «Brand» heißt.

Nach dieser ersten Verfolgungswelle kamen im Laufe der Jahrhunderte weitere, viele Juden zogen nach Osten, nach Polen, wo sie Aufnahme fanden. Die schlimmste Verfolgung brachten die Jahre 1348 und 1349, als die Juden für die Pest verantwortlich gemacht wurden. Nur zwei Herrscher trauten sich, sie zu verteidigen: Papst

Clemens VI. und Kaiser Karl IV., der freilich auch einmal Verfolgungen wie die in Nürnberg duldete, wenn es zu seinem Vorteil war. Zwei Drittel der jüdischen Gemeinden in Mitteleuropa wurden vernichtet, nur nicht die in Böhmen, Schlesien und Luxemburg, dank Kaiser Karl IV. Doch 1389 kam es unter Václav IV. zu einem Pogrom in Prag. Angeblich wegen einer Hostienschändung stürmten Prager das Getto, plünderten und töteten. Mehr als dreihundert Juden sollen ermordet worden sein. Das Klagelied, das der Prager Rabbiner Avigdor Karo, Überlebender des Pogroms, verfasste, wird bis heute am Versöhnungstag in der Prager Altneusynagoge verlesen.

Die Juden waren in Böhmen eine winzige Minderheit, kaum ein Prozent der Bevölkerung stellten sie. Und doch waren sie äußerst nützlich für die Christen. Sie betrieben einen Gutteil des internationalen Handels, vor allem mit Luxusgütern. Sie siedelten sich deshalb auch immer an Orten an, die an den Handelsstraßen lagen. So kamen sie früh nach Prag. Und die Juden waren lange als Geldverleiher wichtig, weil den Christen verboten war, Geld gegen Zinsen zu leihen. Die Zinsen waren hoch, das Risiko ebenfalls, aber so kam es mitunter zu großen Barvermögen, mit denen die jüdischen Geldverleiher den Fürsten, ja dem König von Böhmen, der immer Geld brauchte, helfen konnten. Deshalb hatte der König wie der hohe Adel ein Interesse an den Juden, die zudem hohe Schutzzölle zahlen mussten, also eine gute Geldquelle waren. Gepeinigt wurden die Juden in der Regel vom Pöbel, der jede Gelegenheit nutzte, den Mitbürgern etwas von ihrem Hab und Gut zu entreißen. Die Verfolgung der Juden in Trier durch die Kreuzzügler sah der Chronist des Bischofs begründet durch «insania christianorum»: den Wahnsinn der Christen. Zu diesem Pöbel gehörten freilich auch ab und an Adlige, die Juden rücksichtslos ausplünderten und keinen Richter fürchten mussten, waren sie doch selbst die Richter.

Die älteste jüdische Ansiedlung in Prag entstand unter dem Vyšehrad, eine andere unter der Burg auf der Kleinseite. Schließlich folgte eine in der Nähe des Marktplatzes, des Altstädter Rings, eben die spätere Judenstadt, die eine eigene Gemeinde war mit eigenen Privilegien, also auch eigener Verwaltung und Gerichtsbarkeit. Die älteste Synagoge war die «Altschul», die bis 1867 dort stand, wo heute die Spanische Synagoge steht. Einziges Zeugnis des Mittelalters ist heute die älteste Synagoge Prags und Europas: die «Altneuschul» oder Altneusynagoge, im gotischen Stil erbaut. Den Juden war nur ein kleiner Bereich zugeteilt, das Getto, außerhalb dessen sie nicht siedeln durften. Es war von einer Mauer begrenzt. Die Tore wurden am Abend geschlossen. So war es jedenfalls lange Zeit. Dort drängte sich all ihr Leben zusammen, auch wenn es ihnen im 16. Jahrhundert gelang, das Getto ein wenig zu erweitern sowie den alten Friedhof, auf dem sich die Grabsteine stapelten; er ist heute der älteste jüdische Friedhof Europas. Doch der Zuwachs der Gemeinde führte zu unerträglich engen Wohnverhältnissen. Die meisten Prager Juden waren zudem bettelarm, Reichtum sammelten nur wenige.

So wie es immer wieder zu Plünderungen kam, konnten auch immer wieder königliche Privilegien errungen oder erkauft werden: von Přemysl Otakar II., von Vladislav Jagiello, von Maximilian II. und von Rudolf II., unter dem nicht nur das christliche, sondern auch das jüdische Prag einen enormen Aufschwung nahm. Das geistige Leben der Gemeinde war über Jahrhunderte hin vorbildlich. Die Prager Gemeinde zählte zu den angesehensten Europas, «Heilige Gemeinde» wurde sie genannt. Die vielen bedeutenden Rabbiner, die dort lehrten und predigten, führt Guido Kisch in seinem Buch «Jüdische Gelehrsamkeit im alten Prag» auf: Lös ben Bezalel, Josef Salomo Delmedigo, Jomtob Lipmann, Wolf Spira, Simon Spira, David Oppenheim, Jonathan Eibenschütz, Ezechiel Landau, Eleasar Fleckeles, um einige zu nennen. Und eine Frau sei nicht vergessen: Rebekka, die Tochter des Rabbiners Meir Tikotin und Autorin des Buchs «Die Amme Rebekka», das 1609 in Prag erschien.

Die hohe Talmudschule konnte sich mit der christlichen Universität messen. Freilich setzte sich die Rationalisierung, die von der Scholastik in der christlichen Theologie und Philosophie bewirkt

Der Alte Jüdische Friedhof in Prag

wurde, im jüdischen Bereich nicht durch. Die jüdische Gelehrsamkeit blieb bis ins 18. Jahrhundert bei den Voraussetzungen, die schon im 12. Jahrhundert feststanden. Dann aber öffnete sie sich in Prag der Aufklärung eines Moses Mendelssohn.

In der jahrhundertelangen jüdischen Gelehrsamkeit Prags, der mündlichen und schriftlichen Auslegung der heiligen Schriften, kann eine Grundlage der Blüte der deutschsprachigen Literatur Prags im 20. Jahrhundert gesehen werden, waren doch fast alle Prager deutschen Schriftsteller jüdischer Herkunft. Eine Ausnahme bildet Rainer Maria Rilke, der Katholik war. Ein merkwürdiges Phänomen: Nie hat sich eine solche Fülle deutscher Literatur außerhalb Deutschlands ergeben wie in der ersten Hälfte des 20. Jahrhunderts in Prag. Als nur noch sechs Prozent der Einwohner Prags sich zur deutschsprachigen Kultur zählten, gehörten mehr als zwanzig Schriftsteller aus Prag, Böhmen und Mähren zu deutschen Autoren ersten Ranges und wenigstens drei ragten in die Weltliteratur: Franz Kafka, Rainer Maria Rilke und Franz Werfel.

Bis zur Zeit Josephs II. sprachen die Prager Juden tschechisch und jiddisch, von da an übernahmen viele das Deutsche. Und die Prager Gemeinde vermehrte sich im 19. Jahrhundert, auch durch Zuwanderung vom Lande: Von 7000 Einwohnern zu Beginn des Jahrhunderts erweiterte sie sich auf fast 40 000 gegen Ende. Das lag auch daran, dass die unmenschlichen Familiantengesetze aufgehoben wurden. Sie hatten festgelegt, dass die Zahl der Judenfamilien in den Gemeinden immer gleich bleiben musste. So konnte nur der älteste Sohn einer Familie heiraten, den anderen Kinder war eine Heirat verwehrt.

Die baufällige Prager Judenstadt wurde im Laufe des 19. Jahrhunderts von den meisten Juden verlassen. Jüdische Gemeinden entstanden jetzt auch in den Vorstädten Karlín, Vinohrady, Libeň, Smíchov. Das alte Getto, nur noch ein verkommener Slum, wurde abgerissen und saniert. Die prächtige Pariser Strasse führt heute hindurch und nur die alten Synagogen, der ehrwürdige Friedhof und das einzigartige Rathaus mit seiner jüdischen Uhr sind von der Judenstadt übrig geblieben.

15

DURCH DIE WAHRHEIT ZUM RECHT: TOMÁŠ GARRIGUE MASARYK

«Pravdou k právu», durch die Wahrheit zum Recht, war bereits seit seinen Tagen als Student der Philosophie in Wien der Wahlspruch von Tomáš Garrigue Masaryk. Schon wegen einer Tat hätte er es verdient, in den europäischen Annalen ein für allemal festgehalten zu werden: wegen seines Verhaltens in der so genannten Hilsner–Affäre, die zu einer Welle des Antisemitismus in Böhmen, Mähren und Österreich führte. Masaryk stellte sich ihr entgegen.

Am 1. April 1899 wurde in einem Wald bei Polná, einem böhmischen Provinzstädtchen, eine junge Frau ermordet aufgefunden: die Näherin Aněžka Hrůzová. Ihre Kehle war aufgeschlitzt, ihr Körper merkwürdig blutleer. Sofort entstand das Gerücht, es handle sich um einen jüdischen Ritualmord, und ein Schuldiger war auch bald gefunden: ein jüdischer Schustergeselle namens Leopold Hilsner. Auch Masaryk war noch mit dem Aberglauben, die Juden brauchten Blut von Menschen für ihre Riten, aufgewachsen. Als Kind mied er deshalb die Häuser von Juden und machte lieber einen Umweg. Wie dieser Aberglaube entstanden war, ist schwer zu sagen. Er tauchte im 13. Jahrhundert wohl zum ersten Mal auf, denn Papst Gregor X. weist ihn in einer Bulle von 1272 scharf zurück; er sieht seinen Grund in der Feindschaft der Christen gegen die Juden. Weitere Zurechtweisungen erfolgten durch Innozenz IV., Martin V., Paul VII. Aber gerade diese Ermahnungen der Päpste belegen, dass der unsinnige Vorwurf sich weiterhin und über die Jahrhunderte im niederen Klerus und im Volk hielt. In der Habsburger Monarchie fand er in der zweiten Hälfte des 19. Jahrhunderts mit dem Erstarken des Antisemitismus wieder Anhänger.

Ernst Rychnovsky hat in dem Sammelband «Masaryk und das Judentum», den er 1931 in einer deutschen und einer tschechischen Version in Prag herausbrachte, ausführlich die Geschichte der Hilsner-Affäre geschildert, die eine europäische Aufmerksamkeit erlangte ähnlich der französischen Dreyfus-Affäre. Aufgrund einer voreingenommenen polizeilichen Untersuchung und einer zweifelhaften Zeugenaussage wurde Leopold Hilsner von einem Gericht in Kutná Hora wegen Ritualmord zum Tode verurteilt. Masaryk, damals Professor der Philosophie an der Karls-Universität, wurde durch einen ehemaligen Schüler auf den Fall aufmerksam. Er besuchte den Tatort, studierte die Gerichtsprotokolle und veröffentlichte daraufhin die Broschüre «Die Notwendigkeit der Revision des Polnaer Prozesses». Ein Wutgeheul der tschechischen und der deutschen Antisemiten, die sich ausnahmsweise einmal einig waren, kam als Antwort. Eine beispiellose Hetzkampagne gegen Masaryk begann, der als Judenknecht beschimpft wurde, Drohbriefe erhielt und um sein Leben und das seiner Familie fürchten musste. Er konnte nicht lehren, weil die Studenten randalierten. Masaryk war so verzweifelt, dass er nach Amerika emigrieren wollte. Ausgerechnet seine amerikanische Frau Charlotte Garrigue hielt ihn davon ab.

Es kam zu einem neuen Prozess gegen Hilsner, diesmal in Písek, von Ritualmord war nicht mehr die Rede, doch Hilsner wurde wiederum wegen Ermordung der Hrůzová zum Tode verurteilt. Das Kassationsgericht in Wien bestätigte das Urteil, aber der Kaiser milderte unter dem Druck des Auslands die Strafe zu lebenslanger Haft. Bis 1918, also 19 Jahre lang, saß Hilsner unschuldig im Gefängnis. Er starb 1928 in Wien. 62 Jahre nach der Tat gestand der Bruder der Anežka Hrůzová 1961 auf dem Sterbebett, dass er 1899 seine Schwester wegen Erbstreitigkeiten ermordet hatte. 1999 hob die tschechische Justizministerin Vlasta Parkánová schließlich die Urteile beider Prozesse gegen Hilsner auf.

Masaryk hatte sich im Kampf behauptet: Er hatte nicht nur geredet, sondern auch gehandelt. Und seine Handlung zahlte sich später aus. Als er während des Ersten Weltkrieges in Europa und den USA um Unterstützung für eine freie Tschechoslowakei warb, fand er überall offene Ohren, weil er als der Held der Hilsner-Affäre eine europäische Berühmtheit geworden war.

Schon 1886 war Masaryk auf den erbitterten Widerstand der Nationalisten gestoßen, die später ihm und seinen Mitarbeitern den tschechoslowakischen Staat verdankten. In seiner Zeitschrift «Athenäum» hatte er einen Beitrag des geachteten Bohemisten Jan Gebauer veröffentlicht, der nachwies, dass die «Rukopisy», die Königinhofer und die Grünberger Handschriften, Fälschungen waren. Masaryk unterstützte Gebauer mit einem Vorwort. Damit vergriff er sich an den heiligsten Gütern der Nation. Der hochbegabte Bibliothekar Václav Hanka hatte diese angeblich alten tschechischen Handschriften entdeckt, in Wirklichkeit aber selbst geschrieben als stolze Zeugnisse tschechischer Literatur in frühester Zeit. Hanka gab vor, im Jahr 1817 tschechische Lieder des 13. Jahrhunderts im Keller der gotischen Kirche von Dvůr Králové gefunden zu haben und 1818 weitere in Zelená Hora. Als er sie 1819 veröffentlichte, fanden sie weithin Anerkennung, auch bei Fachleuten wie Josef Dobrovský und Jakob Grimm. Wie die «Ossian»-Dichtung des Schotten Macpherson, auch sie eine romantische Fälschung, entsprachen sie dem Geist der Zeit und wurden in viele Sprachen übersetzt. Der Streit um ihre Echtheit, der dann doch einsetzte, dauerte lange. Erst durch Masaryk, der den Philologen Jan Gebauer und den Historiker Jaroslav Groll unterstützte, wurde er ein für allemal entschieden. Das war 1886. 1887 ging Masaryk in die Politik.

Tomáš Masaryk, der nach der Heirat mit Charlotte Garrigue deren Name dem seinen hinzufügte – durchaus ungewöhnlich für die damalige Zeit – ist in bescheidenen Verhältnissen groß geworden. Sein Vater war Kutscher, seine Mutter arbeitete als Köchin und Dienstmädchen. Er wurde 1850 in Hodonín in Südmähren geboren und wuchs in dieser Gegend auf. In Čejkovice ging er zur Schule, wo der katholische Kaplan Satora, ein frommer Mann und Patriot, seine Begabung erkannte. In Hustopeče besuchte er die Realschule und im nahen Brünn kam er, wiederum auf Empfehlung von Satora, ins Gymnasium. Sein Geld verdiente er sich als Hauslehrer beim Polizeidirektor Le Monnier, der zu einem weiteren Förderer wurde. Als Le Monnier nach Wien versetzt wurde, nahm er den Lehrer seines Sohnes mit. So konnte Tomáš Masaryk in Wien das Gymnasium abschließen und Philosophie an der Universität studieren, jetzt als Hauslehrer des Sohnes des Bankiers Schlesinger. Diesen Sohn begleitete er, schon als Doktor der Philosophie, nach Leipzig, wo er seine Frau kennenlernte: Charlotte Garrigue, eine Amerikanerin, die am Leipziger Konservatorium studierte. 1878 fuhr Masaryk mit seiner Verlobten zu deren Eltern nach Brooklyn, wo sie heirateten. Masaryk lernte die Demokratie der Vereinigten Staaten kennen und diese Erfahrung prägte seine gesamte politische Laufbahn: Er wurde ein Anhänger der demokratischen Verfassung, wie sie in den USA verwirklicht wurde.

Schon in Wien hatte sich Masaryk dem Verein der tschechischen Akademiker angeschlossen, den er schließlich auch leitete. So kam das Angebot, nach Prag zu wechseln, nicht unverhofft. 1882 war die Prager Universität in eine tschechische und eine deutsche geteilt worden; erstmals hatten die Tschechen die Möglichkeit, ein Universitätsstudium in ihrer Muttersprache zu absolvieren. Masaryk erhielt eine Professur für Philosophie. In Wien hatte er sich mit einer Schrift über den Selbstmord «als soziale Massenerscheinung der modernen Zivilisation» habilitiert. Sie ist eher eine soziologische als eine philosophische Arbeit. Masaryk bringt statistisches Material, das die Zunahme des Selbstmords im Laufe des 19. Jahrhunderts belegt, und er findet den Grund im Fehlen der religiösen Bindung. Der Verlust des Glaubens in Europa habe zu einem Verlust an Halt und Orientierung geführt, der sich in steigenden Selbstmordzahlen dokumentiere. Der Selbstmord als Indiz der Krise einer Gesellschaft, so könnte man nicht nur den Selbstmord des Einzelnen, sondern auch denjenigen des Kollektivs der akademischen Jugend erklären, die 1914 voller Enthusiasmus in den Tod zog.

In dieser Schrift zeigt sich Masaryks Haltung: einerseits seine der Realität zugewandte vernünftige Position, andererseits sein Glaube an das Christentum als Grundlage der Kultur Europas. Einerseits bleibt er als Denker ein Einzelgänger, andererseits versucht er als Politiker über eine Partei in die Geschehnisse einzugreifen. Er verstand sich nicht als Systematiker, sondern als Realist, mit einer gesunden Abneigung gegen den deutschen Idealismus und dessen Übertreibungen. Realist war er auch als Politiker, aber kein angepasster Pragmatiker. Er analysierte vielmehr mit einer in der Politik ungewöhnlichen Schärfe, so wie er in der Philosophie mit einem für diese ungewöhnlichen Realitätssinn argumentierte. Durch diese Haltung wurde er zum einzigen Philosophen Europas, der tatsächlich einen Staat begründete und nicht nur als Idee konstruierte. Freilich bedurfte es dazu einer «Weltrevolution»: So nannte er den Ersten Weltkrieg, der das alte Europa zum Einsturz brachte.

In Prag versammelte Masaryk nach 1882 eine kleine Gruppe von Gleichgesinnten um sich: die «Realisten». Sie standen zwischen den «Alttschechen», die noch vom liberalen Geist Palackýs geprägt waren, und den «Jungtschechen», die einen entschiedenen Nationalismus vertraten. So war es nicht verwunderlich, dass Masaryk, der 1891 für die «Jungtschechen» in den Reichsrat gewählt wurde, sich 1893 mit ihnen entzweite. Viel später, da saß er als Präsident auf der Prager Burg, sagte er zu dem Schriftsteller Karel Čapek, der seine «Gespräche mit Masaryk» aufzeichnete: «Ich liebe das leere Gerede über das Slawentum nicht, ebenso wie ich das patriotische Gerede nicht liebe. Wie viele von unseren Slawophilen können denn wenigstens Russisch, Polnisch, Serbisch lesen? Ebenso die Leute, die den Mund damit vollnehmen, dass wir das Volk des Hus seien; wer von ihnen hat denn ein Stückchen aus dem Werk von Hus gelesen, und nicht nur von Hus, sondern auch ein Buch aus der Brüderunität?

Wozu das Gerede? Ein normaler Mensch trompetet nicht in die Welt hinaus, er liebe seine Eltern, seine Frau, seine Kinder, das versteht sich von selbst. Liebst du dein Land, so brauchst du darüber nicht zu reden: Tu etwas Anständiges; um etwas anderes geht es nicht.»

Masaryk hielt sich an seine Maxime. Zunächst behandelte er theoretisch «Die tschechische Frage» und «Unsere jetzige Krise», so heißen zwei seiner Publikationen vom Ende des Jahrhunderts. 1900 gründete er mit Freunden die kleine «Realistische Partei». Für sie saß er von 1907 bis 1914 im Reichsrat in Wien, wo er seine Erfahrungen mit der Habsburger Politik machte – eine frustrierende Erfahrung, die ihn schließlich dazu brachte, von Österreich nichts mehr zu erhoffen. Alle Vorschläge für eine Reform der Monarchie scheiterten, eine gewisse Eigenständigkeit der slawischen Nationen, gar eine Autonomie im Rahmen der Monarchie kam nicht einmal in Ansätzen zustande.

Man kann es positiv ausdrücken: Die Wiener Verwaltung war zu liberal, zu vorsichtig, sie wollte niemanden vor den Kopf stoßen. So kam es nach der Teilung des Reiches in einen österreichischen Teil (Cisleithanien) und einen ungarischen (Transleithanien) zu keiner weiteren Entscheidung von Bedeutung, obwohl sich die Probleme häuften. Hatte eine Regierung – die Regierungen wechselten häufig – eine Maßnahme beschlossen, gab es so großen Widerstand bei einzelnen Volksgruppen, dass der Kaiser bald nachgab, die Maßnahme kassierte und eine neue Regierung bestellte, die wieder von vorne begann. Man kann es auch negativ bezeichnen, denn die Folgen waren ja negativ: Die kaiserlichen Regierungen hatten keine Kraft, Entscheidungen zu fällen und durchzusetzen. Sie waren unfähig.

BOŽENA NĚMCOVÁ

Das Schicksal der Tschechen in dieser Zeit mag man am Leben einer Frau erkennen, die zu den wichtigsten Schriftstellerinnen der tschechischen Literatur gehört: Božena Němcová. Sie wurde unter dem Namen Barbara Pankl wahrscheinlich 1820 in Wien geboren (manche datieren ihre Geburt auf 1816 oder 1818). Ihr Vater war der Kutscher Johann Baptist Pankl aus Niederösterreich und ihre Mutter Tereza Novotná, ein tschechisches Dienstmädchen. Es gibt auch Vermutungen, sie sei das uneheliche Kind eines oder einer Adligen gewesen. Jedenfalls heirateten die Eltern erst ein halbes Jahr nach ihrer Geburt. Sie wuchs in Ratibořice, nahe der Residenz der Herzogin von Sagan, unter der Obhut ihrer tschechischen Großmutter Magdalena Novotná auf. Diese Zeit hat sie in ihrem schönsten Werk, dem Roman «Babička» («Die Großmutter») dargestellt: Eine Art Idyll auf dem Lande unter einfachen Leuten, das getrübt wird durch Eingriffe von außen, aber letztendlich bringen die Mütter, die Großmutter und die Herzogin, alles wieder in Ordnung. Es war eine freundliche Welt, die sich Božena Němcová ausmalte, in einer Zeit, in der sie arm und elend in Prag lebte und um täglich Brot für ihre Kinder bettelte.

Die Verfolgungen der österreichischen Behörden hatten sie in dieses Elend gestürzt, aus dem sie sich nicht befreien konnte. Ihre Mutter hatte sie 1837 mit dem Finanzbeamten Josef Němec verheiratet, der fast doppelt so alt war wie Barbara, die sich nun Božena nannte. Die Mutter hatte ihr eine gute Partie verschafft, eines ihrer zwölf Kinder war somit versorgt. Josef Němec war ein eher gutmütiger Polterer, der sich aber nach den Verfolgungen zunehmend verbitterte, so dass das Zusammenleben mit ihm für Božena unerträglich wurde. Doch dieser Mann, ein tschechischer Patriot, machte sie mit der tschechischen Nationalbewegung vertraut. Hinfort las sie nicht nur deutsche, sondern auch tschechische Bücher, was damals ungewöhnlich war.

In Misskredit zu geraten, dazu gehörte damals nicht viel: Sich öffentlich tschechisch zu unterhalten, konnte schon zu Diskriminierungen führen, denn es galt als nicht gesellschaftsfähig. Und gar tschechische Zeitungen und Bücher zu lesen, war schon ein Zeichen von tschechischer Aufmüpfigkeit. Als Němec, der häufig versetzt wurde, 1842 eine Stelle in Prag erhielt, kam Božena erstmals in die

Hauptstadt. Hier lernte sie die tschechische Intelligenz kennen, in deren Kreis sie bald geschätzt wurde. František Palacký und Jan Evangelista Purkyně, den berühmten Naturforscher, traf sie hier. Die beiden unterstützten sie später, so gut sie konnten.

1843 veröffentlichte sie ihr erstes Gedicht, von 1845 bis 1847 publizierte sie sieben Hefte mit tschechischen Märchen und Sagen. Von 1845 bis 1848 lebte die Familie in Domažlice, und die Němcová schrieb Berichte aus der ländlichen Umgebung: »Obrazy z okolí domažlického», Bilder aus der Umgebung von Domažlice, eine Vorübung für ihren späteren Roman «Die Großmutter». 1848 kandidierte Josef Němec als Verteter von Domažlice für den Landtag. Erst durch die Revolution wurden die Bauern in Böhmen und Mähren vom Frondienst befreit. Josef und Božena setzten sich für die Bauern ein, die verwundert waren, auf gebildete Menschen zu treffen, die sie in ihrer eigenen Sprache anredeten.

Die österreichischen Mühlen mahlten langsam. Erst 1853, da war Josef Němec nach Ungarn versetzt worden und seine Frau gerade zu ihm gezogen, zwei Jungen in Prag zurücklassend, die dort die Schule besuchten, da kam die Wiener Rache für die tschechische Aufmüpfigkeit von 1848: Josef wurde bis auf weiteres vom Dienst suspendiert, mit kärglichen Bezügen. Die Familie mußte hungern. Zwei Jahre dauerte es, bis das Urteil der Wiener Behörden erging: 1855 wurde Josef in den endgültigen Ruhestand versetzt, mit einem Drittel seines ursprünglichen Gehalts, was zum Leben nicht reichte. Man nimmt an, dass er auch für seine Frau bestraft wurde. Sie stand inzwischen im Zentrum der tschechischen Patrioten in Prag. Aber von den geringen Honoraren ihrer Publikationen konnte sie nicht leben und war zum Betteln gezwungen. Sie starb 1862 mit 42 Jahren. Ihr Roman «Die Großmutter», 1855 erschienen, ein Meisterwerk tschechischer Prosa, wurde in viele Sprachen übersetzt. Franz Kafka las ihn mit Freude; mehr noch schätzte er ihre Briefe, sie schienen ihm «unerschöpflich für Menschenerkenntnis».

Als 1866 die Preußen Böhmen mit Krieg überzogen, baten František Palacký und František Rieger bei Kaiser Franz Joseph I. um eine Audienz. Sie versicherten ihn der Treue der Tschechen zum Hause Habsburg, denn nichts fürchteten die Tschechen mehr, als unter die Herrschaft der militaristischen Preußen zu geraten. Der Kaiser versprach mal wieder, sich endlich zum König von Böhmen krönen zu lassen. Die Krone des Heiligen Wenzel nahm er jedoch nie an, eine Geste der Geringschätzung, die alle Tschechen traf. Österreich verlor den Krieg gegen Preußen und schied aus dem Deutschen Bund aus, der hinfort von Preußen dominiert wurde. Zwei Drittel Deutschlands waren nunmehr preußisch, nachdem Preußen noch Hannover, Hessen-Kassel, Hessen-Nassau und Frankfurt a. M. annektiert hatte.

Die tschechischen Politiker hegten jetzt, auch nach Beratungen mit polnischen und kroatischen Kollegen, die Hoffnung auf eine Föderalisierung des Habsburger Reiches. Eine von fünf relativ selbständigen Ländergruppen sollte Böhmen, Mähren und Rest-Schlesien umfassen, also die heutige Tschechische Republik. Doch dazu kam es nicht, trotz guten Willens von allen Seiten. Der schwache Kaiser gab dem stärksten Druck nach, dem der martialischen Ungarn. So kam es 1867 zur «dualistischen Lösung», zur österreichisch-ungarischen Doppelmonarchie. Und daran änderte sich bis 1918 nichts, so dass die slawischen Volksgruppen hier von Österreich, dort von Ungarn beherrscht wurden, wobei die Ungarn wesentlich härter als die Österreicher vorgingen, vor allem gegen die Slowaken. Die Landtage wurden wieder mal aufgelöst, Neuwahlen ausgeschrieben, die nach dem Zensuswahlrecht, das die Reichen und die Akademiker begünstigte, eine deutsche Mehrheit in Böhmen und Mähren brachten, weil wenige Reiche viele Abgeordnete erhielten und viele Arme wenige.

Nach dem Deutsch-Französischen Krieg 1871 gab es noch einmal den Versuch, den Tschechen Eigenständigkeit zu gewähren. Es sollte eine trialistische Lösung verwirklicht werden, also ein österreichisch-ungarisch-böhmisches Reich. Das scheiterte wieder an der Entschlusskraft der Ungarn, die vehement ihre Sonderrechte verteidigten, und an der Entschlusslosigkeit der kaiserlichen Regierung. Die Regierung gewährte Böhmen und Mähren zwar weitergehende Rechte, aber schon der Passus, dass alle Beamten zweisprachig sein sollten, traf auf den erbitterten Widerstand der Deutschböhmen.

An der fehlenden Zweisprachigkeit scheiterten die weiteren Bemühungen um Verständigung in Böhmen bis zum Ende der Monarchie. Während die gebildeten Tschechen alle sowohl deutsch als auch tschechisch sprachen, sprachen die meisten Deutschen kein Tschechisch und waren auch nicht bereit, es zu lernen. So musste jede Forderung nach Zweisprachigkeit im amtlichen Verkehr die Deutschen benachteiligen. Die Tschechen hinwiederum sahen es als ihr gutes Recht an, in ihrem eigenen Land ihre eigene Sprache auch im Verkehr mit den Behörden und innerhalb der Behörden sprechen zu dürfen.

František Palacký veröffentlichte 1872, vier Jahre vor dem Tod, sein «Politisches Vermächtnis», in dem er seine Hoffnung auf den Fortbestand der Habsburger Monarchie, die er 1848 noch gehegt hatte, als Irrtum bezeichnete: «Ich selber gebe jetzt leider schon die Hoffnung auf dauernde Erhaltung Österreichs auf.» Die Tschechen, die im Laufe des 19. Jahrhunderts einen enormen kulturellen und ökonomischen Aufschwung genommen hatten, sahen keinen Sinn mehr in der Erhaltung eines Staates, der ihnen so viele Rechte vorenthielt. Da auch anderwärts keine Hilfe zu erhoffen war, weder Frankreich noch Russland waren bereit, sich für die Tschechen zu engagieren, waren sie ganz auf sich gestellt, was natürlich zur Radikalisierung führte.

Eine Radikalisierung vollzog sich auch auf der Seite der Deutschen in Böhmen, so dass der Graben zwischen den beiden Volksgruppen immer tiefer wurde. Jede Maßnahme, die den Tschechen entgegenkam, traf auf den erbitterten Widerstand der Deutschböhmen, die sich in ihren angestammten Rechten als dominierende

Minderheit durch die wachsende Mehrheit bedroht sahen. So fand der nationalistische Politiker Georg von Schönerer, der einen widerlichen Antisemitismus vertrat, nirgendwo so viel Anhänger wie unter den Deutschböhmen – also unter der deutschsprachigen Bevölkerung, die an den Rändern Böhmens siedelte, nicht bei den Pragern. Die Prager Deutschen, in ihrer Mehrheit Juden, waren durchaus unterschieden von den Landbewohnern, was sich nicht zuletzt in ihrer Literatur zeigte, die einen Beitrag zur Moderne schuf, während die deutschböhmischen Schriftsteller durchweg eine regionale Heimatliteratur schrieben, mit starken nationalistischen und weniger starken antisemitischen Tendenzen.

Um 1890 standen etwa 37 Prozent Deutschböhmen 63 Prozent Tschechen gegenüber, aber noch 44 Prozent der Schulen waren rein deutsche Schulen, 56 Prozent waren tschechische Schulen. Hier gab es ein enormes Ringen um jede Schule und jeden Lehrer, das durch private Schulvereine von beiden Seiten geschürt wurde.

Dem Ministerpräsidenten Graf Taaffe war es 1879 gelungen, die tschechischen Abgeordneten, die sechzehn Jahre lang die Sitzungen des Reichsrats boykottiert hatten, wieder zur Mitwirkung zu bewegen. Er wollte trotz der Beibehaltung des Deutschen als Amtssprache innerhalb der Behörden für eine Gleichberechtigung der beiden Sprachen eintreten. Seine Sprachverordnung von 1880 traf auf den heftigen Widerstand der Deutschböhmen, die in relativ geschlossenen Wohngebieten siedelten, in denen wenig Tschechen wohnten. Hier hätte die geforderte Zweisprachigkeit im äußeren Dienst der Behörden zur Entlassung deutscher Beamter geführt.

1886 zogen dann die deutschen Abgeordneten aus dem böhmischen Landtag aus. Sie verfolgten ernsthaft den Plan einer Zweiteilung Böhmens. Was sich schon 1848 angedeutet hatte, wurde hier manifest: die fehlende Bereitschaft der meisten Deutschböhmen, sich in einen Staat mit zwei Nationen und zwei Sprachen einzufügen und diesen Staat als den ihren zu akzeptieren. Sie bestanden auf ihrer Einsprachigkeit und ihrem Deutschtum und wollten sich mit allen Mittel durchsetzen, wobei sie auch bereit waren, die alten Kronländer Böhmens auseinander zu reißen – ein Plan, der 1938 dank Hitler tatsächlich gelang, aber nicht das Ende Böhmens brachte, sondern das Ende der Deutschböhmen.

Die letzte Chance, kann man sagen, das Zusammenleben der beiden Völker in einem Staat zu ermöglichen und es damit gegen Krisen, wie sie nach 1914 heraufzogen, abzusichern, wurde 1897 durch die Regierung des polnischen Grafen Badeni geboten. Badeni setzte fest, dass beide Sprachen im inneren und im äußeren Verkehr der Behörden gleichberechtigt benutzt werden konnten. Eine Selbstverständlichkeit, sollte man denken, doch löste die Verordnung schwere Unruhen aus, die ganz Cisleithanien erschütterten. Es kam zu Ausschreitungen in den deutschböhmischen Gebieten, auch zu Übergriffen gegen tschechische Bewohner, in Wien und in Graz demonstrierten die national Gesinnten, im Reichsrat kam es zu Handgreiflichkeiten. Die Atmosphäre war dermaßen aufgeladen durch den deutschen Nationalismus, dass der schwache Kaiser die Schließung des Parlaments und die Entlassung Badenis befahl. Das wiederum führte zu Ausschreitungen von Tschechen, auch in Prag, wo sie vor allem die Geschäfte deutscher Juden, die ganz unschuldig an der Sache waren, demolierten und plünderten, bis das Militär dem Ganzen ein Ende bereitete. Der Ausnahmezustand wurde ausgerufen.

All dies geschah in Böhmen, während es in Mähren zu einem Ausgleich kam, der 1905 vom Kaiser sanktioniert wurde. In Mähren lebten Deutsche und Tschechen in gemischten Gebieten, sie lebten eher miteinander als gegeneinander und beide Sprachen waren in beiden Gruppen verbreitet. So sollten die Gebietskörperschaften selbst festsetzen, in welcher Sprache sie verhandeln wollten, und die Sprache der Minderheit sollte ebenfalls respektiert werden. Ab 1897 gab es dann das allgemeine Wahlrecht für das Reichsparlament und ab 1906 für den mährischen Landtag.

Tomáš Garrigue Masaryk nahm an all diesen Kämpfen teil, nicht nur als Beobachter, sondern auch als Kritiker und als Politiker,

Tomáš Garrigue Masaryk,
um 1910

als Herausgeber einer Zeitung und als Abgeordneter des Reichsrats. Hatte er noch 1895 in seiner Schrift «Die Tschechische Frage» («Česká otázka») die Hoffnung geäußert, «mit unseren deutschen Landsleuten die Selbständigkeit im Rahmen der Monarchie anzustreben», so hatte er diese Hoffnung nach und nach aufgegeben. Eine andere Möglichkeit sah er freilich vorerst nicht, denn die Vorstellungen des Anführers der «Jungtschechen» Karel Kramář, der immer noch einem Panslawismus anhing und in einem Bündnis mit Russland und anderen slawischen Staaten eine Zukunft für die Tschechen sah, lehnte er ab. Als 1914 Österreich den Krieg begann, sah er eine andere Möglichkeit: die staatliche Unabhängigkeit für

Böhmen und Mähren. Dass die Habsburger Monarchie den Krieg begann, und wie sie es tat, fällte das Todesurteil über sie.

Der Thronfolger Ferdinand und seine Frau waren von serbischen Attentätern in Sarajewo ermordet worden. Vier Wochen später erklärte Österreich Serbien den Krieg, wohlwissend, dass dies Russland, das mit Serbien verbündet war, in den Krieg zwingen würde und dieses wiederum Frankreich, das an Russland gebunden war. Die Wiener Regierung löste mit Unterstützung der Berliner Regierung eine Kettenreaktion aus, die das alte Europa in den Untergang führte: Nicht ohne Grund haben Schriftsteller wie Karl Kraus diesen Krieg als einen Weltuntergang bezeichnet. Es gab keine Notwendigkeit für diesen Krieg, es war die Dummheit und die Ideologie, die in ihn hineinführte – die Ideologie, dass Kriege eben nötig seien. Deshalb schien es besser, man schlug bald zu und brachte die Sache hinter sich, solange man stark war. Die Hohenzollern folgten den Habsburgern und alle deutschen Fürsten hintennach.

Masaryk sah die blutige Auseinandersetzung nicht als eine nationale, sondern als eine epochale. Zwei Bewegungen kämpften gegeneinander: die Theokratie gegen die Demokratie. Die Theokratie sah er im katholischen Österreich und im lutherischen Preußen verkörpert, wo Thron und Altar verbunden waren und der Monarch weitgehende Macht hatte. Die Demokratie sah er in den westlichen Mächten Frankreich und Großbritannien. Russland passte nicht in dieses Schema. Masaryk, der Russland gut kannte, war kein Panslawist. Er hoffte, das theokratische System werde im Laufe des Krieges durch ein demokratisches abgelöst, daher seine Sympathie für die russische Regierung Kerenski 1917 und seine Abneigung gegen das bolschewistische Regime, das dieser Regierung folgte. Denn die beiden totalitären Systeme, das faschistische und das bolschewistische, die Europa mehr noch verheeren sollten als dieser Krieg, waren auch Kinder dieses Krieges, der Mutterkatastrophe des 20. Jahrhunderts.

Masaryks Hoffnung war jedoch, dass der Umsturz der alten Ordnung, die Weltrevolution, wie er es nannte, eine neue Ordnung in

Europa ermöglichen könnte: Eine von demokratischen Staaten getragene, zu denen auch eine unabhängige Tschechoslowakei gehören sollte. Die Rechtfertigung eines Staates, der die alten böhmischen Kronländer mit der Slowakei vereinen sollte, die fast tausend Jahre zur ungarischen Krone gehört hatte, sah er nicht in der Nation allein, sondern auch in der Ethik. So sprach er nicht von der Gründung eines Staates, sondern von seiner Erneuerung. Damit erinnerte er nicht nur an die lange Geschichte des Königreichs Böhmen, sondern auch daran, dass dieses Reich nunmehr ein neues, zeitgemäßes sein sollte: ein demokratisches.

16

PRAG 1918: DIE TSCHECHO-SLOWAKISCHE REPUBLIK

Als im August 1914 der Krieg ausbrach, hielt sich Masaryk mit seiner Familie zur Sommerfrische in Bad Schandau auf. Er kehrte sogleich nach Prag zurück und sah dort die tschechischen Soldaten, die in einen Krieg gezwungen wurden, der nicht der ihre war. Masaryk fuhr bald ins Ausland und das war sein Glück. Als er 1915 zurückkehren wollte, warnte ihn sein Verbündeter Edvard Beneš, dass ihm Verhaftung drohe. Masaryk fühlte sich während des Krieges von der österreichischen Geheimpolizei verfolgt; zweimal bemerkten Ärzte Symptome von Vergiftung an ihm, einmal in Genf, einmal in London. Da seine Frau Charlotte schwer krank war, hatten die Wiener Behörden seine Tochter Alice in Prag in Geiselhaft genommen.

Karel Kramář wurde im Mai 1915 verhaftet, im Dezember wurden der Leiter der nationalen tschechischen Turnbewegung «Sokol» Josef Scheiner, der Chefredakteur der «Národní listy» Alois Rašín und der Vorsitzende der Nationalen Sozialisten Václav Klofáč verhaftet. Zeitungen wurden verboten, Zensur herrschte. Kramář wurde im Juni 1916 wegen Hochverrats – er hatte über einen Journalisten Kontakt zum russischen Außenminister gesucht – zum Tode verurteilt. Ein Jahr lang saß er in der Todeszelle, bevor das Urteil in Haft gemildert wurde, aus der erst eine Amnestie des jungen Kaisers Karl I. ihn ebenso entließ wie weitere 719 tschechische Patrioten. Der alte Kaiser Franz Josef war 1916 gestorben. Die zögerlichen Versuche des jungen Kaisers, den Untergang der Monarchie zu verhindern, kamen alle zu spät. Erst zwei Monate vor Ende der Monarchie, im

September 1918, war die kaiserliche Regierung bereit, Böhmen endlich die ersehnte Autonomie zu gewähren. Da hatte Böhmen seine Unabhängigkeit schon erreicht.

Und das war vor allem das Werk von Tomáš Garrigue Masaryk. Masaryk gründete schon im November 1915 in Paris ein Aktionskomitee zur Errichtung eines selbständigen tschechoslowakischen Staates. Edvard Beneš und der Slowake Milan Rastislav Štefánik standen ihm zur Seite; beide hatten in Frankreich studiert und waren gewandte Vertreter der tschechoslowakischen Sache, vor allem der diplomatische Beneš. Schon im Februar 1916 erhielten sie die Unterstützung der französischen Regierung. Im September 1916 wurde schließlich der «Conseil national des pays tchèques» offiziell von der französischen Regierung und bald danach auch von der britischen Regierung anerkannt. Das Auslandskomitee hatte gute Verbindungen zur Heimat, wo sich die Widerständler in einer Geheimorganisation, der so genannten Maffia, zusammengefunden hatten.

Masaryk sorgte dafür, dass das Auslandskomitee nicht mit leeren Händen dastand. Aus tschechischen Überläufern und Kriegsgefangenen wurden Legionen gebildet, vier Regimenter in Frankreich, vier in Italien von jeweils gut 10 000 Mann, die gegen Ende des Kriegs an den Kämpfen gegen die Mittelmächte teilnahmen. Die größte Gruppe fand sich in Russland zusammen, wo die meisten Tschechen hatten kämpfen müssen. Fast 100 000 tschechische Legionäre waren es gegen Ende des Krieges; sie spielten im Bürgerkrieg noch eine Rolle, als sie gegen die Bolschewiken antraten. In einem langwierigen Feldzug mussten sie sich schließlich durch Sibirien bis Wladiwostok durchkämpfen, von wo sie in die Heimat verschifft wurden.

Ein Jahr lang, von März 1917 bis April 1918, hatte Masaryk sich bei diesen Truppen in Russland aufgehalten. Er erwartete von den Alliierten nicht nur die Anerkennung des Nationalrats als Vertreter der tschechischen und slowakischen Interessen, sondern auch die Zustimmung zur Errichtung eines eigenen Staates. Das ließ auf sich warten. Noch im Januar 1918 wollte der britische Premier Lloyd

George nur die Autonomie innerhalb des Habsburger Reichs gestatten. Im Mai 1918, Masaryk war mit Beneš nach Washington gereist, gelang dann der Durchbruch. Im Juni erkannten die französische und die britische Regierung den Nationalrat als verantwortliches Organ der tschechoslowakischen Regierung an und ab August konnten Masaryk und Beneš als Vertreter einer Krieg führenden Macht an den Konferenzen der Alliierten teilnehmen. Die Voraussetzung für die Gründung einer unabhängigen Tschechoslowakei war gegeben.

Und zu deren Gründung kam es denn auch bald. Als die Wiener Regierung am 27. Oktober 1918 die Entente um einen Separatfrieden bat, trafen sich am 28. Oktober in Prag der Leiter der Agrarier-Partei Švehla, der Sozialdemokrat Soukup, der Nationale Sozialist Stříbrný und der «Jungtscheche» Rašín. Es ging ihnen zunächst um die «Kriegsgetreide-Verkehrsanstalt», also um die Versorgung der darbenden Bevölkerung mit Lebensmitteln. Aber die Demonstrationen auf den Straßen, die Hochrufe auf Masaryk, die Enttäuschung, ja, der Hass auf Habsburg nach all dem erlittenen Elend, das ließ die «Männer des 28. Oktober» die Gunst der Stunde ergreifen: Sie übernahmen die Landesverwaltung und die Statthalterei stimmte zu. Rašín konzipierte ein Gesetz zur Errichtung des tschechoslowakischen Staates. Zur gleichen Zeit beschlossen die tschechischen und slowakischen Unterhändler in Genf, eine Regierung mit 14 Ministern unter Kramář zu bilden und Masaryk zum Präsidenten der Republik zu berufen. Der 28. Oktober wurde zum Gründungstag der Republik; er ist heute Nationalfeiertag.

Was fünf Jahre zuvor noch eine Utopie gewesen war, wurde nach dem militärischen Zusammenbruch der Mittelmächte dank der weitsichtigen Konzeption Masaryks und des unermüdlichen Wirkens von Beneš ohne Blutvergießen realisiert. Eine demokratische Republik entstand, der nur zwanzig Jahre Unabhängigkeit vergönnt waren. Als die deutschen, österreichischen und deutschböhmischen Nationalsozialisten unter Hitler sie 1938 zerstörten, war diese Republik die einzige Demokratie in Mittel- und Osteuropa.

Allerdings hatte diese Republik zwei Geburtsfehler, wenn man das so sagen kann: Sie entstand als nationales Werk der Tschechen, umfasste aber zugleich die Slowakei, die nie mit dem Königreich Böhmen verbunden war, sondern lange zum Königreich Ungarn gehört hatte. Und es gab eine große Zahl von Deutschböhmen, die nicht in einer tschechisch dominierten Republik leben wollten. Mit beiden Problemen wurde die Republik nach und nach fertig. Sie wäre jedenfalls nicht an ihnen zugrunde gegangen, wenn sie nicht von außen zerstört worden wäre.

So wie die Tschechen in ihrer Sprache das einigende Band ihrer Nationalität fanden, so fanden sie in der Nähe ihrer Sprache zu der slowakischen die Verwandtschaft zu den Slowaken. Tschechisch und Slowakisch sind sich so ähnlich wie zwei Dialekte einer Sprache, jeder Tscheche versteht Slowakisch und jeder Slowake versteht Tschechisch. Ein Norddeutscher, der plattdeutsch spricht, hat sicherlich größere Schwierigkeiten, einen Bayern zu verstehen, als ein Tscheche einen Slowaken. Wenn die beiden Sprachen einander so nahe sind, müssen es auch die beiden Völker sein, selbst wenn sie jahrhundertelang in verschiedenen Territorien unterschiedlichen Herren unterworfen waren. Vielleicht sind sie gar zwei Ausprägungen ein und desselben Volkes?

Dieser Eindruck entstand zuerst im 17. Jahrhundert unter den tschechischen Emigranten, die, weil sie Protestanten waren, Böhmen und Mähren verlassen mussten und in die nahe Slowakei zogen, wo sie sich mühelos einfügten. Als auch slowakische Protestanten emigrieren mussten, trafen sie sich in Sachsen mit den böhmischen. Beide benutzten die Kralitzer Bibel und Tschechisch war beider Liturgiesprache. So kamen sie auf den Gedanken einer gemeinsamen tschechoslowakischen oder tschechoslawischen Sprache (lingua bohemoslavica). Und als etliche Exilanten im Laufe des 18. Jahrhunderts wieder zurückkehren konnten, nahmen sie diesen Gedanken mit nach Hause. Vor allem unter den evangelischen, dann aber auch unter den katholischen Slowaken fand der Gedanke viele Anhänger.

In der Nationalbewegung des frühen 19. Jahrhunderts waren Tschechen und Slowaken gemeinsam tätig, neben František Palacký, der in Pressburg (Bratislava) studiert hatte, stand etwa Jan Kollár, ein Slowake, der aus Jena den Gedanken des Panslawismus nach Prag mitbrachte. Oder der slowakische Dichter Pavel Josef Šafařík, der durchweg tschechisch schrieb, so als sei Tschechisch die Schriftsprache und Slowakisch die Mundart – wie es heute noch in der Schweiz ist, wo alle Bewohner schweizerdeutsche Dialekte sprechen, aber hochdeutsch schreiben. Noch Josef Jungmann war der Meinung, dass die Slowaken eigentlich Dialektformen des Tschechischen sprächen. Für die Gemeinsamkeit der beiden Volksgruppen stand nun das Substantiv «Tschechoslawen» («čechoslované») und das Adjektiv «tschechoslawisch» («českoslovanský»).

Erst 1843 kodifizierte der slowakische Protestant Ludovit Štúr die slowakische Sprache aufgrund des mitteslowakischen Dialekts und stellte damit ihre Eigenständigkeit heraus. In der Revolution von 1848 bildete sich eine eigene Nationalbewegung der Slowaken unter Štúr und Jozef Miloslav Hurban, deren Ziel ein anderes war als das der tschechischen Bewegung, gehörten sie doch dem ungarischen Königreich an. Palacký hatte sich eine Vereinigung der Tschechen mit den Slowaken gewünscht, aber dann aufgrund der politischen Gegebenheiten davon abgesehen: Die Slowaken wollten eine Autonomie innerhalb des Königreichs Ungarn, die Tschechen eine des Königreichs Böhmen. Der Adressat der Slowaken saß in Budapest, der Adressat der Tschechen in Wien. Und die Tschechen hatten mehr Glück als die Slowaken. Autonomie erreichten beide nicht, aber die toleranteren Österreicher erlaubten den Tschechen im 19. Jahrhundert eine stürmische kulturelle und ökonomische Entwicklung, von der die Slowaken nur träumen konnten. Die rigorose Nationalpolitik Ungarns lief auf eine Entnationalisierung aller Nichtungarn hinaus. Schulen in ihrer Muttersprache besaßen die Slowaken kaum, Gymnasien, Hochschulen gar nicht. Es gab sogar ungarische Politiker, die behaupteten, es gäbe gar keine Slowaken, das seien alles Ungarn.

So blickten die slowakischen Intellektuellen wieder nach Prag, in der Hoffnung, dass die tschechischen Verwandten ihnen helfen könnten. Masaryk unterstützte das. Als Mitglied des Wiener Reichsrates sah er nicht nur die tschechischen Interessen, sondern auch die der anderen slawischen Völker der Monarchie: der Polen, Kroaten, Slowenen und Slowaken. Masaryk vertrat die Konzeption des Tschechoslowakismus, wonach die Gemeinsamkeiten der beiden Volksgruppen stärker sind als die Unterschiede, und er bezog immer die Slowakei in seine Überlegungen ein. Freilich gab es neben den Anhängern Masaryks in der Slowakei, die sich um die Zeitschrift «Hlas» scharten, auch entschiedene Befürworter eines eigenen nationalen Weges, die sich in der Slowakischen Nationalpartei und in deren Ableger, der Slowakischen Volkspartei, fanden.

Diese Spaltung in Masaryk-Anhänger und Masaryk-Gegner zog sich durch die Tschechoslowakische Republik, in der viele Slowaken eine Autonomie erwarteten, die sie nicht erhielten. Die tschechoslowakische Verfassung von 1920 sprach offiziell von einem tschechoslowakischen Volk, ja sogar von einer tschechoslowakischen Sprache, während ein am selben Tag erlassenes Gesetz regelte, dass im tschechischen Teil Amtssprache in der Regel das Tschechische und im slowakischen Teil das Slowakische seien. Das führte zu einem erfreulichen sprachlichen Dualismus: In der ganzen Republik konnte jeder Slowake slowakisch und jeder Tscheche tschechisch sprechen und jeder verstand jeden. Doch gerade der kulturelle und ökonomische Anschub, den die zurückgebliebene agrarische Slowakei nun durch das weitgehend industrialisierte Böhmen erfuhr, führte zu einer Stärkung des slowakischen Nationalbewusstseins. Die stärksten slowakischen Parteien pochten auf eine Autonomie ihres Landesteils, so die von dem katholischen Geistlichen Hlinka geleitete Volkspartei und die von dem evangelischen Geistlichen Rázus geleitete Nationalpartei, und sie konnten sich mit gewissem Recht auf das Pittsburgh-Abkommen von 1918 zur Gründung der Tschechoslowakischen Republik stützen, das auch Masaryk unterschrieben hatte.

Dass die tschechischen Politiker zögerten, der Slowakei Autonomie zu gewähren, hatte wohl auch seinen Grund darin, dass sie dann auch der großen deutschen Minderheit Autonomie hätten gewähren müssen, die weitgehend in geschlossenen Siedlungsgebieten lebte. Diese Deutschböhmen aber strebten mehrheitlich nicht nur nach Autonomie, sondern wollten zu Österreich gehören. So hätte die Autonomie der erste Schritt auf dem Weg zur Abspaltung der deutschböhmischen Ränder sein können. Nach einer Volkszählung von 1930 zählten sich 9,75 Millionen Einwohner der Tschechoslowakei zu den Tschechen und Slowaken, das waren etwa 66 Prozent. 3,32 Millionen zählten sich zu den Deutschen, das waren etwa 22 Prozent. Etwa 5 Prozent waren Ungarn, drei Prozent Ruthenen im neuen, der Republik angeschlossenen östlichen Landesteil, der Karpato-Ukraine, und 0,7 Prozent waren Polen. Die Republik hatte also eine sehr erhebliche deutsche Minderheit in relativ geschlossenen Gebieten, in denen freilich auch Tschechen lebten. Bei der Abspaltung dieser Gebiete 1938 wurden auch etwa 700 000 Tschechen von ihrem Kernland abgeschnitten. Diese deutschen Randgebiete hatten zudem wichtige wirtschaftliche Aufgaben.

Böhmen war bereits in der Habsburger Monarchie ein wirtschaftlich prosperierendes Gebiet, das einzige in der Monarchie. Böhmen und das Ostrauer Gebiet hatten dieselbe Bevölkerungsdichte und dasselbe wirtschaftliche Niveau wie andere Industriegegenden in Deutschland und in Europa. Gegen Ende des 19. Jahrhunderts arbeiteten nur noch 38 Prozent in der Landwirtschaft, schon 36 Prozent arbeiteten in Industrie, Handwerk und Gewerbe. 40 Prozent der Industrieproduktion und 45 Prozent des Steueraufkommens der Monarchie kamen 1910 aus den böhmischen Kronländern, 95 Prozent des Zuckers, 93 Prozent der Malzerzeugnisse, 90 Prozent der Textilherstellung, 70 Prozent der Lederwaren und 75 Prozent der chemischen Industrie.

Die zweite industrielle Revolution, die von der Elektrizität eingeleitet wurde, nutzten vor allem böhmische Firmen, die sich in der

Textilerzeugung, in der Glas- und Keramikherstellung, in der Leichtindustrie und im Maschinen- und Fahrzeugbau hervortaten. So konnte die neue Republik nach Ausrufung ihrer Unabhängigkeit und den Unruhen in den ersten beiden Jahren eine gedeihliche wirtschaftliche Entwicklung genießen, die sie von den anderen Staaten Mitteleuropas unterschied. Österreich litt besonders, weil es die Länder, die es bis dahin ernährt hatten, verloren hatte. Böhmen und Mähren war, nationale Minderheit hin oder her, ein einheitlicher Wirtschaftsraum. Wenn sich die deutschen Gebiete abgespalten hätten, wäre der Rest kaum lebensfähig gewesen.

Nichts anderes aber wollten die meisten Deutschen, auch als Ergebnis der jahrzehntelangen Bestrebungen ihrer Politiker. Die Versäumnisse häuften sich: Sie waren nicht bereit gewesen, der Tatsache ins Auge zu sehen, dass sie in den böhmischen Ländern unter einer tschechischen Mehrheit lebten, jetzt waren sie nicht bereit, sich in den mehrheitlich tschechischen Staat einzufügen. Sie waren nicht bereit gewesen, die Zweisprachigkeit zu akzeptieren, jetzt, 30 Jahre später, da nicht mehr das Deutsche, sondern das Tschechische Amtssprache war, hätte sie ihnen das Leben erleichtert. Sie waren nicht vorbereitet auf einen Staat, in dem nicht mehr die Deutschen die Tschechen, sondern die Tschechen die Deutschen dominierten. Sie hatten jahrelang eine Obstruktionspolitik betrieben und setzten sie jetzt fort. Sie wollten zu Österreich gehören.

Zum ihrem Sprecher wählten sie Rudolf Lodgman von Auen, der sich brüstete, damals den Ministerpräsidenten Badeni, der die Zweisprachigkeit durchsetzen wollte, zum Duell herausgefordert zu haben. Dem geschickten Lodgmann gelang es, auch die deutschböhmischen Sozialdemokraten auf seine Seite zu ziehen, so dass alle politischen Parteiungen der Deutschböhmen 1918 und 1919 gegen den neuen Staat standen, fast ein Viertel der Bewohner der Tschechoslowakischen Republik. Die so genannte Sudentendeutsche Landsmannschaft hat übrigens nach den Katastrophen des Zweiten Weltkriegs selbigen Lodgmann zu ihrem ersten Sprecher gewählt.

Die Deutschböhmen verlangten Selbstbestimmung, und das hieß nicht Autonomie, sondern Abtrennung – und dies ohne Rücksicht auf die über tausend Jahre gewachsene Einheit der böhmischen Kronländer. Ausgerechnet Frankreich, Großbritannien und die USA, die fünf Jahre lang als Verkörperung des Bösen von der Propaganda Österreichs gebrandmarkt worden waren, sollten nun den Verlierern Selbstbestimmung gestatten. Dabei hatten die kleinen Nationen unter diesem Motto im Krieg gestritten – gegen den Imperialismus Österreichs, das diese Nationen zielbewusst missachtet hatte.

Der erste ausländische Diplomat, der die neue tschechoslowakische Regierung anerkannte, war der deutsche Gesandte in Prag, ehemals kaiserlicher Generalkonsul, Fritz Freiherr von Gebsattel. Dieser verstand die entschlossene Haltung der Tschechen und sah deutlich, was den deutschböhmischen Politikern anscheinend verschlossen blieb: «Ein ganz anderer Ausblick würde sich den Deutschböhmen eröffnen, wenn sie sich jetzt zu einem freiwilligen Verbleiben im Tschechenstaate entschlössen. Wenn dann auch selbstverständlich nicht alle ihre nationalpolitischen Wünsche Erfüllung fänden, so könnten sie doch in dieser Beziehung des größten Entgegenkommens von Seiten der Tschechen sicher sein. Im dringendsten eigensten Interesse der Tschechen ist es ja gelegen, die kulturell und wirtschaftlich hoch entwickelte, kapital- und steuerkräftige deutsche Minorität auf nationalem und wirtschaftlichem Gebiet zufrieden zu stellen und ihr die Möglichkeit zur weiteren Entwicklung zu bieten, schon um das Gedeihen des gesamten Staates sicher zu stellen.»

Dies die Einschätzung der Lage. Freilich war die Haltung auf tschechischer Seite nicht einheitlich. Da gab es Entgegenkommen bei etlichen Politikern, aber auch unversöhnlichen Nationalismus bei anderen, nicht anders als auf der deutschen Seite, so dass ein zaghafter Versuch zu Verhandlungen, den der Vorsitzende der deutschen Sozialdemokraten Josef Seliger im April 1919 wagte, scheiterte. Es hatte Unruhen in den deutschen Gebieten gegeben und das tschechische Militär hatte hart durchgegriffen. Am 4. März 1919 wurden 54 Deutsche erschossen, und zwar an sieben verschiedenen Orten; es war also kein außer Kontrolle geratener Gewaltakt, sondern ein zielbewusstes Vorgehen. Das gab natürlich Lodgmann und seinen Leuten Auftrieb.

Vom 16. November bis zum 2. Dezember 1919 regierte der tschechische Mob in Prag: Vor allem deutsche jüdische Geschäfte wurden demoliert, das «Prager Tagblatt», eine liberale deutsche Zeitung, geplündert, das bisher deutsche Ständetheater wurde von Tschechen besetzt. Mit Mühe brachte schließlich die Polizei die Menge unter Kontrolle. Der junge Staat hatte Probleme, seine Autorität durchzusetzen. Unruhen gab es auch in der Slowakei, vor allem nachdem ungarische Truppen des kommunistischen Regimes von Bela Kun versuchten, die Slowakei zurückzuerobern. Auch diese Gefahr bestand die junge Republik schließlich. Ein dilettantischer Putsch von Kommunisten 1920 in Prag konnte leicht verhindert werden. Die Kommunistische Partei war im übrigen die einzige Partei, die übernational war, also deutsche und tschechische Mitglieder umfasste. Zur Integration trug sie trotzdem nicht bei, da sie die «bourgeoise Republik» entschieden bekämpfte.

Die ausufernde Habsburger Bürokratie, vor allem von deutschen Beamten getragen, deren Anteil weit über den der Deutschen an der gesamten Bevölkerung ging, wurde abgebaut – durch Entlassungen von 33 000 deutschen Beamten. Auch viele Eisenbahner wurden arbeitslos, denn die deutschen Privatbahnen wurden verstaatlicht und von tschechischen Eisenbahnern geführt. Am heftigsten war, wie schon vor dem Krieg, der Kampf um die Schulen. Deutsche Zwergschulen wurden geschlossen, wenn nicht ein «Kulturverband der Deutschen» sie übernehmen konnte, und tschechische wurden errichtet. Es gab viel Kleinlichkeit im täglichen Kampf. So wie vor 1918 die Österreicher die Tschechen drangsaliert hatten, so drangsalierten jetzt die Tschechen die Deutschböhmen, die es nicht leicht hatten, wenn auch die Minderheitenrechte gemäß der Vorgaben des Völkerbundes in der Verfassung gesichert und auch eingehalten wurden. Aus heutiger Sicht kann man wohl sagen, dass es selten eine Minderheit gab, der es nach anfänglichen Schwierigkeiten so gut ging wie den Deutschen in der demokratischen Tschechoslowakei.

Die rechtsgerichteten Parteien hatten zunächst keine so große Anhängerschaft unter den Deutschböhmen, wie der Lärm, den sie machten, vermuten ließ. Die Deutsche Nationalpartei DNP kam 1919 auf 7,4 Prozent, die Deutsche Nationalsozialistische Arbeiterpartei DNSAP nur auf 2,9 Prozent. Diese Partei erinnert nicht nur dem Namen nach an die NSDAP, die in München von rechtsradikalen Antisemiten gegründet wurde und deren frühes Mitglied Adolf Hitler war. In der Tat hatte die Münchener Partei aus dem nationalistischen und antisemitischen Programm der deutschböhmischen DNSAP viel übernommen. Gerade unter den so genannten Volksdeutschen und Grenzlanddeutschen war der Nationalismus stark, stärker noch als im Reich. Sie wollten sich von den Nachbarvölkern besonders aggressiv abgrenzen. Bei den Wahlen 1920 erzielten die beiden Rechtsparteien, die sich zusammengeschlossen hatten, immerhin schon 20,7 Prozent. Hier sammelte sich das Reservoir an Ressentiments, an Tschechenhass und Judenhass, das dann den Kern der Henlein-Bewegung nach 1933 bildete.

Die deutschen Sozialdemokraten errangen 1920 dagegen 33 Sitze, die übrigen Parteien 39. Demokratisches Potential war also in den deutschböhmischen Gebieten vorhanden, denn die Agrarier und die Christlichsozialen zählten ebenfalls zu den demokratischen Parteien. Es waren denn auch diese drei, die bald ihre negative Haltung zur Republik ablegten und auf einen Kurs des Miteinander statt Gegeneinander einschwenkten. Das war nicht zuletzt das Werk hervorragender Männer wie des Vorsitzenden der deutschen Sozialdemokraten Ludwig Czech und des Vorsitzenden des Bundes der Landwirte Franz Spina; letzterer rief in einer Parlamentsrede dazu auf, den Kampf nicht gegen den Staat, sondern für die Rechte im Staat zu führen. Und so geschah es denn auch.

Der dritte, neben Masaryk und Beneš wichtige tschechische Politiker der tschechoslowakischen Republik war der «Bauernzar» Antonín Švehla, seit 1909 der Vorsitzende der tschechischen Agrarpartei, eine kraftvolle, die Menschen zusammenführende Persönlichkeit, der sich leider aus gesundheitlichen Gründen schon 1928 aus dem politischen Leben zurückziehen musste. Er hatte, sicherlich auch von Masaryk inspiriert, der ihn schätzte, die Deutschen zur Mitarbeit eingeladen und 1926 ein übernationales Kabinett zustande gebracht, in dem neben zwei deutschen Ministern auch Vertreter der slowakischen Volkspartei saßen. In einer Regierungserklärung hatte er die Gleichberechtigung des tschechischen und des deutschen «Geburts- und Erbrechts» im Lande ausdrücklich anerkannt. Die deutschen Minister Franz Spina vom Bund der Landwirte und Robert Mayr-Harting von den Christlichsozialen gehörten den Prager Kabinetten an, Mayr-Harting als Justizminister und Spina als Minister für Öffentliche Arbeiten. Spina, der Professor für Bohemistik an der Prager Deutschen Universität war, soll das manchmal fehlerhafte Tschechisch seiner tschechischen Mitarbeiter gerne korrigiert haben. Zu den «Aktivisten», also zu denen, die aktiv an der Prager Politik mitwirkten, gehörten außerdem die deutschen Sozialdemokraten, wenn sie auch zunächst nicht in der Regierung saßen. Die anderen deutschen Parteien blieben als «Negativisten» der Republik feindlich gesonnen.

Zur erfolgreichen Integration der deutschen Minderheit im Laufe der ersten zehn Jahre der Republik trug auch die Außenpolitik des vorzüglichen Diplomaten Beneš bei. Er hatte mit Deutschland und Österreich freundschaftliche Beziehungen hergestellt, so dass die Nationalisten in den deutschböhmischen Gebieten von dort keinen Zuspruch erhielten. Im Gegenteil, Stresemann etwa unterstützte die Politik der «Aktivisten». Beneš spielte eine wichtige Rolle im Völkerbund, der ein friedliches Zusammenleben der Völker in Europa ermöglichen sollte. Er schmiedete auch die «Kleine Entente», ein Bündnis der Tschechoslowakei mit Rumänien und Jugoslawien gegen einen möglichen Angriff der Ungarn, die immer noch Anspruch auf die Slowakei erhoben. Zudem stand das Bündnis mit Frankreich – wenn auch nur auf dem Papier, wie sich später herausstellte. Frankreich war, als es darauf ankam, weder bereit noch in der Lage, sein militärisches Potential zugunsten der Tschechoslowakei gegen Deutschland in die Waagschale zu werfen.

So war die Republik nach zehn Jahren ein stabiles Staatswesen geworden, eine feste Größe für alle seine Bürger. Und diesen Bürgern ging es relativ gut, denn der wirtschaftliche Erfolg des Landes war beträchtlich, eine Inflation war verhindert worden. Auch das ließ diese Bürger zufrieden sein, vor allem wenn sie auf die darbenden Nachbarländer schauten. Unter Masaryks Präsidentschaft erreichte die Tschechoslowakische Republik Ende der 20er-Jahre den Höhepunkt ihrer Anerkennung unter allen ihren Bürgern, auch unter den deutschen. Nach der Wahl 1929 waren 51 der 66 deutschen Abgeordneten des Prager Parlaments «Aktivisten». Der politische Fallierer Lodgmann und die deutschböhmischen Rechten blieben erfolglos.

Freilich änderte das nichts daran, dass die Deutschen und die Tschechen im Lande selten miteinander, sondern eher nebeneinander lebten – was ja schon besser war als gegeneinander. Selbst Prag ist dafür ein Beispiel: In dieser Stadt stellten die Deutschsprachigen kaum sechs Prozent der Bevölkerung, hatten jedoch drei Theater, drei Zeitungen, eine Universität, eine Technische Hochschule und mehrere Gymnasien und Schulen. Doch die Tschechen gingen fast nie ins Deutsche Theater und die Deutschen gingen fast nie ins tschechische Nationaltheater. Dabei hätten sie dort einiges sehen können, denn die tschechische Kunst und Literatur hatte einen großen Aufschwung genommen.

Wenigstens einige Namen müssen genannt werden, trugen doch die Tschechen ihren Teil zur europäischen Moderne bei. Das ist freilich in Deutschland, das immer nur nach Westen schaut, wenig bekannt. Emil Filla etwa ist ein großartiger Maler, den jeder Gebildete in Europa kennen würde, wäre er ein Franzose. Filla und Bohumil Kubišta gelten als die wichtigsten Vertreter des tschechischen Kubismus. František Kupka ist ihnen vorausgegangen, er ist neben Malewitsch, Kandinsky und Mondrian einer der Begründer der abstrakten Malerei, auch er weniger bekannt, als er es verdient hätte. Der Bildhauer Otto Gutfreund wäre noch zu nennen und die Malerin Toyen, eine Surrealistin, die eigentlich Marie Čermínová hieß, sowie Josef Čapek, der Bruder des Schriftstellers Karel Čapek, mit dem zusammen er auch Theaterstücke schrieb, und eine Reihe bedeutender Architekten. Josef Čapek und Emil Filla, zwei freundliche Menschen und bedeutende Maler, wurden 1939 von den Nationalsozialisten verhaftet und ins KZ verschleppt. Josef Čapek starb in Bergen-Belsen, Filla kehrte zurück, erlebte drei Jahre der Freiheit und wurden dann unter den Kommunisten als «Formalist» wieder beiseitegeschoben, ein nicht untypisches tschechisches Schicksal: Die aufrechten Demokraten wurden erst von den Nationalsozialisten, dann – so sie überlebten – von den Kommunisten verfolgt.

KAREL ČAPEK

Karel Čapek, ein liberaler, weltläufiger Autor, ist der repräsentative Schriftsteller der Tschechoslowakischen Republik, gewissermaßen der Thomas Mann Tschechiens. Zwischen den beiden großen Kriegen war er eine Berühmtheit in der ganzen Welt. Er wurde 1890 in Malé Svatoňovice als Sohn eines Landarztes geboren und besuchte das Gymnasium in Hradec Králové und Brünn. Ab 1909 studierte er Philosophie in Prag, aber auch in Berlin und Paris zusammen mit seinem Bruder Josef. Er arbeitete zunächst als Bibliothekar und Erzieher, ab 1917 als Journalist. Er war Mitarbeiter der liberalen Zeitung «Lidové noviny». Als langjähriger Präsident des tschechischen PEN-Clubs half er nach 1933 deutschen Flüchtlingen, unter anderem Thomas und Heinrich Mann, die nach ihrer Ausbürgerung aus Deutschland tschechoslowakische Staatsbürger wurden.

Čapek war gewissermaßen ein philosophischer Autor. In seiner «noetischen» Trilogie «Hordubal», «Ein Meteor» und «Ein gewöhnliches Leben» geht er in höchst unterschiedlichen Konstellationen der Frage nach: Was ist Wahrheit? Seine Theaterstücke sind gesellschaftskritisch, etwa seine und seines Bruders Darstellung der künstlichen Intelligenz in «R.U.R.»: Die beiden schufen darin den Namen «Roboter», er kommt vom tschechischen «robota» für Fronarbeit. Das Drama «Die Sache Makropoulos» wurde von Leoš Janáček vertont. In «Der Krieg mit den Molchen» warnt er vor einer verhängnisvollen Massenbewegung und in «Die weiße Krankheit» vor der Epidemie des Faschismus, der seine deutschen Landsleute zu erfassen drohte.

Ein Kennzeichen für die aufgeklärte Republik war Čapeks Freitagskreis, in dem sich Intellektuelle und Politiker trafen. Auch Masaryk nahm gelegentlich daran teil. Die von Karel Čapek aufgezeichneten Gespräche mit Masaryk sind immer noch eine gute Einführung in die tschechische Geschichte und in die Persönlichkeit Masaryks. Masaryk, der 1935 mit 85 Jahren vom Amt des Staatspräsidenten zurückgetreten war – bei seiner letzten Wahl hatten ihn auch die deutschen «Aktivisten» gewählt –, starb 1937. Gerade rechtzeitig, könnte man sagen, um nicht erleben zu müssen, wie sein Werk zerstört wurde. Karel Čapek überlebte das Münchener Abkommen, das die Republik zerschlug, nicht lange. Er starb am ersten Weihnachtstag 1938. Und mit ihm starb die liberale Republik.

Die wichtigste literarische Bewegung der frühen 20er-Jahre in Prag war die Gruppe Devětsil, der unter anderen Karel Teige, Vladislav Vančura, ein vorzüglicher Prosaist, Vítězslav Nezval und Jaroslav Seifert angehörten, zwei bedeutende Lyriker. Seifert erhielt spät den Nobelpreis. Vančura wurde nach dem Heydrich-Attentat von den Nationalsozialisten erschossen.

Der berühmteste tschechische Schriftsteller dieser Zeit wurde ein Außenseiter, ein Kneipengänger (die anderen gingen ins Kaffeehaus) und Witze-Erzähler: Jaroslav Hašek. Seine Geschichten vom braven Soldaten Švejk, in Heftchen kolportiert, wurden von der tschechischen Kritik nicht ernst genommen, bis ein deutscher Kritiker sie in ihrer Bedeutung erkannte: Max Brod, der das Werk durch seine Dramatisierung der «Abenteuer des braven Soldaten Švejk», die Piscator in Berlin aufführte, in die Weltliteratur trug. Genauso förderte Brod, Redakteur am «Prager Tagblatt», nicht nur seinen Freund Franz Kafka, der ohne ihn vergessen wäre, sondern auch den großen mährischen Komponisten Leoš Janáček, dessen Libretti er ins Deutsche übertrug. Die Prager deutschen Juden, neben Max Brod vor allem Otto Pick und Rudolf Fuchs, sorgten für eine Vermittlung zwischen Tschechen und Deutschen, sie waren offen nach beiden Seiten. Man hat es ihnen nicht gedankt. Ebenso wenig den Prager tschechischen Juden und Übersetzern wie Pavel Eisner.

17

MÜNCHEN 1938: DIE NATIONAL-SOZIALISTISCHE OKKUPATION

Die Tschechen hatten ihre politische Reifeprüfung bestanden im Gegensatz zu den Österreichern und den Deutschen. Mit der Tschechoslowakei hatten sie trotz aller Schwierigkeiten eine stabile Republik zustande gebracht, die auch nach 1930 demokratisch regiert wurde, als dort die Weltwirtschaftskrise ankam und lange anhielt – nicht zuletzt deshalb, weil Deutschland ab 1933 autark zu sein versuchte und tschechoslowakische Waren nicht mehr aufnahm. Auch unter dem Ansturm der Linken und der Rechten, der daraufhin erfolgte, blieb den Tschechen eine demokratische Regierung erhalten. Als nach dem Rücktritt Masaryks 1935 die tschechische agrarische Rechte mit der deutschen Rechten, nämlich der Henlein-Partei, einen Regierungs- und Kurswechsel plante, scheiterte sie an den demokratischen Parteien, die zusammenhielten. Edvard Beneš wurde mit großer Mehrheit, auch der deutscher «Aktivisten», gewählt. Die Republik hatte einen kritischen Moment überstanden.

Anders Österreich. 1934 eröffnete die katholische Rechte einen Bürgerkrieg gegen die Sozialdemokraten. Die Sozialdemokratische Partei und die Gewerkschaften wurden verboten, eine Vaterländische Front übernahm die Macht, ein Einparteienstaat entstand. Mussolini war das Vorbild dieses Austrofaschismus, der wiederum vom deutschen Nationalsozialismus bedrängt wurde, der 1938 Österreich besetzte. Von der Mehrzahl seiner Bewohner wurde der Österreicher Hitler frenetisch begrüßt. Genauso wie kurze Zeit später von der Mehrzahl der Deutschböhmen. Die Österreicher hatten die Reifeprüfung nicht bestanden.

Und die Deutschen erst recht nicht. Bedrängt von den Kommunisten auf der Linken und den Nationalsozialisten auf der Rechten, entzweiten sich die beiden großen demokratischen Parteien Zentrum und Sozialdemokratie wegen Kleinigkeiten, eine verkommene Clique überredete den senilen Reichspräsidenten, Hitler zum Reichskanzler zu ernennen. Mit dessen Machtantritt begann sofort der NS-Terror. Alle Parteien und politischen Organisationen wurden verboten, Demokraten und Kommunisten kamen in Konzentrationslager, die Verfolgung der Juden begann. Die Ermordung der SA-Führung öffnete 1934 auch dem letzten die Augen für dieses Regime. Und dieses Regime wurde von der Mehrheit der Deutschböhmen ersehnt? Dieses mörderische Regime waren sie bereit einzutauschen gegen eine wie auch immer unvollkommene demokratische Regierung? Unvollkommen ist schließlich jede Regierung, nur die demokratische gibt es offen zu. Nicht nur die Reichsdeutschen, auch die Deutschböhmen hatten ihre politische Reifeprüfung in den 30er-Jahren nicht bestanden. Und das mit verhängnisvollen Folgen nicht nur für sie, sondern für ganz Europa.

Die Tschechen waren vorbildlich, aber sie wurden kein Vorbild. Unter den zurückgebliebenen Nachbarn, die größer und mächtiger waren, hatten sie nicht zum ersten Mal zu leiden: Sie wurden überrannt und mit brutaler Gewalt niedergedrückt. Gerade, dass sie eine Demokratie zu bewahren wussten, machte sie den Faschisten verhasst.

«Der Nationale Sozialismus. Sein Werdegang und seine Zukunft» heißt die Begründungsschrift des Nationalsozialismus. Rudolf Jung publizierte sie 1919 in Ústí nad Labem (Aussig). Im Münchener Programm der NSDAP von 1920, Mitglied Nr. 7 war Adolf Hitler, tauchten die Grundsätze dieser Schrift auf. Die deutschböhmische DNSAP war eine Art Vorreiter der deutschen NSDAP und der Kontakt zwischen den Nationalsozialisten Österreichs, Deutschlands und

Böhmens war schon in den 20er-Jahren intensiv. Diese DNSAP stand in Konkurrenz zur anderen deutschböhmischen nationalistischen Partei, der DNP. Ein «Kameradschaftsbund» (KB) war der Kern der Bewegung, eine Art geheimer Loge, die versuchte, Einfluss auf die junge Elite, die Gymnasiasten und Studenten zu nehmen.

Zu diesem Zweck gründete der KB einen «Deutschen Turnverband», dessen Leiter der Bankangestellte Konrad Henlein aus Aš (Asch) wurde. Henlein war kein harmloser Turnlehrer, sondern der Anführer einer nationalistischen deutschböhmischen Truppe. Diese Truppe Henleins und die entsprechende Truppe «Volkssport» der DNSAP, die in freundschaftlicher Beziehung zur deutschen SA stand, waren nach 1930 die treibenden Kräfte von Unruhen. Im Februar 1932 konnten die tschechoslowakischen Behörden die landesverräterischen Kontakte nachweisen und der «Volkssport» wurde verboten. Verboten wurden 1933 auch DNP und DNSAP, deren Aktivitäten direkt gegen die Republik gerichtet waren.

Das war die Stunde des Konrad Henlein und des «Kameradschaftsbundes» hinter ihm. Henlein gründete «aus eigener Initiative» die «Sudetendeutsche Heimatfront», die über allen Parteien stehen sollte. Sie ist also in der Gründung schon antidemokratisch, weil sie nicht eine Partei sein sollte, die bestimmte Interessen oder Gruppen vertrat und um die Gunst der Wähler warb, sondern eine überparteiliche Bewegung, die alle Differenzen zwischen den Deutschböhmen einzuebnen behauptete, als ob alle die gleichen Interessen hätten. Die Ausklammerung und Unterdrückung beträchtlicher Minderheiten, Sozialdemokraten und Juden schloss das ein.

Henlein legte Lippenbekenntnisse zur Republik ab, wohl um einem Verbot zu entgehen. Doch schon in seiner 1931 publizierten Schrift «Völkische Bedeutung der Leibesübungen» ließ er seine Sympathien für Hitler durchblicken. Freilich stand er als Anhänger des «Kameradschaftsbundes», der von dem Österreicher Ottmar Spann geleitet wurde, zunächst in Konkurrenz zu den aus der DNSAP gekommenen Mitgliedern der Heimatfront. 1935 trat Henlein, inzwischen war aus der Heimatfront die «Sudetendeutsche Partei» geworden, bei den Wahlen gegen die demokratischen Parteien an und gewann 1 250 000 Stimmen und 44 Sitze. Die «Aktivisten» verloren: Die Sozialdemokraten sanken von 21 auf 11, die Christlichsozialen von 14 auf 6 und die Agrarier erhielten nur noch 5 Sitze. Die SdP hatte also doppelt so viele Sitze wie die drei demokratischen Parteien zusammen und mehr Sitze als die stärkste tschechische Partei.

Woher der Erfolg dieser im Kern faschistischen Partei? Nur an der oft kleinlichen Nationalitätenpolitik der tschechoslowakischen Regierung und der schwierigen Wirtschaftslage in den deutschböhmischen Gebieten, wo die Zahl der Arbeitslosen besonders hoch war, kann es nicht gelegen haben, meint der deutsche Historiker Jörg K. Hoensch. Woran dann?

Immerhin gab es doch eine gewisse Abhängigkeit von der Haltung der Prager Regierung. Als sich 1937 ein Entgegenkommen andeutete, das Wenzel Jaksch von den Sozialdemokraten zu erreichen suchte, sollen 30 000 Mitglieder aus der SdP ausgetreten sein. Als sich diese Hoffnung zerschlug, sollen 120 000 wiederum eingetreten sein. Am Schluss war jeder fünfte Deutschböhme Mitglied der SdP: 600 000 Mitglieder zählte diese Partei. 1937 begab sich Henlein in die völlige Abhängigkeit von Hitler. Nun war er das, was viele in ihm vermuteten, tatsächlich: ein Erfüllungsgehilfe der Berliner Regierung. Er musste nur noch den Anlass liefern für die Zerschlagung der Republik. Seine Strategie war, jeweils so viel zu fordern, dass die Prager Regierung, welche auch immer, ihm unmöglich zustimmen konnte.

Die Christlichsozialen waren dem Druck gewichen und hatten sich aufgelöst, ebenso der Bund der Landwirte gegen den Willen des Generalsekretärs Raimund Graf. Nur die deutschböhmischen Sozialdemokraten hielten bis zum Schluss treu zur Tschechoslowakischen Republik. Sie bezahlten mit Verfolgung, mit Emigration oder Gefängnis und KZ. Nach 1945 wurde es ihnen nicht gedankt.

Bei den Gemeindewahlen im Mai 1938 erreichte die Sudetendeutsche Partei in den deutschsprachigen Gebieten fast 90 Prozent der Stimmen, ein bei demokratischen Wahlen ungewöhnliches Ergebnis. Die «Volksgemeinschaft» war hergestellt bis auf die vielleicht 100 000 Deutschböhmen, die immer noch anderer Meinung waren, eine zu vernachlässigende Größe. 30 000 Sozialdemokraten und Kommunisten flohen nach der Besetzung der deutschböhmischen Gebiete durch die deutschen Truppen im Oktober 1938, 20 000 «Unbelehrbare» wurden verhaftet, 7000 bis 8000 ins KZ gesteckt, darunter 47 katholische Priester, Tschechen und Deutsche. 700 000 Tschechen waren von ihrem Kernland abgeschnitten, viele flohen vor den Verfolgungen dorthin, wohin ihnen im März 1939 die Hitler-Truppen und der Terror folgten.

Das Verhalten der überwiegenden Mehrzahl der Deutschböhmen in diesen Jahren ist schwer zu erklären und schwer zu entschuldigen. Sie wählten ein System, das bereits in den ersten Jahren seinen antihumanen, verbrecherischen Charakter offenbart hatte, und sie lehnten eine Regierung ab, die bei allen Mängeln unbestreitbar zu den Demokratien in Europa gehörte und in dieser Zeit die einzige Demokratie in Mittel- und Osteuropa war.

Deutsche Historiker haben hin und wieder behauptet, die Prager Regierung hätte den Deutschböhmen mehr Zugeständnisse machen sollen, dann wäre es nicht so weit gekommen. Das ist reiner Unsinn. Es war Hitlers mehrfach belegter Plan, zuerst Österreich zu annektieren und dann die Tschechoslowakei zu zerschlagen – das hätte er getan, gleichgültig, wie deren Politik auch immer beschaffen gewesen wäre. Die Sudetendeutsche Partei lieferte nur den Vorwand. Im September 1939 überfiel Hitler-Deutschland Polen, einen Anlass gab es nicht, also lieferten die Nationalsozialisten einen: Sie steckten deutsche Soldaten in polnische Uniformen und diese überfielen den Sender Gleiwitz. Am nächsten Tag wurde «zurückgeschossen». Die Niederlande und Dänemark hatten kein Minderheitenproblem und waren intakte Demokratien. Geholfen hat ihnen das nicht. Sie wurden von Hitler-Deutschland überfallen und unterdrückt. Und hätten die Nazis den Krieg gewonnen, wären sie dem Deutschen Reich einverleibt worden wie Österreich, wie Böhmen und Mähren und Polen auch.

Eine andere Frage mag erlaubt sein: Hätten die Deutschböhmen 1938 zu 90 Prozent zur tschechoslowakischen Republik als ihrer eigenen gestanden und hätten sie diese Demokratie in Gemeinschaft mit ihren tschechischen Landsleuten verteidigt, wäre es dann nach dem Krieg auch zu den Vertreibungen aller Deutschen gekommen? Die Erfahrung der Tschechen von 1937 und 1938 war aber, dass fast ein Viertel der Bewohner ihres Staates in einem landesverräterischen Aufstand gegen die Zentralgewalt standen. Freikorps waren gebildet worden und machten Überfälle. Diese traumatische Erfahrung wird nicht so schnell vergessen. Sie war der Anstoß zu ersten Überlegungen von Edvard Beneš, wie er wenigstens einen Teil dieser abtrünnigen Bevölkerung loswerden könnte.

Die Politik Hitlers wäre nicht so lange so erfolgreich gewesen, wenn nicht die Demokraten versagt hätten, zunächst die demokratischen Parteien in Deutschland, dann die demokratischen Regierungen der Großmächte Frankreich und Großbritannien. Gerade in London fand Henleins Propaganda Anklang. Einmal war er in London, um für das merkwürdige Selbstbestimmungsrecht der Sudetendeutschen Partei zu werben. Die britischen Außenpolitiker schienen bereit, Hitler-Deutschland im Osten freien Spielraum zu geben, solange sie selbst nicht von dessen Expansionspolitik bedroht wurden. So kam der britische Premier Chamberlain 1938 zur Münchner Konferenz nicht gerade in der Absicht, mit britischen Soldaten die Unabhängigkeit der Tschechoslowakei zu schützen, die immerhin 20 wohlbewaffnete Divisionen auf die Beine brachte. Im Gegensatz zu ihren deutschen Landsleuten waren die Tschechen bereit, ihre Demokratie mit ihrem Leben zu verteidigen. Allerdings waren auch die meisten deutschböhmischen Wehrpflichtigen ihrem Gestellungsbefehl gefolgt.

Der erpresserischen Politik Hitlers gaben Chamberlain und der französische Ministerpräsident Daladier nach, und lieferten damit ihren Bündnispartner Tschechoslowakei seinem ärgsten Feinde aus. Ausgerechnet Mussolini sollte vermitteln. In München kam es am 29. September 1938 zu einem Abkommen, das Hitler, Mussolini und eben Chamberlain und Daladier unterschrieben. Die Tschechen waren von den Verhandlungen ausgeschlossen, hilflose Opfer, über deren Schicksal bestimmt wurde. Die autoritären Regierungen der polnischen und ungarischen Nachbarn nutzten die Gelegenheit, sich ein Stück der Beute zu sichern. Die deutschböhmischen Gebiete wurden abgetrennt und in Gaue eingeteilt, der Rest von Böhmen und Mähren war nicht mehr lebensfähig.

Die tschechoslowakische Regierung wurde gezwungen, der Vernichtung der Republik zuzustimmen. Und sie stimmte leider zu, auch Beneš unterschrieb, bevor er ins Ausland flüchtete. Ohne einen Krieg zu verlieren, ohne eigene Schuld, ohne Mitsprache wurden die Tschechen von den demokratischen Verbündeten Frankreich und Großbritannien der brutalen Willkür des schlimmsten Regimes, das Europa je ausgebrütet hatte, ausgeliefert. Die ohnmächtige Wut der Tschechen, ihre tiefe Erniedrigung führte zum Zweifel an den westlichen Demokratien. Hier entstand die Hoffnung auf die Unterstützung durch die Sowjetunion, die sich als genauso trügerisch erweisen sollte. Das Abkommen von München ist der dunkelste Punkt der neueren Geschichte der Tschechen.

Im August 1968 erlebten sie diese ohnmächtige Wut, dieses Gefühl des schuldlosen Ausgeliefertseins an größere Mächte noch einmal: beim Einmarsch der sowjetischen Truppen, die den «Prager Frühling» niederwalzten. Aus eigener Kraft waren die Tschechen und Slowaken gerade dabei, sich aus dem Gefängnis des Kommunismus zu befreien, als sie mit brutaler Gewalt zurückgezwungen wurden. Nicht ohne Grund tauchten damals Plakate an den Wänden Prags auf, die eine Analogie zwischen Hitler und Breschnew, zwischen 1938 und 1968 herstellten.

Er habe den Frieden für unsere Zeit erreicht, hatte Chamberlain am 1. Oktober 1938 bei seiner Rückkehr in London behauptet. Ein halbes Jahr später, am 15. März 1939, marschierten deutsche Truppen im noch nicht besetzten Rest von Böhmen und Mähren ein, ein offener Bruch des Münchener Abkommens, den die Westmächte wiederum hinnahmen. Dieser Rest wurde zum Protektorat erklärt, also zu einer Art Kolonie, die unter der bekannten Fürsorge des Führers stand. Die Slowakei wurde zu einem angeblich selbständigen, aber völlig von Hitler-Deutschland abhängigen Staat. Die Bewegungen, die zuvor als Minderheit so volltönend Selbstbestimmung forderten, wurden in dem Moment, in dem sie an die Macht kamen, selbst zum Instrument der Repression: Die Slowakische Volkspartei errichtete eine Einparteiendiktatur und begann die Judenverfolgung. In den deutschböhmischen Gebieten wurden sofort die tschechischen weiterführenden Schulen geschlossen und fast alle tschechischen Volksschulen.

MILENA JESENSKÁ

Die Prager Journalistin Milena Jesenská besuchte im Mai 1938 die deutschböhmischen Gebiete und berichtete darüber in der angesehenen Zeitschrift «Přítomnost» (Gegenwart), die der liberale Journalist Ferdinand Peroutka leitete. Demnach herrschte in diesen Gebieten vor dem Einmarsch der deutschen Truppen ein Terror, wie er selbst in Nazi-Deutschland nicht stärker war. Die Schulkinder marschierten in Reih und Glied in ihre Turnhallen, Nazi-Lieder singend und die Hand zum Hitler-Gruß hebend. Wer nicht mitmachte, wurde verfolgt, bespuckt, verprügelt. Er verlor seine Arbeit, das Kind wurde in der Schule isoliert: Dein Vater ist ein Volksfeind, hieß es, wenn der Vater Sozialdemokrat war. Der Druck, der SdP beizutreten, war ungeheuer: Trittst du nicht ein, verlierst du deine Arbeit. Und das geschah auch, weil die Handwerksmeister und Unternehmer aus Überzeugung oder aus Opportunismus mitmachten. Milena Jesenská plädierte entschieden für die anderen Deutschen, die unter diesen Verhältnissen immer noch der demokratischen Republik die Treue hielten. Für ihre Überzeugung standen sie «mit ihrer Existenz» ein, schrieb sie.

Milena Jesenská ist in Deutschland als Freundin Franz Kafkas bekannt geworden. Sie war die erste Übersetzerin Kafkas ins Tschechische. Eine Freundschaft entwickelte sich, der wir tiefsinnige und verzweifelte Briefe Kafkas verdanken. Milena Jesenská, aus angesehener Prager Familie, hatte das tschechische Mädchengymnasium «Minerva» besucht, das den Frauen endlich das Abitur ermöglichte. Die Republik gestattete ihnen dann auch das Studium. Etliche Schulkameradinnen aus der «Minerva» traf sie später im KZ Ravensbrück wieder. Mit ihrem ersten Mann Ernst Pollak lebte sie in Wien, nach der Trennung kehrte sie Mitte der 20er-Jahre nach Prag zurück und schrieb für etliche Zeitungen, zunächst Modeberichte für die Frauenseiten, dann aber auch Reportagen und Feuilletons. Sie heiratete den bedeutenden Prager Architekten Jaromír Krejcar und kam durch ihn in den Zirkel der Prager Künstler und Intellektuellen.

1931 trat sie der Kommunistischen Partei bei, ab 1934 kritisierte sie den Stalinismus, 1936 wurde sie ausgeschlossen. Die meisten tschechischen Intellektuellen hatten sich schon 1929 von der KP getrennt, als deren Weg unter Stalin offensichtlich wurde. Milena Jesenská half nach 1933 deutschen Emigranten und nach 1938 jüdischen und kommunistischen Bekannten über die Grenze. Sie schloss sich sogleich nach dem Einmarsch der deutschen Truppen dem tschechischen Widerstand an. Im November 1939 wurde sie von der Gestapo verhaftet. Das Gericht in Dresden, wohin man sie gebracht hatte, sprach sie frei. Daraufhin kam sie vom Gerichtssaal ins KZ Ravensbrück. Dort wurde eine Deutsche ihre beste Freundin: Margarete Buber-Neumann, die mit ihrem Mann, einem deutschen Kommunisten, 1933 in die Sowjetunion emigriert war. Ihr Mann wurde bei den Säuberungen umgebracht, sie kam in ein stalinistisches KZ. Im Oktober 1940 nach dem Hitler-Stalin-Pakt schenkte Stalin dem Führer eine Reihe von deutschen Kommunisten, darunter auch

Margarete Buber-Neumann. So kam sie vom KZ Stalins in das KZ Hitlers. Sie überlebte und schrieb ein anrührendes Buch über «Kafkas Freundin Milena». Milena Jesenská starb am 17. Mai 1944 in Ravensbrück.

Der tschechische Philosoph Karel Kosík, der selbst Gefangener der Gestapo in der Festung Terezín (Theresienstadt) war, sieht die Größe von Milena Jesenská darin, dass sie sich gegen «alle drei Inkarnationen des Bösen» in aussichtsloser Lage gestellt habe: «gegen den deutschen Nazismus, gegen den russischen Bolschewismus, aber auch gegen das Übel der Münchener Kapitulation der westlichen Demokratien, gegen den in ganz Europa verbreiteten Geist, besser Ungeist des Münchener Abkommens.»

Was sie in den deutschböhmischen Gebieten schon waren, wurden die Tschechen nach dem März 1939 im ganzen Land: Menschen zweiter Klasse. Der «Reichsprotektor» Konrad von Neurath und sein Stellvertreter Karl Hermann Frank, ein deutschböhmischer Scharfmacher, waren sich einig in der «Umvolkung» der Tschechen. Die «Gutrassigen» sollten germanisiert und die «Schlechtrassigen» ausgesiedelt und einer «Sonderbehandlung» zugeführt werden. Einstweilen aber brauchten sie die tschechischen Arbeiter. Die tschechische Intelligenz hingegen sollte schon einmal dezimiert werden. Die Juden – und die Zigeuner – wurden sogleich ausgesondert, ihrer Rechte beraubt und schließlich in Konzentrationslagern deportiert, wo die meisten umgebracht wurden. Zunächst wurden die Prager Juden nach Lodz verbracht, dann ins Ghetto Terezín (Theresienstadt), eine Festung und Garnison, die Joseph II. gegen die Preußen hatte errichten lassen. In diesem Ghetto wurden die Juden unter unmenschlichen Bedingungen zusammengepfercht, bevor sie in die Todeslager nach Osten transportiert wurden. 80 000, fast alle der Juden aus Böhmen und Mähren wurden ermordet. In der kleinen Festung vor den Toren von Terezín wurden die Häftlinge der Gestapo zu Tode gequält.

Als dies alles nicht schnell genug ging, wurde Reinhard Heydrich, Chef des Reichsicherheitshauptamtes, ein seltener Bluthund, «stellvertretender Reichsprotektor». Er löste sogleich eine Terrorwelle aus: 400 Menschen wurden hingerichtet, 4000 bis 5000 verhaftet. Es war die zweite große Terrorwelle nach der von Ende 1939, als bei Demonstrationen zum Nationalfeiertag am 28. Oktober ein Arbeiter und ein Student von der Polizei erschossen wurden. Alle Hochschulen wurden geschlossen und blieben geschlossen bis Kriegsende. Wozu brauchten die Tschechen Hochschulen? Sie waren als Sklaven eingeplant. 1200 Studenten kamen in Konzentrationslager, neun Studentenführer wurden hingerichtet. Alle Professoren der Universität Brünn wurden ins KZ Mauthausen deportiert.

Die dritte Terrorwelle erfolgte nach dem Attentat auf Heydrich am 27. Mai 1942; das einzige Attentat auf einen hohen Nazi, das gelang, haben Tschechen vollbracht, Fallschirmjäger, die aus dem britischen Exil gekommen waren. Die Attentäter konnten sich in der Krypta der Kyrill-und-Method-Kirche in der Nähe des Karlsplatzes verstecken und wären dort nicht entdeckt worden, wenn nicht ein Tscheche sie verraten hätte. Sie kämpften und gaben sich schließlich selbst den Tod, bevor sie in die Hände der Gestapo fielen. Die Rache war furchtbar. Das Dorf Lidice wurde dem Erdboden gleichgemacht, alle Männer des Dorfes wurden erschossen, alle Frauen ins KZ verschleppt, die meisten Kinder getötet. Alle Männer und Frauen des Dorfes Ležáky wurden ermordet. Etwa 4000 Tschechen wurden verhaftet, 1357 von Standgerichten zum Tode verurteilt. Ihr Vergehen hieß meistens «Gutheißung des Attentats».

Ganze Jahrgänge von jungen tschechischen Männern und Frauen mussten Zwangsarbeit in den Betrieben in Deutschland leisten, hungernde Arbeitssklaven, die sich bei Bombenalarm nicht einmal in den Luftschutzkellern bergen durften. Die wohl funktionierende tschechische Industrie, vor allem die Škoda-Werke, die Tatra-Werke und die Waffenwerke in Brünn trugen eine enorme Last an der Ausrüstung der Wehrmacht. Sie lieferten Panzer, Lastwagen,

Kanonen, Maschinengewehre und Pistolen. Deshalb war Frank darauf bedacht, den Arbeitern ein halbwegs auskömmliches Leben zu bescheren – erst nach dem Krieg sollte die «Umvolkung» einsetzen.

Schon die Zweite Republik, wie man die Zeit zwischen Oktober 1938 und März 1939 nennt, hatte sich durch Anpassung an den Nationalsozialismus ein erträgliches Zusammenleben mit Hitlerdeutschland vergeblich zu erkaufen versucht. Dasselbe versuchte die tschechische Scheinregierung des Protektorats unter Präsident Emil Hácha nach März 1939. Hácha gründete eine «Nationale Gemeinschaft» (Národní souručenství), der die meisten tschechischen Männer, wenn auch unter Druck beitraten. Diese Organisation versuchte sich gegen die Zumutungen der Nazis zu wehren, sie informierte die Londoner Exilpolitiker und hatte auch Verbindungen zu Widerstandsgruppen im Lande, die sich aus ehemaligen Offizieren und aus Sozialisten und Kommunisten gebildet hatten. Unter Heydrich und seinen Nachfolgern war die tschechische Regierung nur noch ein Befehlsempfänger. Deren Leiter, General Eliáš, der Kontakt zu London gehalten hatte, ließ er hinrichten. Der Hass der Tschechen gegen das brutale Regime der Deutschen wurde zu unversöhnlichem Hass gegen alles Deutsche überhaupt, vor allem aber gegen die Deutschen im Lande, denen sie vorwarfen, die Nazis gerufen zu haben.

18

1945: ODSUN ODER VERTREIBUNG DER DEUTSCHEN

Edvard Beneš musste von vorne anfangen: Wiederum gelang es ihm im Exil, die Tschechoslowakei zu begründen, die im Münchener Abkommen zerschlagen worden war, eine großartige Leistung. War er bei seiner Ankunft in London im Oktober 1938 kaum wahrgenommen worden, so begrüßten ihn die Amerikaner in Chicago schon voller Sympathie. Als der Krieg ausbrach, kehrte er nach London zurück – zu einer der Signaturmächte des Münchener Abkommens. Eine Gruppe von Politikern um Winston Churchill unterstütze ihn und im Laufe von zwei Jahren erreichte er die Anerkennung als Präsident der tschechoslowakischen Exilregierung. Zuerst war die Sowjetunion dazu bereit, freilich erst nachdem Hitlerdeutschland sie 1941 überfallen hatte. Zuvor hatte Stalin sich im Bündnis mit Hitler die baltischen Staaten und einen Teil Polens geholt, eine Beute, die er auch nach dem Krieg nicht zurückgab. Im Herbst 1942 schloss sich die britische Regierung an und die Regierung des Freien Frankreich unter General de Gaulle: Beneš erhielt die Zusage, dass die Tschechoslowakei wieder in den Grenzen von 1919 hergestellt werden würde.

Die Enttäuschung über das Verhalten Großbritanniens und Frankreichs im Jahre 1938 führte Beneš an die Seite Russlands. 1943 erkannte er, dass Ost- und Mitteleuropa von Osten her befreit werden würde, also von der Sowjetunion. So galt es, sich mit dieser gut zu stellen. Von der Sowjetunion erwartete er eine zuverlässigere Unterstützung und dazu war er, Diplomat wie immer, auch zu großen Zugeständnissen bereit, die er in einem Freundschaftsvertrag am 12. Dezember 1943 zusicherte.

Beneš war ein demokratischer Politiker und Diplomat, der im Genfer Völkerbund seine Fähigkeiten am besten bewiesen hatte. Er vertrat die Interessen seines Landes immer außerordentlich geschickt, er hätte sonst im Exil des Ersten und im Exil des Zweiten Weltkriegs nicht so viel Erfolg geerntet. Er war auch, wenn die Situation ihn dazu zwang, zu Entgegenkommen bereit, um einen einvernehmlichen Kompromiss zu erreichen. Sein Unglück war nur, dass er auf die beiden schrecklichsten Politiker traf, die Europa je hervorgebracht hatte: 1938 auf Hitler, 1948 auf Stalin. In Hitler und in Stalin traten ihm zwei Diktatoren entgegen, die sich an keine Verträge hielten, für die Zusicherungen nur auf dem Papier standen und die nur die Sprache der Waffen verstanden. Bei Hitler erkannte Beneš das früh, bei Stalin spät. So ist er zweimal gescheitert: 1938, als ihn kein Zugeständnis vor der Zerschlagung seines Landes bewahrt hätte, und 1948, als sein Entgegenkommen zur völligen Unterwerfung der Tschechoslowakei unter den russischen Bolschewismus führte. Die Tschechoslowakei war wiederhergestellt, das hatte er erreicht, aber um welchen Preis? Präsident Beneš, schon schwer krank, unterschrieb diesmal die von den Kommunisten manipulierte Verfassung nicht, er zog sich im Februar 1948 zurück und starb bald darauf im September 1948 mit 64 Jahren. Eine tragische Gestalt.

Ein Verdienst wird er sich noch angerechnet haben: die Vertreibung der deutschsprachigen Bewohner aus Böhmen und Mähren und Schlesien. Jedenfalls wurden die Weichen dafür von der Exilregierung unter Beneš in London gestellt. Alles, was nach 1945 geschah, wurde dort festgelegt und mit den Alliierten abgesprochen, auch die spontanen Wutausbrüche der tschechischen Bevölkerung. Detlef Brandes hat 1994 die Dokumente zusammengestellt, an denen sich das ablesen lässt.

Es war diese traumatische Erfahrung von 1938, die Beneš erschüttert hatte: Ein Teil der Bevölkerung der Republik stand in einem Aufstand gegen die Zentralgewalt und zerstörte den Staat, sein Lebenswerk und das seines Mentors Tomáš Garrigue Masaryk. Dies die Ausgangsposition, die ihn überlegen ließ, wie er wenigstens einen Teil dieser aufständischen Bevölkerung los werden könnte. Anfangs war er bereit, Randgebiete von Böhmen abzutreten mit der dort wohnenden deutschen Bevölkerung, wenn dazu auch noch eine weitere beträchtliche Gruppe von Deutschen die Republik verließe, so dass nicht mehr drei, sondern nur noch zwei Millionen Deutsche innerhalb des Staates blieben. Im Laufe der Zeit wurden die Gebiete, die er abzutreten bereit war, immer kleiner und die Bevölkerung, die er aussiedeln wollte, immer größer. Es sollte schließlich nur noch eine Million zurückbleiben und Gebiete sollten gar keine mehr abgetreten werden. Im Laufe des Kriegs radikalisierte sich die Exilregierung in London in dem Maße, wie der Terror der Nationalsozialisten im Protektorat sich verstärkte, zumal die Widerstandsgruppen, mit denen sie Kontakt hielt, immer mehr zu einer Vertreibung aller Deutschen drängten.

Dazu brauchte Beneš die Unterstützung der Alliierten, um die er warb. Zuerst schwenkte Churchill auf seine Linie ein, dann gelang es ihm auch, Roosevelt zu gewinnen. War im Ersten Weltkrieg eines der Ziele der Alliierten, für die Minderheiten im Habsburger Reich Selbstbestimmung zu erreichen, so wurden jetzt nach den Erfahrungen mit Hitler Minderheiten als Unruheherde betrachtet, als eine Ursache des Zweiten Weltkriegs. Deshalb war nun ein Ziel, Minderheiten möglichst durch Umsiedlung oder Aussiedlung zu entfernen.

Am längsten ließ merkwürdigerweise die Zustimmung Stalins zu den Plänen von Beneš auf sich warten, hatte doch Stalin Völker wie Viehherden in der Sowjetunion verschoben und dezimiert. Als Stalin der Vertreibung der Deutschen aus der Tschechoslowakei zustimmte, unterstützte Beneš auch die Vertreibung der Deutschen aus den östlichen Gebieten Deutschlands, die Polen zugeteilt werden sollten, damit Stalin seine von Hitler zugestandene Beute behalten konnte. Auch hier stimmten die westlichen Alliierten wieder zu.

Vier Varianten wurden schließlich von einer tschechoslowakischen «Studiengruppe» in London Anfang 1944 diskutiert. Die vierte Variante sah vor, dass die Armee sogleich nach Kriegsende die Randgebiete besetzen und mehr als zwei Millionen Deutsche vertreiben sollte, ebenso die etwa 600 000 Ungarn und die etwa 80 000 Polen. Jeder dürfe mitnehmen, wie viel er tragen könne, und müsse die 60 bis 70 Kilometer bis zur Grenze zu Fuß zurücklegen. Beneš bestand allerdings darauf, dass nicht alle Deutschen vertrieben würden, sondern dass diejenigen, die nützliche Berufe ausübten, bleiben sollten. Die Republik von etwa 9,5 Millionen Tschechen und Slowaken sollte nur noch zehn Prozent, also etwa 900 000 nichtslawische Bewohner haben.

So ähnlich ist das dann auch nach Kriegsende geschehen. Nur wurden viele Deutsche mit Viehwaggons abtransportiert und die Vertreibung dauerte bis ins Jahr 1946 hinein. Die Potsdamer Konferenz der Alliierten stimmte offiziell der Vertreibung der Deutschen zu. Auch die Untaten, die in den ersten Wochen von tschechischen Revolutionsgarden und anderen verübt wurden, waren nicht nur Ausbrüche spontaner Rache, sie wurden schon in London geplant: Die «gesteuerte Revolution», so hieß es, sei «eine Phase der Gewalt und des Terrors ohne offizielle behördliche Kontrolle und damit Verantwortung von Regierungsvertretern, eine innere Revolution gegen die deutsche Unterdrückung, für die niemand zur Verantwortung gezogen werden kann» (Brandes, 222). Und so geschah es denn auch.

Es wird mitunter darüber gestritten, ob es nun eine Vertreibung («vyhnání») oder eine Abschiebung («odsun») war, im Tschechischen dominiert «odsun», im deutschen Vertreibung. Es ist ein Streit um Worte, der am Sachverhalt nichts ändert: Eine Bevölkerung wurde aus ihren jahrhundertelangen Siedlungsräumen zwangsweise ausgesiedelt. Wie man es auch immer nennt, ein Unrecht wird man es auf jeden Fall nennen müssen. Es geht dabei nicht um die Nationalitäten, ob Deutsche und Tschechen, ob Türken und Griechen, ob Russen und Polen, wie auch immer, das ist gleichgültig. Wer die Bürger-

und Menschenrechte für eine kostbare Errungenschaft Europas hält, wird diese Abschiebung ein Unrecht nennen müssen, sonst verliert er den Respekt vor sich selbst. Dieses Unrecht wird auch nicht durch das horrende Unrecht der Nationalsozialisten gerechtfertigt, als könne man es von diesem abziehen. Man muss es dazu zählen, es vermehrt die Summe des Schreckens, der ab 1933 mit dem Machtantritt der Nationalsozialisten erst Deutschland, dann Europa ergriffen hatte.

Zudem handelt es sich hier um eine «ethnische Säuberung», da fast alle Deutschen ausgesiedelt wurden – auch die Demokraten, auch die Antifaschisten. Nicht einmal die Kommunisten durften bleiben, sie mussten «freiwillig» in die DDR ziehen. Auch hierzu wurden die Grundlagen in London gelegt, denn dort gab es legitime Vertreter der deutschböhmischen Demokraten, die stärkste Gruppe war die der Sozialdemokraten unter ihrem geachteten Vorsitzenden Wenzel Jaksch. Es gab intensive Verhandlungen, in denen Beneš Jaksch geschickt hinzuhalten verstand; immer machte er Jaksch Hoffnungen, dass die deutschböhmischen Sozialdemokraten zwei, vier, sechs Sitze im Staatsrat, dem Exilparlament erhalten sollten, nie kam es dazu. Die Beneš-Regierung brachte zudem eine Abspaltung der Sozialdemokraten zustande, die Zinner-Gruppe beschäftigte Jaksch, und Beneš konnte ihm vorhalten, wenn er sich mit dieser Gruppe verständigt habe, dann könne er mit Sitzen im Staatsrat rechnen. Man kann das geschickte Diplomatie nennen oder ausgefeilten Zynismus.

Tomáš Garrigue Masaryk ging immer von moralischen Prinzipien aus, wie sehr er auch im Alltag zu Kompromissen gezwungen gewesen sein mochte. Er war eine Ausnahme. Edvard Beneš war Realpolitiker wie die meisten Politiker: Er rechnete mit den vorhandenen Mächten und versuchte, mit oder gegen sie seine Absichten durchzusetzen. Jaksch mit seinen 600 Exilanten in England, doppelt so viele waren nach Kanada weiter gezogen, stellte keine Macht dar. Das moralische Gewicht, das er mitbrachte – viele deutschböhmische Sozialdemokraten saßen in Gefängnissen und Konzentrationslagern – konnte Beneš nicht ignorieren. So verhandelte er mit ihm, so lange es nötig war. Als er bei den Alliierten alles erreicht hatte, was er erreichen wollte, brach er 1943 die Beziehungen zu Jaksch ab. Nie wurden die deutschböhmischen Sozialdemokraten als Partner der Exilregierung ernst genommen, geschweige denn, dass sie in diese Regierung aufgenommen worden wären, so wie nach 1926 deutsche Minister in die Regierung der Masaryk-Republik aufgenommen worden waren. Die Vertreibung auch der Sozialdemokraten nach 1945 wurde hier festgelegt.

JOSEF MÜHLBERGER

Josef Mühlberger war der einzige deutschböhmische Schriftsteller, der in freundschaftlichem Kontakt zu Prager deutschen und tschechischen Schriftstellern stand, vor allem zu Max Brod. Mühlbergers Mutter war Tschechin, sein Vater Deutscher, er wuchs zweisprachig auf, und sein Beispiel zeigt schon, dass die einzelnen Schicksale der Menschen nicht mit den groben Linien der Politik zu erfassen sind. Josef Mühlberger wurde 1903 in Trutnov (Trautenau) geboren, er studierte Germanistik und Bohemistik in Prag und in Uppsala. Mit 24 Jahren gründete er 1927 zusammen mit Johannes Stauda in Eger (Cheb) die Zeitschrift «Witiko», genannt nach Adalbert Stifters historischem Roman, in der er den Deutschböhmen die Prager deutsche und tschechische Literatur vermitteln wollte. Das sollte Mühlberger zum Schaden gereichen. Mit 25 Jahren schrieb er einen rühmenden Aufsatz in «Witiko» über Franz Kafka, den damals kaum jemand kannte. So kam es zur Freundschaft mit Max Brod. 1930 mussten Mühlberger und Stauda ihre Zeitschrift einstellen. Mühlberger später: «Um es schmerzlich kurz zu sagen: Unsere Bemühungen scheiterten nach drei Jahrgängen an nationalen und antisemitischen Widerständen.»

Bereits 1930, also drei Jahre vor dem Machtantritt der Nazis in Deutschland, war es in den deutschböhmischen Gebieten nicht mehr möglich, eine liberale Zeitschrift zu machen, die zwischen Deutschen, Tschechen und Juden zu vermitteln suchte. Mühlberger, der auch wegen seiner Homosexualität Verfolgungen fürchten musste, wurde seitdem als «Judenknecht» und «deutsch schreibender Slawe» diffamiert. Seine Erzählung «Die Knaben und der Fluss» – 1935 bei Insel in Leipzig erschienen – eine zarte Jugendgeschichte, die bei Kennern Beifall fand, wurde von der deutschböhmischen Kritik verrissen. Die Landsleute hatten gute Beziehungen zu Hitler-Deutschland: Mühlberger erhielt dort Publikationsverbot. Als im Oktober 1938 die deutschen Truppen einmarschierten, floh Mühlberger nach Prag, wo er sich mit Max Brod beriet. Als er nach Trutnov zurückkehrte, fand er seine Wohnung durchwühlt. Sein Bruder, ein Sozialdemokrat, war von seinen Landsleuten schon drei Tage vor dem deutschen Einmarsch in einem Keller festgesetzt worden und dann der Gestapo ausgeliefert worden. Auch Josef Mühlberger wurde verhört, gejagt. Ein halbes Jahr saß er im Gefängnis. Danach meldete er sich zur Wehrmacht.

Als er 1945 in seine Heimatstadt zurückkehrte, hegte er die Hoffnung auf eine Läuterung der Menschen nach all den Grausamkeiten der Nazis. Er erlebte das Gegenteil: Auch andere Völker konnten Böses tun. Wiederum wurde er diskriminiert, diesmal als Deutscher, und verfolgt. 1946 verließ er das geliebte Böhmen in einem so genannten Antifa-Zug, also in einem Zug, mit dem Gegner der Nationalsozialisten abgeschoben wurden; sie durften Bücher mitnehmen und einige Möbelstücke. Mühlberger kam nach Württemberg. Als er eine Stelle als Redakteur antrat, lag auf dem Tisch des Herausgebers ein Brief von deutschböhmischen Kritikern, fast derselbe Brief, der schon im Oktober 1938 auf dem Schreibtisch der Gestapo gelandet war: Der homosexuelle Mühlberger sei ein Freund von Juden und Tschechen, man solle ihn nicht beschäftigen.

Mühlberger kehrte nie mehr nach Trutnov zurück, hielt aber seiner Heimat die Treue: Er übersetzte «Babička» von Božena Němcová in schönes Deutsch, die «Kleinseitner Geschichten» von Jan Neruda und tschechische Poesie, die er in einer Anthologie herausgab. Mit Max Brod blieb er befreundet. Die beiden böhmischen Exilanten trösteten sich. Max Brod konnte sich mit dem letzten Zug, der am 15. März 1939 vor dem Einmarsch der deutschen Truppen Prag verließ, retten. Sein Bruder wurde umgebracht, die drei Schwestern Franz Kafkas ebenfalls. Auf Max Brods Schreibtisch in Tel Aviv lag immer das Prager Telefonbuch von 1938, als die Welt noch in Ordnung schien.

Am 19. Mai 1945 wurde es offiziell bestätigt: Edvard Beneš verkündete die Vertreibung aller Deutschen als Regierungsbeschluss. Mit seinem Namen ist deshalb auch die gesamte Aktion verbunden, wenn er auch mit Wissen und Willen der alliierten Siegermächte handelte. Etwa drei Millionen Deutsche wurden abgeschoben, die meisten nach Bayern. Österreich, das eine gewisse Verantwortung für das Misslingen des Zusammenlebens von Deutschen, Österreichern und Tschechen in Böhmen trug, weigerte sich, Aussiedler aufzunehmen und schob viele nach Bayern ab. Trotzdem landeten etwa 200 000 schließlich in der Alpenrepublik. Nach neueren Forschungen starben etwa 30 000 Menschen als Opfer tschechischer «Vergeltungsmaßnahmen». Die Maßnahmen trafen Greise, Kinder, oft harmlose Mitläufer oder gänzlich Unschuldige – die meisten Nazi-Verbrecher hatten sich längst nach Österreich oder Bayern abgesetzt.

In Deutschland trafen die «Flüchtlinge» auf harte Ablehnung. Doch wie wäre es ihnen ergangen, hätten sie in der Heimat bleiben dürfen? An den wenigen, die bleiben durften bzw. mussten, lässt sich das erkennen. Sie waren Menschen zweiter Klasse, sie wurden jahrelang diffamiert und diskriminiert. Gerne wären sie nach Westen ausgereist und hätten alles hinter sich gelassen, doch das verweigerten ihnen die kommunistischen Behörden. Ihr Leid nahm erst 1990 ein Ende, als die Kommunisten abtraten. Und: keine Partei hassten die Kommunisten mehr als die Sozialdemokratische. Nach

1948 wären die deutschböhmischen Sozialdemokraten genauso verfolgt worden wie die tschechischen Demokraten, viele von ihnen wären wieder im Gefängnis gelandet.

Ein Blick nach Rumänien: die Rumäniendeutschen wurden nach 1945 nicht abgeschoben. Alle Männer mussten jedoch zehn oder zwölf Jahre Zwangsarbeit in Sibirien leisten, viele kamen nicht zurück. Und fast alle Rumäniendeutschen sind, sobald sie nur konnten, ausgereist. Schweren Herzens ließen sie freiwillig zurück, was die Deutschböhmen unfreiwillig zurückließen, um wie diese die Früchte der Freiheit in der Bundesrepublik Deutschland zu genießen, auch wenn die Früchte nicht immer so süß waren, wie sie gehofft hatten.

60 Jahre später, am 24. August 2005 gab die tschechische Regierung folgende offizielle Erklärung ab: «Die Regierung der Tschechischen Republik erklärt ihre tiefe Anerkennung gegenüber all den ehemaligen tschechoslowakischen Staatsbürgern, besonders denen deutscher Abstammung, die vor dem Zweiten Weltkrieg auf dem Gebiete der heutigen Tschechischen Republik lebten, während des Zweiten Weltkriegs der Tschechoslowakischen Republik treu blieben und aktiv am Kampf für deren Befreiung beteiligt waren oder unter dem nazistischen Terror litten. Zugleich erklärt sie ihr großes Bedauern, dass einigen dieser Personen nach dem Ende des Zweiten Weltkriegs keine angemessene Würdigung zuteil wurde. Stattdessen wurden sie im Widerspruch zu der damals gültigen Gesetzeslage behandelt und waren von Maßnahmen betroffen, die in der Nachkriegs-Tschechoslowakei gegenüber so genannten feindlichen Bevölkerungsschichten ergriffen wurden. Die Regierung der Tschechischen Republik erklärt gegenüber allen in dieser Weise betroffenen aktiven Gegnern des Nazismus, gleich welche Staatsangehörigkeit und welchen Aufenthaltsort sie später hatten, ihre Entschuldigung.» Zugleich richtete die Regierung eine «Dokumentation der Schicksale aktiver Gegner des Nationalsozialismus» ein.

19

1948 UND 1968: DIE KOMMUNISTISCHE DIKTATUR

So wie die Voraussetzungen für die Vertreibung der Deutschen nach 1945 wurden auch die Voraussetzungen für die Machtübernahme der Kommunisten im Februar 1948 im Exil geschaffen. Beidem stimmten die Westalliierten letztlich zu, also die demokratischen Regierungen Großbritanniens und der USA. Als diese im Frühjahr 1944 entschieden, dass die Tschechoslowakei von der sowjetischen Armee befreit und besetzt werden sollte, legten sie den Grundstein für die kommunistische Herrschaft. Sie überließen Mittel- und Osteuropa den Stalinisten, so wie die Briten diesen Weltteil 1938 den Hitleristen überlassen wollten.

Sprach der tschechische Philosoph Karel Kosík nicht von drei Inkarnationen des Bösen? Vom Nazismus, vom Bolschewismus und von der Feigheit und dem Opportunismus der westliche Demokratien? Die amerikanische Armee hätte im Frühjahr 1945 sehr wohl Prag befreien können, sie blieb aber bei Pilsen stehen und überließ diesen Ruhm der sowjetischen Armee. Später räumten die Amerikaner auch Westböhmen und zogen sich nach Bayern zurück. Die Sowjetunion hatte freies Feld. Dafür, das war vereinbart, sollte Griechenland zum Westen gehören.

Am 12. Dezember 1943 hatte Beneš in Moskau einen Freundschaftsvertrag unterzeichnet, im März 1945 hatte er bei einem weiteren Moskau-Besuch noch einmal Zugeständnisse gemacht. Am 5. April 1945 wurde das in Moskau beschlossene Programm in Košice (Kaschau) verkündet, einer kleinen Stadt in der Ostslowakei, wo sich zunächst die tschechoslowakische Regierung zusammenfand. Die so genannten rechten Parteien wurden verboten, also Agrarier, Nationaldemokaraten, Slowakische Volkspartei, und eine Nationale Front wurde gebildet, der die übrigen Parteien und die kommunistische angehören sollten, sowie Nationalausschüsse. Es gab also keine Parteiendemokratie, eine Opposition war nicht vorgesehen. Der demokratische Politiker Beneš hatte auf die Grundlagen der Demokratie verzichtet zugunsten eines guten Einvernehmens mit den neuen Machthabern. Die rissen langsam die ganze Macht an sich, auch wenn die Vertreter der übrigen Parteien innerhalb der Nationalen Front immer wieder protestierten, bis sie verdängt wurden und durch genehme Figuren ersetzt wurden, durch Marionetten der Kommunisten.

Beneš hatte wohl gehofft, er könne aus der Tschechoslowakei ein Bindeglied zwischen Ost und West bilden, das ein Bisschen Demokratie mit einem Bisschen Bolschewismus vereine und so zwischen den Blöcken vermitteln könne. Er hatte seine Rechnung ohne den Wirt gemacht, ohne Stalin. Zudem überließ er Stalin einen Teil des Landes, den Masaryk 1918 gewonnen hatte: Die Karpato-Ukraine, die sich der Tschechoslowakei angeschlossen hatte, erhielt Stalin als Belohnung für seine Art der Befreiung des Landes.

Das Wirtschaftsprogramm war schon ein kommunistisches: eine neue Verteilung des Bodens, dem bald die Kollektivierung der Landwirtschaft folgte, und eine Verstaatlichung der Industrie, der Banken und der Versicherungen. Das war alles schon in Moskau festgelegt worden, dem allen hatte Beneš zugestimmt, so dass die zaghaften Proteste der demokratischen Vertreter, die merkten, wie die Kommunisten alle Schlüsselstellungen in Militär, Polizei und Verwaltung besetzten, ohne Erfolg blieben.

Die Kommunisten ließen die demokratische Maske zuerst in der Slowakei fallen. Der Slowakei war immerhin eine gewisse Autonomie zugestanden worden; freilich hatte die slowakische Regierung so viel zu sagen wie die Regierungen der autonomen Sowjetrepubliken, also so gut wie nichts, weil alles in Moskau beschlossen wurde. Im November 1947 wurden die Nichtkommunisten aus der slowakischen Regierung entfernt, ein Vorspiel für Prag.

Im Juli 1947 hatte der amerikanische Außenminister Marshall auch die Tschechoslowakei zu Verhandlungen nach Paris eingeladen: Die USA waren bereit, Kapitalhilfe für den Wiederaufbau des Landes zu gewähren im Rahmen des so genannten Marshall-Plans. Am 7. Juli stimmten alle Mitglieder der Prager Regierung zu, am 8. Juli verhandelten Klement Gottwald, der Führer der Kommunisten, und Jan Masaryk, Sohn des Präsidenten und parteiloser Außenminister, in Moskau. Stalin stellte ein Ultimatum: Entweder die USA oder wir. Am 10. Juli 1947 stimmten dieselben Mitglieder der Prager Regierung einstimmig gegen den Marshall-Plan. Damit war der weitere Weg festgelegt.

Am 12. Februar 1948 verlangten die bürgerlichen Minister vom kommunistischen Innenminister, der gerade acht Parteigenossen zu hohen Polizeioffizieren befördert hatte, die Unterwanderung der Polizei einzustellen. Als dies nicht geschah, traten sie zurück. Die Regierung tagte weiter ohne sie. Beneš hatte nicht den Mut einzugreifen. Am 18. Februar rief Gottwald alle «fortschrittlichen Elemente» gegen die «bürgerliche Verschwörung» auf. Und die kamen denn auch, nämlich kommunistische Betriebsräte und wohl organisierte bewaffnete «Arbeitermilizen». Ein Häuflein Studenten, das auf die Burg zog, um Beneš zum Widerstand aufzufordern, wurde von der Polizei mit Schüssen auseinandergejagt.

Die Kommunistische Partei der Tschechoslowakei hatte vor 1938 nie viel mehr als zwölf Prozent der Stimmen bei den Wahlen errungen, sie hatte nie mehr als 80 000 Mitglieder gezählt. Bei den Wahlen im Mai 1946 erhielt sie fast 38 Prozent der Stimmen und mehr als eine Million Sympathisanten hatten sich schon bei ihr eingeschrieben. Viele erhofften offensichtlich das Heil von den Kommunisten, die erwiesene Gegner der Nationalsozialisten gewesen waren. Die Demokratien des Westens hatten gegen Hitler versagt, die Sowjetunion schien eine Zuversicht zu bieten. So hatten die Kommunisten Sympathien in weiten Kreisen der Bevölkerung gefunden. Zielbewusst hatten sie Massenorganisationen aufgebaut: Eine halbe Million Frauen umfasste die «Frauenorganisation» und zwei Millionen Menschen eine «überparteiliche» Bewegung der «Werktätigen», die von dem kommunistischen Funktionär Zápotocký geführt wurde. So kam es zum «siegreichen Februar», wie es dann vierzig Jahre lang hieß: Massenhafte Demonstrationen in den Straßen Prags, das werktätige Volk rief nach Klement Gottwald und die Kommunisten kamen auch offiziell an jene Macht, die sie zu einem Gutteil schon in Händen hatten.

Aus Angst vor einem blutigen Bürgerkrieg akzeptierte Präsident Beneš die neue Regierung. Die neue Verfassung, die ihm vorgelegt wurde, unterschrieb er jedoch nicht. Er zog sich zurück. Der parteilose Außenminister Jan Masaryk wurde am 10. März 1948 tot unter seinem Fenster im Czernin-Palais gefunden, wieder ein Prager Fenstersturz, der eine Wende einleitete: Mord oder Selbstmord, das ist bis heute nicht eindeutig geklärt. Vieles spricht für Mord. Jedenfalls passte sein Tod gut ins kommunistische Konzept. Mit ihm ging die Masaryk-Republik endgültig dahin, die «Volksdemokratie» begann. Im Mai fanden Wahlen statt, bei denen 89 Prozent die Nationale Front wählten. Die Verfolgung der Andersdenkenden, immerhin hatten 1, 5 Millionen mit Nein oder gar nicht abgestimmt, hatte da schon längst begonnen.

Eine Welle von Entlassungen rollte über das Land. In allen öffentlichen Ämtern, den Universitäten, Schulen, Unternehmen, Redaktionen, im nationalen Turnverband «Sokol» und den Sportvereinen, überall wurden parteitreue Lakaien eingesetzt. Schon am 9. April 1948 waren 4.800 Personen entlassen worden. Im Oktober 1948 erließ die Regierung ein Gesetz, wonach Personen zwischen 18 und 60 Jahren, die «den Aufbau des Sozialismus behinderten oder das Wirtschaftsleben gefährdeten», zur Zwangsarbeit verpflichtet werden konnten. Sie verschwanden in Arbeitslagern. 1955 sollen, so schätzt man, etwa 240 000 Menschen in mehr als 230 Lagern eingesperrt gewesen sein. Sie mussten bei unzureichender Ernährung hart arbeiten, unter anderem im Uranbergbau.

Die bürgerlichen Elemente konnten auf diese Weise vernichtet oder doch stillgestellt werden. Die tschechischen und slowakischen Soldaten, die in der britischen Armee für ihr Vaterland gekämpft hatten und in ihre Heimat zurückgekehrt waren, wurden ebenfalls in Arbeitslager verschleppt, die Offiziere verschwanden in den Gefängnissen, waren sie doch alle der Zusammenarbeit mit dem Klassenfeind verdächtig. Unter den Zwangsarbeitern waren auch Mönche und Nonnen, deren Klöster aufgelöst worden waren, der Kirchenbesitz wurde enteignet. Der Klerus der katholischen Kirche wurde, soweit möglich, mit parteiergebenen Priestern durchsetzt. Die Rom anhängende unierte Kirche, deren Bischof im Gefängnis verschwand, wurde von der russisch-orthodoxen Kirche annektiert.

Ein wichtiges Mittel, Angst und Schrecken zu verbreiten, waren die Schauprozesse, die tagelang im Radio übertragen wurden. Die Angeklagten wurden durch monatelange Folter zu Geständnissen gezwungen, viele wurden hingerichtet, die anderen zu langjährigen Gefängnisstrafen verurteilt, frei gesprochen wurde niemand. Es begann mit Prozessen gegen aufrechte demokratische Politiker der Masaryk-Republik, die den Verfolgungen der Nationalsozialisten entgangen waren, setzte sich fort in Prozessen gegen Priester und fand seinen Höhepunkt in Prozessen gegen kommunistische Funktionäre, die des Verrats beschuldigt wurden. Auch dies zeichnete die Herrschaft der Stalinisten aus: Niemand war vor dem Henker sicher, nicht einmal der Generalsekretär der Kommunistischen Partei. Jeden konnte es jederzeit erwischen. Das wurde in Prag demonstriert.

Am 31. Juli 1951 feierte Rudolf Slánský, Generalsekretär der KPČ, seinen 50. Geburtstag. Das Zentralkomitee der Partei gratulierte ihm mit den schönen Worten: «Werter Genosse, die gesamte Partei und das gesamte arbeitende Volk grüßen dich als ihren treuen Sohn und Kämpfer, der von der Liebe zum arbeitenden Volk und der Treue zur

Sowjetunion und zum großen Stalin durchdrungen ist.» Hier spricht die Partei die Wahrheit: Slánský war ihr treuer Genosse, der alles tat, was sie für richtig hielt. Hätte er den Parteiauftrag erhalten, den Genossen Gottwald in einem Schauprozess anzuklagen und zum Tode zu verurteilen, er hätte es ohne Zögern getan, so wie er zuvor eine treibende Kraft bei den Schauprozessen gegen Demokraten und Katholiken war. Dass er ein Opfer des Apparats wurde, den er selber mit aufgebaut hatte und den er, solange die Partei es erlaubte, gnadenlos bediente, spricht ihn nicht frei von Schuld.

Was Slánský im Schauprozess vorgeworfen wurde, war natürlich eine Lüge: Er war kein Abtrünniger, er war ein treuer Sohn des großen Stalin. Sicher kamen die Direktiven aus Moskau, die wahren Gründe kennen wir nicht. War es die Methode der Einschüchterung, die Stalin schon in den dreißiger Jahren in einer Verfolgung von Millionen Menschen in Russland, auch KP-Mitgliedern praktiziert hatte, war es ein Konkurrenzkampf innerhalb der Partei, war es Antisemitismus? War es dies alles zusammen? Auf jeden Fall ist bemerkenswert, dass die meisten Angeklagten aus jüdischen Familien stammten. War es gegen den neuen Staat Israel gerichtet?

Anfang 1951 wurden mehr als 50 Parteifunktionäre verhaftet, die Slánský mit ihren Geständnissen belasteten. Ein Jahr lang wurde er im Gefängnis gequält, dann kamen die üblichen Vorwürfe: Trotzkist, Zionist, Spion des Westens. Mit Slánský saßen noch 13 Männer auf der Anklagebank, von denen 11 Juden waren. Am 27. November 1952 wurden die Urteile gesprochen: 11 mal Todesstrafe, dreimal lebenslänglich. Hinrichtung am 3. Dezember. Die Leichen wurden sofort verbrannt, die Asche zum Streuen auf den winterlichen Straßen verwandt.

Zur gleichen Zeit liefen Prozesse und Säuberungen im ganzen Land. Die Partei, kaum sicher an der Macht, wurde gereinigt von «unsicheren Elementen». Die Kommunisten, auch die Reformkommunisten des «Prager Frühlings», haben immer von diesen Prozessen geredet, die sie selbst oder ihre Genossen trafen, sie haben selten oder nie von den Prozessen geredet, die andere trafen, die unschuldiger waren als die Kommunisten. Zum Beispiel die Geistlichen. Laut Karel Kaplan waren Mitte der 50-er Jahre mehr als 430 Geistliche im Gefängnis. Und schon im September 1948, da saß Slánský noch am Hebel der Macht, wurden die «reaktionären Kräfte» verfolgt. Im größten Schauprozess 1950 kämpfte eine tapfere Frau gegen ihre Verleumder; tagelang verteidigte sie sich gegen das Gebrüll der Parteirichter und Staatsanwälte; alles wurde im Film aufgezeichnet als abschreckendes Beispiel. Mit Milada Horáková sollten die Ideen vernichtet werden, für die sie stand.

MILADA HORÁKOVÁ

Milada Horáková, die 1901 in Prag in einer bürgerlichen Familie geboren wurde, hatte bereits in der Schule Schwierigkeiten wegen ihrer unbeugsamen Haltung. Weil sie ihre Sympathie mit einer Demonstration gegen den Krieg ausdrückte, wurde sie von der Schule relegiert. Sie absolvierte eine andere und studierte nach der Unabhängigkeit 1918 an der Karls-Universität Rechtswissenschaften. Als eine der ersten Frauen in Prag schloss sie 1926 mit dem Doktorgrad ihr Studium ab. Sie hatte sich schon zu Beginn des Studiums für die Rechte der Frauen, auch für das Recht zu studieren, eingesetzt. Sie wurde eine der prominentesten Frauenrechtlerinnen der Republik, wirkte im Vorstand des Nationalen Frauenrats und leitete das Wohlfahrtsamt der Stadt Prag. In der Politik engagierte sie sich als Mitglied der Nationalen Sozialisten, einer liberalen Partei, deren stellvertretender Vorsitzender während langer Jahre Edvard Beneš war.

Nach der Besetzung durch die deutschen Truppen 1939 schloss sie sich dem tschechischen Widerstand an und wurde bald verhaftet. Über zwei Jahre saß sie im Gestapo-Gefängnis in Terezín (Theresienstadt), danach wurde sie zur Zwangsarbeit in einer Leipziger Munitionsfabrik verschickt. Da sie auch dort den Mund nicht hielt, wurde sie als Agitatorin zum Tode verurteilt, dann zu lebenslanger Haft begnadigt. 1945 wurde sie von der amerikanischen Armee befreit.

Sie nahm sofort ihre Arbeit als Politikerin und Frauenrechtlerin wieder auf. Sie wurde Abgeordnete der Nationalen Sozialisten im Prager Parlament und erlebte die schleichende Machtübernahme der Kommunisten hautnah. Nach dem Februarputsch der Kommunisten zog sie sich 1948 aus dem Parlament zurück. Nach Westen zu fliehen, was viele ihr rieten, was viele auch taten, lehnte sie ab. Sie versuchte, wieder im Untergrund zu arbeiten.

Im September 1949 wurde Milada Horáková zusammen mit zwölf anderen demokratischen Politikern der Masaryk-Republik verhaftet, im Juni 1950 wurde ihnen der präzise vorbereitete Prozess gemacht. Neun Tage lang wurde er im Radio übertragen. Horáková, eine zarte, kultivierte, unbeugsame Frau, so sieht man sie im Film, stand brutalen Barbaren gegenüber, die sie voll Hass anschrieen. Zusammen mit Jan Buchal, Oldřich Pecl und Záviš Kalandra wurde sie zum Tode verurteilt. Im ganzen Land hielten die Kommunisten Betriebsversammlungen ab. Sie zwangen die Menschen, ihrem Treiben zuzustimmen. Wer am Ende der Versammlung nicht die Hand hob, um Milada Horáková den Tod zu wünschen, hatte mit Repressalien zu rechnen. So machten sie die Bevölkerung zu Mitwissern und Mitschuldigen. Lange wollte niemand an Milada Horáková und seine Schwäche erinnert werden.

Am 27. Juni 1950 wurden die vier Demokraten hingerichtet, die anderen Angeklagten waren zu lebenslänglicher Haft verurteilt worden. Milada Horáková schrieb im Abschiedsbrief an ihre Tochter, sie habe die Welt ein wenig besser machen wollen, damit die Kinder in ihr gut leben könnten. Heute ist der 27. Juni in der Tschechischen Republik der Gedenktag für die Opfer des kommunistischen Regimes.

Nach Stalins Tod 1953, den viele in Prag noch beweint hatten, dauerte es fast zehn Jahre, bis es zu einer Lockerung der Unterdrückung kam, zu einem «Tauwetter», wie man sagte. Die Eiszeit wurde von einem Tauwetter abgelöst, das Tauwetter führte zu einem «Prager Frühling», wie man nach dem Musikfestival im Frühjahr jeden

Jahres die Reformbewegung von 1967 und 1968 nennt. Der Frühling endete bald im Sommer: In der Nacht vom 20. auf den 21. August besetzten sowjetische Truppen mit verbündeten Truppen die Tschechoslowakei und brachen mit militärischer Gewalt die Reformen. Die Eiszeit begann nach einem kurzen Übergang wieder zu Beginn des Jahres 1969. Zwanzig Jahre lang sollte sie dauern bis zum November 1989, eine lange Zeit in einem Menschenleben.

1953, nach dem Tode Gottwalds, der seinen Förderer Stalin nur drei Tage überlebte, ergriff Antonin Novotný die Führung der KP und nach dem Tode Zápotockýs 1957 wurde er auch Staatspräsident. Er war nun der starke Mann, der sich lange gegen die Rehabilitierung der in den 50er-Jahren durch Justizmord hingerichteten Genossen sträubte, von den bürgerlichen Opfern war nicht die Rede. Der sowjetische Parteichef Chruschtschow schließlich zwang ihn zur «Entstalinisierung». So kam es zu einem zarten Aufatmen: Der Druck ließ nach. Die Partei schien nicht immer recht zu haben, sie hatte Fehler zugestehen müssen.

Die Intellektuellen ergriffen die Chance: Kleine Freiheiten entstanden im kulturellen Leben, in Wissenschaft, Literatur und Medien. Der Germanist Eduard Goldstücker, einst selbst Stalinist und dann Opfer des Stalinismus, lud 1963 zu einer Kafka-Konferenz nach Liblice auch Marxisten aus Österreich und Frankreich ein, die der Partei nicht nach dem Munde redeten. Kafka, bis dahin als spätbürgerlicher Autor verfemt und auch danach noch lange nicht gedruckt, schildere eine Entfremdung, die es nicht nur in der bürgerlichen Gesellschaft gäbe, sondern auch im «sozialistischen Lager», hieß es. In der Tat hatten tschechische und slowakische Leser, wenn ihnen denn Kafkas Roman «Der Proceß» in die Hände kam, den Eindruck, eine realistische Schilderung ihres Alltags zu lesen, während westliche Leser sich mit einer surrealen Situation konfrontiert glaubten.

Die wirtschaftliche Lage war wie immer desolat und wurde wie immer durch falsche Statistiken geschönt. Es gab aber Kräfte innerhalb der Partei, die das nicht mehr hinnehmen wollten und eine Reform, gerade auf wirtschaftlichem Gebiet, als dringlich ansahen. Und der Druck der Slowaken wurde stärker, hatte ihnen doch die Verfassung von 1960, die den Staat nunmehr als «sozialistisch» behauptete, den letzten Rest an Autonomie genommen. Ihr Nationalrat war Befehlsempfänger der Prager Zentrale.

Die treibende Kraft der Reformbewegung, die immer größere Teile der Bevölkerung ergriff, waren aber die Schriftsteller. Auf dem IV. tschechoslowakischen Schriftstellerkongress im Juli 1967 hielt Ludvík Vaculík, damals noch Mitglied der KP, eine flammende Rede: «Körperliche und seelische Versuchungen, Drohungen mit Qualen, das Herbeiführen kompromittierender Situationen, das Verwenden von Denunziationen, das Hineinstürzen in ungerechtfertigte Verdächtigungen, das Ausliefern in die Hände von schlechten Menschen, das Aussäen allgemeinen Misstrauens». So beschrieb er die Repressionen des Polizei- und Staatsapparats, die jeder kannte, aber niemand öffentlich auszusprechen wagte. «Und jetzt bedenken wir, dass sich schon seit zwanzig Jahren diejenigen am erfolgreichsten durchsetzen, die den geringsten Widerstand gegen die demoralisierenden Einflüsse haben, die von der Macht produziert werden.» Es waren die Skrupellosen, die Machtgierigen und die Schwachen, Labilen, die Karriere machten. Die Gewissenhaften, die Verantwortungsbewussten, die Selbständigen wurden systematisch unterdrückt.

Um so erstaunlicher ist es, dass sich hier 1967 und 1968 innerhalb und außerhalb der KP Menschen öffentlich zu Worte meldeten und ihre Rechte freimütig einklagten. War es doch gerade die Zivilgesellschaft, die zuerst von den Nationalsozialisten, dann von den Kommunisten systematisch zerstört worden war, sie hassten die bürgerlich denkenden, die verantwortlich handelnden Menschen, die Akademiker, Unternehmer, Händler, Handwerker, Arbeiter, Politiker, die nicht nur an sich selbst dachten, sondern auch an Staat und Gesellschaft. Die selbstständig Denkenden und Handelnden sollten beseitigt werden, damit eine graue Masse leicht lenkbarer Menschen übrig bliebe.

Der Widerstand der Tschechen gegen die kommunistische Herrschaft ist beeindruckend. Es waren ja nicht nur die Verfolgungen der Nationalsozialisten und der Bolschewisten, die ihre Besten ins Gefängnis warfen und töteten oder doch mindestens mundtot machten, es gab auch drei große Wellen von Emigranten, die das Land notgedrungen verließen: 1938/39, 1948/49 und 1968/69. Es gingen viele Menschen, die das Land dringend gebraucht hätte. Und doch gab es ab 1977, welch ungeheure Regenerationskraft in diesem kleinen Lande, wiederum eine Bewegung von wenigen zwar, aber eben doch von Verantwortungsbewussten, die mit ihrer Existenz für einen menschlichen Staat einstanden, die an den Idealen der Bürger- und Menschenrechte festhielten: die «Charta 77». Einer von ihnen, der Dramatiker Václav Havel, litt dafür vier Jahre in kommunistischen Gefängnissen.

Havel, nie Mitglied der KP, immer diffamiert wegen seiner «bürgerlichen Herkunft», hatte schon 1967 die Zulassung mehrerer Parteien gefordert, wenigstens zwei sollten es sein und nicht die Attrappen der Nationalen Front. Er pochte also auf ein Prinzip der parlamentarischen Demokratie, die dem Bürger die Wahl zwischen wenigstens zwei unterschiedlichen Parteien gewährt. Das ging auch den Reformkommunisten zu weit, die zwar Reformen wollten, aber die Macht mit niemandem teilen wollten. Immerhin gab die Partei nach: An die Stelle Novotnýs trat Anfang 1968 der erste Sekretär der KP der Slowakei Alexander Dubček, ein braver, bescheidener Mann, der in die Rolle des Helden rückte, aber ihr nicht gewachsen war. Lange hielt er sich tapfer gegen die Wünsche der Moskauer Führung, der die Abschaffung der Zensur und vieles andere zu weit ging. Dann geschah, womit Dubček und die Reformer nie gerechnet hatten: Das Land wurde in einer Nacht- und Nebelaktion von einer riesigen Armee besetzt. Ein Auslöser des Einmarsches waren die «2000 Worte», ein Manifest, mit dem Ludvík Vaculík im Juli 1968 an die

Öffentlichkeit getreten war. Nie vorher und nie nachher ist es wohl einem Schriftsteller gelungen, mit 2000 Worten 500 000 Soldaten in Marsch zu setzen.

Die ohnmächtige Wut der Tschechen und Slowaken, die wieder allein standen wie 1938, die wieder nichts Böses getan hatten, sondern Gutes gewollt hatten und dafür hart bestraft wurden, war immens: Sie hatten doch nur ihr eigenes Schicksal in die Hände nehmen wollen, warum war ihnen das wieder nicht erlaubt? Die Regierung unter Dubček unterschrieb schon am 27. August 1968 in Moskau ein Kapitulationspapier, wiederum also ergab sich eine Regierung wie 1938. Nur einer unterschrieb das Diktat nicht: František Kriegel, Vorsitzender der Nationalen Front, ein polnischer Jude, der in Prag Medizin studiert hatte, weil ihm das in Polen nicht möglich war, und Tscheche geworden war. Die Sowjets wollten ihn deshalb sogleich ins Gefängnis stecken. Nur weil Dubček und Präsident Svoboda drohten, ohne ihn nicht nach Hause zu fliegen, konnte er nach Prag zurückkehren, wo er den Rest seines Lebens in Hausarrest verbrachte.

Dubček blieb noch eine Weile offiziell im Amt, bis er im Frühjahr 1969 von Gustav Husák abgelöst wurde, unter dem die Repression mit großen Säuberungen wieder einsetzte. Jedes KP-Mitglied musste unterschreiben, dass es mit der Okkupation der Sowjets einverstanden war; wer nicht unterschrieb, wurde aus der Partei gestoßen und verlor seine Arbeit und seine Familienangehörigen verloren die Arbeit auch; die Kinder durften nicht studieren. Etwa ein Drittel, fast eine halbe Million Mitglieder wurden aus der KP ausgeschlossen, viele gingen freiwillig. Übrig blieben die Moskauhörigen, die Karrieristen und Opportunisten.

20

1990 – DIE TSCHECHEN IM GLÜCK

Ist es nicht ein Wunder? Die Sowjetunion, dieses riesige Reich, das halb Europa und halb Asien unter seiner Gewalt hielt, das ein großes Heer im Einsatz hatte und einen mächtigen Polizeiapparat, das von einer Partei geführt wurde, deren Funktionäre zu allem bereit und fähig waren, dieses Reich brach 1989 sang- und klanglos zusammen. Ein Glück der Völker, die in diesem Gefängnis jahrzehntelang geschmachtet hatten. Ist es nicht ein Wunder: Ohne Kriege, ohne Aufstände, ohne Blutvergießen verschwand der mächtigste Unterdrückungsapparat, den die Geschichte je hervorgebracht hatte?

Natürlich lassen sich Gründe dafür anführen: die wie immer desolate wirtschaftliche Situation in der Sowjetunion, der wachsende Widerstand in den so genannten Satellitenstaaten, der stärkere Druck des Westens zur Regierungszeit Ronald Reagans, die Ermüdung des Parteiapparats, dessen Effektivität auf den Nullpunkt zuging. Und vor allem die Versuche der Regierung Gorbatschow, eine Reform Russlands zu erreichen und Russland von der Last der Satelliten zu befreien. Das mögen alles Gründe sein, hinreichend erklären sie das Wunder nicht. 1989 war das «glücklichste Jahr des zwanzigsten Jahrhunderts», wie der Historiker Fritz Stern einmal sagte.

Die Tschechen hatten nicht so lange gewartet. Am 1. Januar 1977 rief eine «Charta» zur Wahrung der Menschen- und Bürgerrechte auf, wie sie zuvor von der Konferenz in Helsinki festgelegt worden waren, an der auch die Prager kommunistische Regierung teilgenommen hatte. Die Repression begann sofort. Der erste Sprecher der

Charta, die von Menschen unterschiedlicher Herkunft unterschrieben worden war, von Kommunisten, von Liberalen und Konservativen, war der angesehene Philosoph Jan Patočka, nach Tomáš G. Masaryk der bedeutendste tschechische Philosoph des 20. Jahrhunderts. Wieder hatte sich ein Philosoph vom Schreibtisch in die öffentliche Arena begeben, um für seine Ideen einzustehen und Verantwortung zu übernehmen. Patočka starb nach stundenlangen Verhören durch die Polizei am 13. März 1977. Seine Beerdigung, wiewohl zielbewusst von der Polizei gestört, versammelte tausend Menschen. Im Laufe der Zeit unterschrieben zweitausend Personen die «Charta 77». Die Unterschrift musste jeder mit seiner bürgerlichen Existenz und der seiner Familie bezahlen: Verlust der Arbeit, des Studienplatzes. Diesen zweitausend Menschen gelang es, unterstützt vom Echo westlicher Intellektueller und Publizisten, die mächtige Regierung der Kommunisten unter Druck zu setzen.

JAN PATOČKA

Jan Patočkas Leben wurde bestimmt von den Verfolgungen, die aufrechte Tschechen im 20. Jahrhundert erleiden mussten. 1907 wurde er in Turnov in Ostböhmen geboren. Der gelehrte Vater stammte aus einer tschechisch-deutschen Familie, die musikalische Mutter erzog die vier Söhne liebevoll. Der hochbegabte Jan, der früh philosophische Werke las, erhielt ein Stipendium für die Pariser Sorbonne. Schicksalhaft wurde für ihn aber die Begegnung mit dem Philosophen und Vater der Phänomenologie Edmund Husserl, einem Juden aus Mähren, der in Göttingen und dann in Freiburg lehrte. Patočka und Husserls Nachfolger Martin Heidegger studierten bei ihm in Freiburg. 1931 promovierte er, 1936 habilitierte er sich, eine glanzvolle akademische Laufbahn stand ihm bevor. Er wurde Sekretär des Prager «Philosophischen Zirkels», doch dann kam die deutsche Besatzung, die tschechischen Hochschulen wurden geschlossen. Patočka arbeitete einige Zeit als Lehrer. Nach 1945 dann die kurze Zeit der Freiheit: Er lehrte als Dozent in Prag und in Brünn, bis ihm die

Kommunisten jede Lehrtätigkeit verboten. Er hatte Mühe, Frau und drei Kinder zu ernähren.

Patočka setzte seine Studien fort, auch wenn er nicht in der Tschechoslowakei publizieren konnte. Er hatte guten Kontakt zu deutschen Gelehrten, zu Ludwig Landgrebe und Walter Biemel, die ihn mit Literatur versorgten. In privaten Zirkeln in seiner Wohnung oder in der von Freunden unterrichtete er eine wachsende Schülerschar. 1968 endlich im «Prager Frühling» konnte er Professor der Philosophie an der Karls-Universität werden, doch schon 1972 kam das nächste und letzte Lehrverbot. Es war zugleich der Beginn seines Engagements in der Opposition gegen die Kommunisten.

Er entschied sich, die Geschichte nicht als gegeben hinzunehmen, sondern selbst Verantwortung zu übernehmen. Auf seiner Beerdigung sagte der Schriftsteller Ludvík Vaculík: «Professor Patočka hätte bescheiden weiter mit seiner Philosophie leben können. Er hätte weiter im Kreis seiner jungen Schüler und der wachsenden Schar von Bewunderern wirken können. Er hätte Abschriften seiner Arbeiten, die nicht tschechisch erscheinen durften, unterzeichnen können. Doch damit hätte der Philosoph Patočka dem Unrecht getan, was er als Bürger äußerte. So entschied sich Jan Patočka, dem sein Leben lang fast niemand das Wort erteilt hatte, das Wort zu ergreifen. In seinen letzten Artikeln, geschrieben zur Verteidigung der Charta 77, sagte er taktvoll und gelassen, dass wir alle gleich sein wollen vor dem Gesetz und dass wir alle gleich sind in unserem natürlichen Recht auf eine freie persönliche Entwicklung.»

Jan Patočka trug das Erbe der tschechischen Philosophie kompromisslos durch die finstere Zeit von Nationalsozialismus und Kommunismus, ein Bewahrer der Tradition und zugleich ein Skeptiker, der seinen Landsleuten nicht nach dem Munde redete. Darin war er Masaryk ähnlich, und so wie Masaryk der Gründungsvater der Republik nach 1918 war, so war Jan Patočka auf ganz andere Weise der Gründungsvater der Republik nach 1990. An seinen Prinzipien orientierte sich Václav Havel, deren erster Präsident.

Im Grunde war die Kommunistische Partei der Tschechoslowakei lange vor 1990 am Ende. Sie wusste nicht mehr weiter. Die Wirtschaft lag danieder, die Umweltzerstörung nahm grausame Ausmaße an, eine Alternative zur Planwirtschaft schien nötig, doch niemand war da, der sie durchsetzen konnte. Die Autorität der Partei in der Bevölkerung war geschwunden, wenn sie auch immer noch Angst verbreiten konnte. Gustav Husák gab nach 18 Jahren Ende 1987 seine Macht an Miloš Jakeš ab, einen beschränkten Funktionär, der nicht einmal richtig tschechisch konnte, so dass seine Reden unfreiwillige Lacherfolge wurden. Doch die Entscheidung fiel in Moskau, wie immer. Als von dort jede Unterstützung unterblieb, stürzte auch das Regime, das nur mit Hilfe sowjetischer Panzer überdauert hatte. Das war in Prag so wie in Warschau, Budapest und Ost-Berlin. Zuerst hatten die Polen einen nichtkommunistischen Ministerpräsidenten installieren können, dann hatte die kommunistische Regierung Ungarns die Grenze nach dem Westen geöffnet, dann war die Berliner Mauer gefallen, danach fiel auch das Regime in Prag.

Am 17. November 1989 wurde eine Demonstration von 40 000 Studenten mit aller Härte von der Polizei zerschlagen, doch weitere Demonstrationen folgten, in Prag und in anderen Städten. Die Arbeiter begannen zu streiken. Ein «Bürgerforum» (Občanské fórum) unter der Leitung von Václav Havel verhandelte mit der Regierung Adamec in Prag. Und das Unglaubliche geschah: Innerhalb eines Monats versank das repressive System, das im Februar 1948 errichtet worden war, im Abgrund der Geschichte. Havel wurde noch vom kommunistischen Parlament zum Staatspräsidenten bestimmt, der verfemte Dubček tauchte wieder auf, er wurde Parlamentspräsident. Und eine Übergangsregierung bereitete freie Wahlen vor. Die «Samtene Revolution» hatte gesiegt: eine unblutige Umwälzung.

Die Republik nannte sich nun ČSFR, also Tschechische und Slowakische Föderative Republik, die Gleichberechtigung beider Landesteile war gewährleistet, die 1968 schon die Slowaken formal durchgesetzt hatten. Doch hielt die Gemeinsamkeit nicht lange.

Bei den Wahlen im Juni 1990 errang das «Bürgerforum» im tschechischen Teil 53 Prozent der Stimmen und die ihm entsprechende Bürgerbewegung «Öffentlichkeit gegen Gewalt» im slowakischen Teil 32 Prozent, die Christlichen Demokraten kamen in der traditionell katholischen Slowakei auf 19 Prozent, in Tschechien dagegen nur auf kaum 9 Prozent. Die Kommunisten hatten erstaunlicherweise in beiden Teilen immer noch gut 13 Prozent Anhänger, wohl nicht nur Nutznießer des Systems. Václav Havel wurde als Präsident bestätigt.

Havel, der fast vier Jahre in kommunistischen Gefängnissen wegen seiner unbeugsamen Haltung gelitten hatte, war eine geradlinige und zutiefst demokratische Persönlichkeit, in der sich die besten Kräfte der tschechischen Opposition gegen die Kommunisten verkörperten, zudem war er als Dramatiker weltberühmt. «Havel na hrad» (Havel auf die Burg) lautete der Ruf der Demonstranten Ende des Jahres 1989 in Prag und anderswo. Als er dann auf der Burg saß, nahm sein Ansehen im Ausland weiter zu, im Inland nahm es eher ab.

Havels moralische Entschiedenheit wollten viele nicht für sich gelten lassen, hatten sie sich doch im Kommunismus durchlaviert und mussten nun nach dessen Ende sich wiederum irgendwie behaupten. So verstörte Havels kompromissloses Vorbild all jene, die immer mal wieder Kompromisse hatten machen müssen. Sein Widerpart, könnte man sagen, wurde Václav Klaus, ein Realpolitiker, der als Finanzminister die freie Marktwirtschaft rücksichtslos favorisierte: Die staatliche Industrie wurde weitgehend privatisiert, nicht immer auf glückliche Weise.

Als Vorsitzender der «Demokratischen Bürgerpartei», einer Abspaltung des «Bürgerforums», wurde Klaus Ministerpräsident. Sein Partner war der slowakische Ministerpräsident Vladimír Mečiar, der wiederum eine Abspaltung vom Forum «Bürger gegen Gewalt» leitete, eine national gesinnte Partei, die hohe Forderungen an die Tschechen stellte, um die Selbständigkeit der Slowakei voranzutreiben. Im Grunde stellte der Populist Mečiar Forderungen, die Klaus kaum zugestehen konnte, wollte er nicht all das, was die Tschechen errungen hatten, in Frage stellen. So kam es zu einem raschen Arrangement: der Trennung der Landesteile. Eine weitgehende Entscheidung, die ohne Volksabstimmung erfolgte und nur mit knapper Mehrheit in beiden Parlamenten durchgesetzt wurde. Diesen Vorgang betrachteten viele Tschechen und Slowaken mit Trauer und Schmerz, doch sie waren hilflos: Die Trennung war nicht wieder rückgängig zu machen. Václav Havel, der an die Tradition der tschechoslowakischen Republik Masaryks anknüpfen wollte, hatte es vergeblich zu verhindern versucht. Als Präsident hatte er wenig Macht. Ende 1992 trennten sich Tschechien und Slowakei, die Tschechen gaben sich eine neue Verfassung und Václav Havel wurde wiederum zum Staatspräsidenten, nunmehr der Tschechischen Republik gewählt.

Die Tschechen hatten gute Voraussetzungen für eine gedeihliche Entwicklung: Sie konnten an die Tradition der ersten Republik anknüpfen, die ein demokratisches und ökonomisch weitgehend florierendes Staatswesen gewesen war. Die Nivellierung der Gesellschaft war den Kommunisten allerdings gelungen, wenn auch Reste bürgerlicher Verantwortung erhalten blieben, die sich in der «Charta 77» sammelten. Doch eine neue bürgerliche Elite musste erst langsam wieder erstarken, viele junge unbelastete Leute wuchsen in ihre Ämter, waren es doch nicht zuletzt die Studenten, die den Umsturz angestoßen hatten. Die Modernisierung von Staat und Gesellschaft verlangte Opfer, es gibt wenige wohlhabende Gewinner und nicht wenige Verlierer, vor allem in den Industrieorten und auf dem Lande, während in Prag die Wirtschaft und der Tourismus florieren.

So sind die Menschen oft missmutig und missgelaunt, dabei hätten sie allen Grund zur Freude. Ihre Probleme sind jetzt die des alltäglichen Lebens, nicht mehr die ihnen von totalitären Systemen aufgezwungenen Maßregelungen und Verfolgungen. Es sind sozusagen die Mühen der Ebene, nachdem das gefährliche Gebirge überwunden ist. Die Tschechen haben nie so frei und sicher gelebt wie jetzt. Der tschechische Staat ist Mitglied der NATO, des Nordatlantikpaktes, also auch gegen Eingriffe und Angriffe mächtiger Nachbarn, denen er jahrhundertelang ausgeliefert war, geschützt. Die Tschechische Republik ist Mitglied der Europäischen Union, eines festen Verbundes von 27 europäischen Staaten. Mag die auch von mächtigeren Staaten wie Deutschland und Frankreich mitunter dominiert werden, mag sie auch von engstirnigen Bürokraten in Brüssel mitunter regiert werden, so ist sie doch ein sicherer Ort gerade für die kleinen Nationen, die hier ihre Identität ausprägen können und zugleich in einer Gemeinschaft stehen, die ihnen Halt verleiht und eine überstaatliche Gemeinsamkeit vermittelt. Also einerseits volle Souveränität, andererseits Sicherheit, nicht an den Rand gedrängt zu werden, sondern in Europa mitreden und mitentscheiden zu können. Im Grunde genommen haben die Tschechen seit König Georg von Podiebrads Zeiten nicht so frei und selbständig gelebt wie jetzt, abgesehen von der Masaryk-Republik, die nur zwanzig Jahre dauerte. Nun sind zwanzig Jahre seit der «Samtenen Revolution» vergangen und trotz wirtschaftlicher Krisen, trotz politischer Rangeleien, wie sie nun mal üblich sind, ist Tschechien heute ein Land, das mit Zuversicht in die Zukunft schauen kann.

Und welch ein Land: mit herrlichen Städten, die immer im Schatten einer der prächtigsten Metropolen Europas stehen, im Norden – Litoměřice sei genannt – wie im Süden Böhmens – Český Krumlov sei genannt, aber auch das zauberhafte Telč. Und die Schlösser und Parks, der Böhmerwald und das Riesengebirge, die vielen Teiche und kleinen Seen, die mährischen Weinbaugebiete um Mikulov, das freundliche Olomouc und die emsige Industriestadt Ostrava. Da gibt es die ruhigen Kurorte in Westböhmen, die Goethe schon liebte, und das gute Bier, nicht nur aus Pilsen und České Budějovice, und den gepflegten Wein, nicht nur aus Südmähren, sondern auch aus Mělník, nördlich von Prag, wo Elbe und Moldau einander begegnen.

21

NACHWORT

«Werden wir wirklich einmal nebeneinander leben – Deutsche, Tschechen, Franzosen, Russen, Engländer – ohne uns gegenseitig Leid anzutun, ohne uns hassen zu müssen, ohne uns Unrecht zu tun? Werden sich wirklich eines Tages die Staaten so verstehen, wie wir als einzelne uns verstehen können? Werden je die Grenzen zwischen den Ländern fallen, so wie zwischen uns, wenn wir uns näherkommen? Wie schön wäre es, das zu erleben!» Milena Jesenská schrieb diese Sätze in «Přitomnost» am 22. März 1939, eine Woche nach der Besetzung von Prag durch die deutschen Truppen, in finsterer Zeit. Ihre Hoffnung war damals eine Utopie, nie verwirklicht, nie zu verwirklichen.

Inzwischen ist diese Utopie Wirklichkeit geworden. Die Grenzen zwischen Deutschland und Tschechien sind gefallen, der Verkehr fließt ungehindert. Die Menschen begegnen einander, Partnerschaften zwischen Städten und Schulen entstehen, Freundschaften zwischen Tschechen und Deutschen, und Ehen auch. Der wirtschaftliche Austausch ist im Gange, die Tschechen exportieren viel nach Deutschland und deutsche Firmen produzieren viel in Tschechien. Jährlich kommen Hunderttausende von Touristen nach Prag und es gibt, so scheint es, keine ernsthaften Probleme zwischen den beiden Ländern.

Die Deutschböhmen, ihre Kinder, ihre Enkel, besuchen die alte Heimat, rekonstruieren Friedhöfe, renovieren Kirchen, die von den Kommunisten dem Verfall preisgegeben wurden, und schließen neue Bekanntschaften und Freundschaften. Niemand ist so selbstlos in Tschechien tätig wie die Nachkommen unserer ehemaligen Landsleute, sagte einmal der tschechische Botschafter in Berlin František Černý. Was 1945 und 1946 geschehen war, wurde unter dem Kommunismus als Tabu behandelt. Nur die Historiker im Untergrund konnten sich damit befassen und die Dissidenten, die lange vergeblich eine offene Diskussion verlangten.

So schrieb Václav Havel im November 1989, im Januar hatte er noch im Gefängnis gesessen, an den damaligen Bundespräsidenten Richard von Weizsäcker, um sich für dessen Glückwünsche zur Verleihung des Friedenspreises des deutschen Buchhandels zu bedanken: «Ich persönlich verurteile – genauso wie viele meiner Freunde – die Vertreibung der Deutschen nach dem Krieg. Ich erachte sie stets als eine zutiefst unmoralische Tat, die nicht nur Deutschen, sondern vielleicht in noch größerem Maße Tschechen sowohl moralische als auch materielle Schäden zufügte. Wenn auf eine Böswilligkeit mit einer anderen Böswilligkeit geantwortet wird, bedeutet dies, dass die Böswilligkeit nicht zurückgedrängt wird, sondern sich vermehrt.» Vor seiner Wahl zum Präsidenten am 23. Dezember 1989 hat er diese Gedanken öffentlich im Fernsehen geäußert, bei seinem Besuch in München am 2. Januar 1990 wiederholt und am 15. März 1990, sowie bei der Unterzeichnung des Nachbarschaftsvertrags am 27. Februar 1992. In Prag hat ihm diese Äußerung nicht nur Freunde gemacht, in München wurde diese Entschuldigung nicht erwidert, hätte doch gerade die so genannte Sudetendeutsche Landsmannschaft allen Grund gehabt, sich für das, was vor der Vertreibung geschehen war, zu entschuldigen. In Bundespräsident Richard von Weizsäcker fand Havel einen Partner, der ihm auf gleichem Niveau begegnete. Von Weizsäcker sprach bei seinem Besuch zum 51. Jahrestag von Hitlers Einzug auf der Prager Burg im März 1990 die entscheidenden Worte.

Die Sudetendeutsche Landsmannschaft ergriff die Gelegenheit, materielle Forderungen zu stellen. Rückgabe ehemals deutschen Eigentums oder doch materielle Entschädigung ist eines ihrer Ziele. Die demokratische und die moralische Legitimation dieser Landsmannschaft als Vertretung der Deutschböhmen in Deutschland ist fragwürdig. Wenn sie tatsächlich für 250 000 Mitglieder spricht, wie sie behauptet – kaum noch Vertriebene, eher deren Kinder und Enkel –, vertritt sie höchstens zehn Prozent der ehemals 3 Millionen Deutschen in Böhmen und Mähren. Sie hat also keine Legitimation für «alle Sudetendeutschen» zu sprechen. Das ist eine Anmaßung: Sie kann nur für die Gruppe ihrer Mitglieder sprechen. Und diese Gruppe hat nicht das Recht, ein ganzes Volk von 80 Millionen Menschen daran zu hindern, mit seinen tschechischen Nachbarn in einem freundschaftlichen Verhältnis zu leben, indem sie jede Zusammenkunft mit ihren materiellen Forderungen und Sonderwünschen belastet. Die Übel der Vergangenheit können nicht geleugnet werden, Historiker befassen sich mit ihnen, Schriftsteller schreiben darüber, doch gerade die Lehre aus der Vergangenheit weist uns den Weg in eine Zukunft, die frei sein sollte von Vorwürfen und von Vorurteilen.

Eine Selbstbesinnung und, ihr folgend, eine Selbstreinigung fand bei den Vertretern der so genannten Sudetendeutschen Landsmannschaft nicht in ausreichendem Maß statt. Wichtige Sprecher dieser Landsmannschaft waren allzu sehr verstrickt in die Henlein-Bewegung, als dass sie ein Recht gehabt hätten, auf andere mit dem Finger zu zeigen. Rudolf Lodgman von Auen war ihr erster Vorsitzender. Weitere wichtige Sprecher waren: Walter Brand, ehemals Mitstreiter Henleins, Fritz Brehm, ehemals Angehöriger der DNSAP, Emil Franzel, seiner Autobiographie zufolge ehemals der so genannte politische Führungsoffizier der deutschen Polizei im so genannten Protektorat. Dass Wenzel Jaksch diesem Bund beitrat und sich neben diejenigen setzte, die ihn ins Exil getrieben hatten, war ein Armutszeugnis; es führte zur Verstärkung der Behauptung, hier komme «die sudetendeutsche Volksgemeinschaft» zusammen.

Doch dem ist nicht so. Bereits 1946 hatte sich die «Ackermann-Gemeinde» gebildet, eine Gruppe von Katholiken aus Böhmen und

Mähren, deren geistlicher Leiter der Dozent Paulus Sladek war, ehemals Studentenseelsorger an der Prager Deutschen Universität. Sie besteht bis heute. Sie hielt immer Kontakt zu den tschechischen Glaubensbrüdern und konnte erst recht nach dem Ende des Kommunismus die Katholiken in Tschechien stützen und unterstützen. Deutsch-tschechische Gottesdienste und Wallfahrten bestärken das Gefühl, dass trotz der unterschiedlichen Sprachen die Gemeinsamkeiten größer sind als die Unterschiede.

Schon 1946 hatte die «Ackermann-Gemeinde» Leitsätze festgelegt: «Wir Vertriebenen müssen aufhören, immer nur Beschuldigungen und Forderungen gegen andere zu erheben. Wir wollen sie bewusst erst an uns selber stellen. [...] Weil wir Unrecht erlitten haben, dürfen wir nicht auf neues Unrecht sinnen. Wir wollen alles tun, damit unter uns niemand mehr aus nationalen oder rassischen Gründen Verfolgung leidet. So machen wir Leid fruchtbar für die Verständigung der Völker und den Frieden der Welt.»

Die Verständigung zwischen Deutschen und Tschechen konnte sich erst nach dem Ende des Kommunismus entfalten. Immerhin hatte schon die Regierung von Bundeskanzler Willy Brandt 1973 einen Prager Vertrag mit der kommunistischen Regierung zustande gebracht, der diplomatische Beziehungen zwischen den beiden Ländern ermöglichte. Gewaltverzicht, Unverletzlichkeit der Grenzen, Nichtigkeit des Münchener Abkommens von 1938, all das konnte in den Nachbarschaftsvertrag, den die Regierung von Bundeskanzler Helmut Kohl 1992 mit der demokratisch gewählten Regierung in Prag abschloss, übernommen werden. Grundlage der Beziehungen ist nunmehr die «Deutsch-Tschechische Erklärung» vom Januar 1997, «im Geiste guter Nachbarschaft und Freundschaft» vereinbart, mit der die deutsche Regierung auch den Beitritt der Tschechischen Republik zur Europäischen Union unterstützte. Ein wichtiger Teil dieser Erklärung ist der folgende Satz: «Beide Seiten erklären deshalb, dass sie ihre Beziehungen nicht mit aus der Vergangenheit herrührenden politischen und rechtlichen Fragen belasten werden,» sondern sich einer gedeihlichen Zukunft zuwenden werden.

Diesem Ziel dient auch der «Deutsch-Tschechische Zukunftsfonds», der damals mit einem deutschen und einem tschechischen Geschäftsführer eingerichtet wurde und mit Geldern beider Länder wichtige gemeinsame Projekte finanziert: Jugendaustausch, Schulpartnerschaften, Konferenzen, Publikationen. Er fördert auch das Deutsch-Tschechische Jugendforum, in dem sich junge Menschen beider Länder zu gemeinsamen Arbeitsgruppen treffen, und den Deutsch-Tschechischen Gesprächskreis, der jedes Jahr einmal zusammenkommt. Zahlreich sind die privaten Initiativen, für die an dieser Stelle zwei beispielhaft stehen mögen: das «Literaturhaus der Prager deutschen Literatur», auf Initiative von Tschechen entstanden, das die berühmten und die weniger berühmten Prager Dichter deutscher Sprache im Gedächtnis der Prager hält. Es hat ein festes Domizil, zur Verfügung gestellt vom zweiten Prager Bezirk, eine stattliche Bibliothek und regelmäßige Veranstaltungen: Lesungen, Vorträge, Gespräche. Zum anderen formten Tschechen eine Bewegung namens «Antikomplex», die mit Fotobüchern «unsere Deutschen» (naše němce) in die tschechische Geschichte zurückbringt.

Mittlerweile leben wieder 3000 deutsche Kaufleute in Prag, heißt es, und 3000 amerikanische. Die jüdische Gemeinde hat ebenfalls etwa 3000 Mitglieder. Prag ist eine blühende Metropole, ein geschäftliches und industrielles Zentrum, eine tschechische Stadt mit internationalem Flair. Und das nicht nur wegen der vielen Touristen, die sich in den engen Gassen und auf den Plätzen von Altstadt und Kleinseite drängen, in diesem lebendigen Museum einer tausendjährigen europäischen Geschichte.

ANHANG

ZEITTAFEL

833–906	Großmährisches Reich
um 875	Erster historisch belegter Fürst aus dem Geschlecht der Přemysliden: Bořivoj I.
870	Gründung der Prager Burg/Pražský hrad (Hradschin).
930	Gründung der zweiten Burg auf dem Vyšehrad.
ca. 921–935	Regierung des Herzog Wenzel/Václav, der die Sankt-Veits-Rotunde auf der Prager Burg baut. Er wird von seinem Bruder Boleslaw ermordet und später heilig gesprochen – als Schutzpatron Böhmens.
973	Prag wird Bischofssitz, dem Mainzer Erzbistum zugeordnet.
10. Jh.	Erste jüdische Siedler in Prag.
11. Jh.	Altstädter Markt, Handelshof Ungelt. Erste deutsche Kaufleute in Prag.
1085	Vratislav II. erhält erstmals Königswürde durch Kaiser Heinrich IV. Er siedelt auf den Vyšehrad über. Cosmas schreibt die erste Chronik Böhmens (Chronica Boemorum).
1170	Vladislav II. baut die erste steinerne Brücke über die Moldau/Vltava. Prag ist ein wichtiger Handelsplatz.
1253–1278	Unter König Přmysl Otokar II reicht das Königreich bis zur Adria.
1306	König Václav III. wird ermordet, der letzte männliche Přemyslide.
1310	Johann von Luxemburg heiratet die letzte Přemyslidin Eliška und wird böhmischer König. Der Sohn Václav wird in Paris erzogen. Prag wird Erzbistum.
1346	Václav wird König und nennt sich Karl nach Karl dem Großen.
1355	Karl wird als Karl IV. deutscher Kaiser. Prag wird Mittelpunkt des Reiches. Bau der gotischen St.-Veits-Kathedrale und der Karlsbrücke. Gründung der ersten Universität Mitteleuropas (Karolinum). Gründung der Prager Neustadt.

1409 Karls Sohn Vaclav IV. erlässt das Kuttenberger Dekret, das die Tschechen an der Universität bevorzugt. Die deutschen Professoren wandern aus und gründen die Universität Leipzig.

1415 Der Reformator Jan Hus wird zum Konzil nach Konstanz geladen. Da er seine Thesen nicht widerruft, wird er als Ketzer verbrannt.

1419 Erster Prager Fenstersturz. Hussiten stürmen das Neustädter Rathaus und werfen zwei Ratsherren aus dem Fenster. Die Hussitenkriege beginnen. Papst Martin V. ruft einen Kreuzzug aus. Jan Žižka führt das erfolgreiche Heer der Hussiten.

1433 Die gemäßigten Hussiten, Utraquisten genannt, weil sie das Abendmahl in beiderlei Gestalt nehmen, schließen Frieden mit den Katholiken. Die radikalen Taboriten, genannt nach der Stadt Tábor, werden in der Schlacht bei Lipany 1434 geschlagen.

1458–1471 Religionsfriede unter König Jiři z Poděbrad.

1471 Vladislav II., polnischer Jagiellone, wird König von Böhmen und baut die Prager Burg aus (Vladislav-Saal). Die Residenz Vyšehrad gibt er auf.

1485 Religionsfriede von Kuttenberg/Kutná Hora.

1526 Ferdinand von Habsburg heiratet Vladislavs Tochter Anna und wird böhmischer König.

1576–1612 Unter Rudolf II. erreicht Prag wieder eine Blüte. Künstler (Jan Bruegel, Adriaen de Vries) und Wissenschaftler (Tycho Brahe, Johannes Kepler) zieht Rudolf nach Prag.

1612 Matthias zwingt seinen Bruder zur Abdankung und bricht mit dem protestantischen Adel Böhmens, dem Rudolf II. Religionsfreiheit zugesichert hatte.

1618 Ferdinand wird König. Verschärfung des Religionskonflikts. Zweiter Prager Fenstersturz. Beginn des 30-jährigen Krieges.

1619 Friedrich V. von der Pfalz wird von den protestantischen Ständen zum König gewählt (Winterkönig).

1620 Sieg der katholischen Liga in der Schlacht am Weißen Berg bei Prag.

1621 27 Anführer der Protestanten werden auf dem Altstädter Ring durch Ferdinand II. hingerichtet, ihr Besitz eingezogen. Rekatholisierung.

1648 Der 30jährige Krieg endet in Prag: Die Schweden besetzen die Burg und die Kleinseite, werden aber zurückgeschlagen.

1711–40 Regierung Kaiser Karls VI. Das barocke Prag entsteht.

1757–63 Im 7-jährigen Krieg Preußens gegen Österreich wird Prag vom Heer Friedrichs II. wochenlang beschossen.

1753–75 Kaiserin Maria Theresia lässt die Burg durch Niccolo Pacassi wieder aufbauen; sie erhält ihr heutiges Aussehen.

1781 Kaiser Joseph II. hebt die Leibeigenschaft auf. Toleranzedikt. Juden erhalten Bürgerrechte.

1784 Die vier Prager Städte – Hradschin, Kleinseite, Altstadt, Neustadt – werden zur königlichen Hauptstadt zusammengeschlossen. Die Judenstadt wird als Josefstadt/Josefov gleichberechtigt erst 1850 angegliedert.

1848 Der tschechische Historiker Palacký lehnt die Teilnahme der Tschechen an der Frankfurter Paulskirchen-Versammlung ab. Stattdessen findet im Juni ein Slawenkongress in Prag statt, der von österreichischen Truppen unterdrückt wird.

1861 Erstmals sind die Deutschen im Prager Stadtparlament in der Minderheit.

1866 «Friede von Prag» beendet den Krieg zwischen Preußen und Österreich. Österreich, also auch Böhmen, verlässt den deutschen Staatenbund.

1882 Die Universität wird in eine tschechische – Karls-Universität – und eine deutsche – Ferdinand-Universität – getrennt.

1910 Bei der letzten Volkszählung der Monarchie zählen sich nur noch 6 Prozent der Prager zu den Deutschen, davon sind fast zwei Drittel Juden.

1918 Am 28. Oktober (Nationalfeiertag) wird die Tschechoslowakische Republik ausgerufen. Präsident wird der Philosoph Tomáš Garrigue Masaryk, der während des Krieges 1914–1918 bei den Alliierten um Unterstützung geworben hatte.

1935 Nach Masaryk wird Edvard Beneš Präsident der Republik, der nunmehr einzigen Demokratie in Mittel- und Osteuropa.

1938 Im Münchner Abkommen wird die Tschechoslowakei von Hitler zerschlagen mit Zustimmung der tschechoslowakischen Verbündeten Frankreich und Großbritannien.

1939 Am 15. März marschieren deutsche Truppen in die unabhängig gebliebenen Teile von Böhmen und Mähren ein. Die Verfolgung der Juden, Demokraten und der Intelligenz setzt sofort ein. Das ist das Ende der Drei-Völker-Stadt Prag. Etwa 300 000 Tschechen werden ermordet, und 36 000 der 40 000 Prager Juden.

1945–1946 Vertreibung der Deutschen aus der Tschechoslowakei. Etwa 30 000 Opfer.

1948	Die Kommunisten kommen durch einen Putsch an die Macht. Die Verfolgung der Demokraten setzt sofort ein. In den 50er Jahren Säuberungen, die vor allem jüdische Funktionäre der Kommunistischen Partei treffen.
1968	«Prager Frühling». Der Versuch eines «Sozialismus mit menschlichem Antlitz» wird durch den Einmarsch sowjetischer Truppen zunichte gemacht.
1969	Dritte große Emigrationswelle nach 1938/39 und 1948/49.
1977	Bürgerrechtsbewegung «Charta 77». Einer der Sprecher ist der Dramatiker Václav Havel.
1989	Im November Beginn der «Samtenen Revolution». Ende der kommunistischen Herrschaft.
1990	Václav Havel wird Staatspräsident.
1993	Trennung der Tschechischen und Slowakischen Förderativen Republik. Prag ist hinfort Hauptstadt der Tschechischen Republik.
1999	Tschechien wird Mitglied des Nordatlantik-Paktes.
2004	Tschechien wird Mitglied der Europäischen Union.

Die Länder der Böhmischen Krone unter den Luxemburgern

Die Tschechoslowakei und ihre Nachbarn, 1918–1938

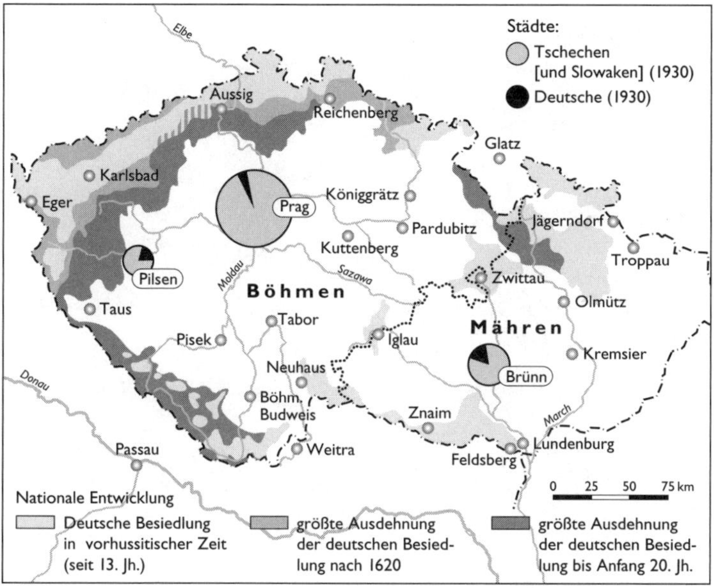

Nationale Entwicklung

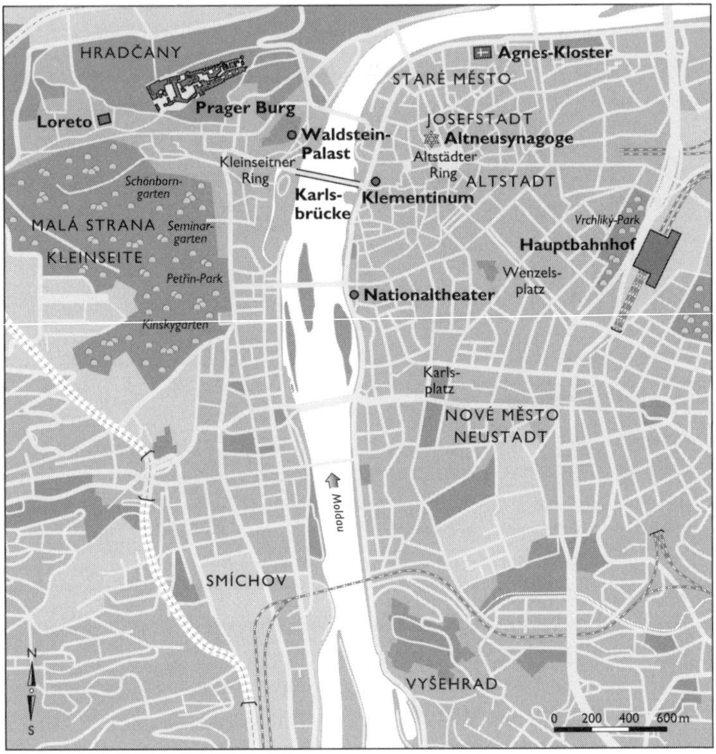

Stadtplan von Prag

LITERATURHINWEISE

Ackermann-Gemeinde / Česká Křesťanská Akademie (Hrg.): Juden im Sudetenland. Prag 2000.

Bachstein, Martin K.: Wenzel Jaksch und die sudetendeutsche Sozialdemokratie. München 1974.

Brandes, Detlev: Der Weg zur Vertreibung 1938–1945. Pläne und Entscheidungen zum «Transfer» der Deutschen aus der Tschechoslowakei und aus Polen. München 2001.

Brandes, Detlev: Die Tschechen unter deutschem Protektorat. 2 Bände. München/Wien 1975.

Brandes, Detlev (Hrg.): Der Weg in die Katastrophe. Deutsch- tschechische Beziehungen 1938–1947. Essen 1994.

Rudolf Buchner: Deutsche Geschichte im europäischen Rahmen. Göttingen 1975.

Čapek, Karel: Gespräche mit Masaryk. Deutsch von Camill Hoffmann und Eckhard Thiele. (Tschechische Bibliothek). München 2001.

Demetz, Peter: Prag in Schwarz und Gold. Sieben Momente im Leben einer europäischen Stadt. München 1997.

Demetz, Peter: Mein Prag. München 2007.

Fabritius, Heinke und Hagedorn, Ludger (Hrg.): Frühling in Prag oder Wege des Kubismus. (Tschechische Bibliothek). München 2005.

Flacke, Monika (Hrg.): Mythen der Nationen: Ein europäisches Panorama. Deutsches Historisches Museum Berlin 1998.

François, Etienne: Das emotionale Fundament der Nationen. In: Flacke, Monika (Hrg.): Mythen der Nationen, a.a.O.

Gruša, Jiří: Gebrauchsanweisung für Tschechien. München 1999.

Grünwald, Leopold: Sudetendeutscher Widerstand gegen den Nationalsozialismus. Benediktbeuern 1986.

Hagedorn, Ludger (Hrg.): Tschechische Philosophen. Band 1: Von Hus bis Masaryk, Band 2: Klíma, Rádl, Patočka, Havel, Kosík. (Tschechische Bibliothek). München 2002.

Havlíček, Karel: Polemische Schriften. Deutsch von Minne Bley. (Tschechische Bibliothek). München 2001.

Hoehne, Steffen und Ohme, Andreas (Hrg.): Prozesse kultureller Integration und Desintegration. Deutsche, Tschechen, Böhmen im 19. Jahrhundert. München 2005.

Hoensch, Jörg K.: Geschichte Böhmens. Von der Landnahme bis zur Gegenwart. München 1997.

Hoensch, Jörg K.: Geschichte der Tschechoslowakischen Republik. 1918 bis 1965. Stuttgart 1966.

Holý, Jiří: Geschichte der tschechischen Literatur des 20. Jahrhunderts. Wien 2003.

Iggers, Wilma (Hrg.): Die Juden in Böhmen und Mähren. Ein historisches Lesebuch. München 1986.

Jesenská, Milena: Alles ist Leben. Feuilletons und Reportagen 1919–1939. Frankfurt a. M. 1984.

Koschmal, Walter / Nekula, Marek / Rogall, Joachim (Hrg.): Deutsche und Tschechen. Geschichte, Kultur, Politik. München 2001.

Křen, Jan: Die Konfliktgemeinschaft. Tschechen und Deutsche 1780–1918. München 1996.

Kundera, Ludvik mit Schreiber, Eduard (Hrg.): Adieu Musen. Anthologie des Poetismus (Tschechische Bibliothek). München 2004.

Kural, Václav: Konflikt statt Gemeinschaft? Tschechen und Deutsche im tschechoslowakischen Staat 1918–1938. Prag 2001.

Leoncini, Francesco: Die Sudetenfrage in der europäischen Politik. Von den Anfängen bis 1938. Mit einem Nachwort von Koloman Gajan. Essen 1988.

Morava, Georg J.: Franz Palacký. Eine frühe Vision von Mitteleuropa. Wien 1990.

Němcová, Božena: Mich zwingt nichts als die Liebe. Briefe, übersetzt von Kristina Kallert. (Tschechische Bibliothek). München 2006.

Patočka, Jan: Schriften zur tschechischen Kultur und Geschichte. Hrg. von Klaus Nellen, Petr Pithart und Milos Pojar. Stuttgart 1992.

Schamschula, Walter: Geschichte der tschechischen Literatur. 2 Bände. Köln 1996.

Schmitz, Walter / Teufel, Annette / Udolph, Ludger / Walther, Klaus: Böhmen liegt am Meer. Literatur im Herzen Europas. Chemnitz 1997.

Schwarz, Klaus-Peter: Tschechen und Slowaken. Der lange Weg zur friedlichen Trennung. Wien 1993.

Skála, Jan: Die ČSSR. Vom Prager Frühling zur Charta 77. Berlin 1978.

Seibt, Ferdinand: Deutschland und die Tschechen. Geschichte einer Nachbarschaft in der Mitte Europas. München 1995.

Ders.: Die Juden in den böhmischen Ländern. München 1983.

Ders.: Bohemia sacra. Das Christentum in Böhmen 973–1973. Düsseldorf 1974.

Teichová, Alice: Wirtschaftsgeschichte der Tschechoslowakei 1919–1980. Wien 1988.

Vlnas, Vít und Hojda, Zdeněk: Tschechien. «Gönnt einem jeden die Wahrheit». In: Flacke, Monika (Hrg.): Mythen der Nationen, a.a.O.

Wagnerová, Alena: 1945 waren sie Kinder. Flucht und Vertreibung im Leben einer Generation. Köln 1990.

Wagnerová, Alena mit Šrámková, Barbora (Hrg.): Musikerbriefe. Smetana, Dvořák, Janáček. (Tschechische Bibliothek). München 2003.
Wagnerová, Alena (Hrg.): Helden der Hoffnung. Die anderen Deutschen aus den Sudeten 1935–1989. Berlin 2008.
Wlaschek, R. M.: Juden in Böhmen. Beiträge zur Geschichte des Judentums im 19. und 20. Jahrhundert. München 1990.
Zimmermann, Hans Dieter (Hrg.): Prag. Ein literarischer Reiseführer. Darmstadt 2007.

BILDNACHWEIS

Associated Press: S. 57
akg-images – Archiv für Kunst und Geschichte, Berlin: S. 92, 105
Artothek: S. 67
G. J. Morava, Franz Palacký, Wien 1990: S. 33
MathKnight, Israel: S. 160
picture-alliance / Imagno: S. 175
Scala / Neues Rathaus Prag: S. 123
Public domain: S. 134/135, 144
Winfried Schiffel, S. 96, 97

Karten © Peter Palm, Berlin: S. 247–250, Vorsatzpapiere

Leider war es nicht in allen Fällen möglich,
die Inhaber der Rechte zu ermitteln.
Wir bitten deshalb gegebenenfalls um Mitteilung.
Der Verlag ist bereit, berechtigte Ansprüche abzugelten.

Gestaltung und Satz: a.visus, Michael Hempel, München
Gesetzt aus Stone und Gill
Druck und Bindung: CPI – Ebner & Spiegel, Ulm
Gedruckt auf säurefreiem, alterungsbeständigem Papier
(hergestellt aus chlorfrei gebleichtem Zellstoff)
Printed in Germany
ISBN 978 3 406 57848 9

www.beck.de

London
Brüssel
Paris
Madrid